Wunibald Müller • Detlev Cuntz

Kontemplativ leben

Wunibald Müller • Detlev Cuntz

Kontemplativ leben

Erinnerungen an Thomas Merton

Vier-Türme-Verlag

Bibliograhpische Information der Deutschen Nationalbibliothek

Die Deutsche Nationalbibliothek verzeichnet diese Publikation in der Deutschen Nationalbibliographie. Detaillierte bibliographische Daten sind im Internet über http://dnb.d-nb.de abrufbar.

MIX
Papier aus verantwortungsvollen Quellen
FSC® C014889
www.fsc.org

1. Auflage 2014

Lektorat: Dorothea Müller
Coverfoto © Robert Bonazzi
Druck und Bindung: Pustet, Regensburg
ISBN 978-3-89680-915-5

www.vier-tuerme-verlag.de

INHALT

ANSELM GRÜN

Vorwort

Thomas Merton hat mich immer wieder fasziniert. Ich habe Bücher von ihm gelesen und war beeindruckt von seiner persönlichen Art, über das Gebet, die Stille und die geistlichen Erfahrungen zu schreiben. Und was mich vor allem fasziniert hat, war die absolute Ehrlichkeit und zugleich Offenheit für alles, was sich ihm bot. Als Künstler und hochbegabter Intellektueller hat er den Mut besessen, nach seiner Konversion zur katholischen Kirche in den strengsten Orden einzutreten, in das Trappistenkloster Gethsemani. Dort hat er die Spannung ausgehalten zwischen dem Gehorsam und seiner inneren Freiheit, zwischen der Enge des Klosters und der Weite seines Denkens. Und gerade als der, der sich allem Ruhm entzogen hat, hat er als zurückgezogener Mönch Weltruhm erlangt. Sein erstes Werk *Der Berg der sieben Stufen* wurde zu einem Weltbestseller. Und das Buch ermutigte viele junge Männer, in ein Trappistenkloster einzutreten. Als einer, der sich von der Welt zurückgezogen hat, hat er die Bewegungen in der Welt sehr genau verfolgt. Und er hat aktiv an der Friedensbewegung in den USA teilgenommen und sie mit seinen Schriften befruchtet.

Was mich an ihm so fasziniert, war seine absolute Präsenz. Sein Biograph John Howard Griffin, der mit ihm befreundet und wie er ein sensibler Künstler war, hat in der Beschreibung der letzten drei Jahre eindrucksvoll geschildert, wie Thomas Merton sich auf die Gäste eingelassen hat. Aber zugleich hat er sich immer wieder von ihnen zurückgezogen. Er wollte nicht zum Objekt der Neugierde werden. Aber wenn er sich den Gästen zugewandt hat, dann war er ganz präsent. Es ging dann immer um tiefe innere Erfahrungen.

Und wenn er sich nach der Welt erkundigt hat, dann nicht aus Neugier, sondern um an dieser Welt teilzuhaben und in seinem Gebet tiefer in das Geheimnis der Welt und ihrer Spannungen einzudringen und mit ihr solidarisch zu werden.

John Howard Griffin war Photograph. Als er Thomas Merton im Auftrag des Abtes photographierte, war Thomas so fasziniert, dass er selbst um die Kamera gebeten hat. Er hat sich sofort in die Kunst des Photographierens eingefühlt. Er hat nicht äußere Dinge photographiert, sondern war der Schönheit der Dinge auf der Spur. Als ihm sein Freund riet, sich selbst eine Kamera zu kaufen, um seine hohe Kunst angemessen zum Ausdruck bringen zu können, antwortete er, ihm als Mönch sei das nicht möglich und er wolle auch keine Ausnahme von der Regel. Da lieh ihm sein Freund seine gute Kamera auf Lebenszeit. Nach dem frühen und tragischen Tod von Thomas Merton in Bangkok wurde ihm die Kamera zurückgeschickt. Und seinem Freund zitterten die Hände, als er die letzten Bilder in seiner Dunkelkammer entwickelte. Es waren für ihn die letzten Blicke von Thomas auf diese Welt. Und in seiner Schau der Welt erkannte der Freund, was Thomas in seinem Herzen bis zuletzt berührt und bewegt hat: dem Geheimnis Gottes in den Dingen dieser Welt auf die Spur zu kommen.

Zwei Jahre vor seinem tragischen Tod hat Thomas Merton mit 51 Jahren die Liebe zu einer Krankenschwester erfahren. Er hat sich der Liebe gestellt und sie zugleich mit seinem Leben als Mönch in Einklang gebracht. Dabei hat er erfahren, dass seine tiefe spirituelle Erfahrung ihn nicht davor bewahrt, das tiefe Bedürfnis nach menschlicher Nähe zu spüren. Er ist auch mit dieser Erfahrung ehrlich umgegangen und hat sie in sein Mönchsein integriert. Die Erfahrung seiner Liebe zu einer Frau hat ihn tiefer die Liebe Gottes verstehen lassen.

Thomas Merton war ein Vielleser. Er hat sich für so vieles interessiert. Und alles, was er gelesen hat, hat ihn selbst befruchtet, ihn angeregt, selbst nachzudenken über das Geheimnis des Lebens, über das Geheimnis des Menschen und über das Geheimnis Gottes. In den letzten Jahren hat er sich mit der Zen-Tradition auseinandergesetzt und darin Parallelen zum westlichen Mönchtum und seinen Erfahrungen entdeckt. Thomas Merton musste seine Erfahrungen zum Ausdruck bringen. Er hat nicht nur Bücher geschrieben, sondern vor allem Tagebücher. Darin wird deutlich, wie intensiv er gelebt hat, obwohl das äußere Leben in seinem Kloster vom immer gleichen Rhythmus geprägt war. Die letzten Jahre hat er in der Einsiedelei verbracht. Aber auch da hat er die Spannung gespürt zwischen dem Bedürfnis, sich ganz zurückzuziehen und in der Einsamkeit auf die Stille zu horchen, um in ihr Gottes Stimme zu vernehmen, und dem Bedürfnis, sich mitzuteilen, entweder in seinem Tagebuch, oder in öffentlichen Artikeln und Büchern oder aber im Gespräch mit Freunden.

Für mich ist Thomas Merton gerade mit seinen inneren Spannungen und Gegensätzen ein Mensch, der mir sympathisch ist. Er ist Mystiker und Schriftsteller, Einsiedler und Gemeinschaftsmensch, Mönch und zugleich politischer Aktivist. Diese Spannung hat er ausgehalten und darin kommt er mir nahe. Er ist keine Ikone, die ich bewundere, sondern ein Mensch, der mich gerade in seiner Menschlichkeit und in seiner ehrlichen Suche nach Gott und nach dem Menschen im Herzen berührt.

So wünsche ich allen Leserinnen und Lesern dieses Buches, in dem viele Menschen ihre Erfahrungen mit Thomas Merton zum Ausdruck bringen, dass sie sich von diesem außergewöhnlichen Menschen und Mönch ansprechen und aufbrechen lassen für das Geheimnis ihres eigenen Menschseins und ihrer persönlichen Gottsuche.

WUNIBALD MÜLLER UND DETLEV CUNTZ

Jenseits von allem und in allem ist Gott. Eine Einleitung

»Am letzten Tag des Januars 1915, im Zeichen des Wassermanns, in einem Weltkriegsjahr und im Schatten französischer Berge nahe der spanischen Grenze kam ich zur Welt.« So schreibt Thomas Merton in seiner frühen Autobiographie *The Seven Storey Mountain* (*Der Berg der sieben Stufen*), mit der er auf einen Schlag Weltruhm erlangte.

Thomas Merton führte ein bewegtes, um nicht zu sagen »wildes« und facettenreiches Leben, bis er 1941 in das amerikanische Trappistenkloster »Our Lady of Gethsemani« im Bundesstaat Kentucky eintrat. Er sollte diesem Kloster 27 Jahre angehören, bis er während einer Konferenz katholischer Ordensleute in Bangkok/Thailand aufgrund eines defekten Ventilators tödlich verunglückte.

Der Spiegel widmete ihm einen Artikel in seiner Ausgabe 6/1950 unter dem Titel »Mönche – Was Gott von Hollywood hält« und schreibt, dass *The Seven Storey Mountain* zu den wenigen neuen »bestsellers« des Jahres 1949 geworden sei. Dieses Buch wurde bisher in fünfzehn Sprachen übersetzt und ist über eine Million Mal verkauft worden.

Merton schrieb über sechzig weitere Bücher (die zum Teil auch erst posthum veröffentlicht wurden), hunderte von Gedichten und Essays, die Themen wie monastische Spiritualität, Kontemplation, Rassendiskriminierung, Bürgerrechte, Gewaltlosigkeit und nukleares Wettrüsten umspannten. Er nahm Einfluss auf das Zweite Vatikanische Konzil und war einer der ersten christlichen Mönche, die sich im interreligiösen Dialog – vor allem mit dem Buddhismus – engagierten. Trotz seines starken Wunsches nach Einsamkeit (die letzten vier Jahre seines Lebens lebte er in einer Hermitage, die sich auf dem Klosterareal befand) sind von ihm über zehntausend Briefe erhalten. Er kommunizierte mit Päpsten, spirituellen Lehrern und Theologen aller Religionen, mit Schriftstellern der unterschiedlichsten Couleur, mit Nobelpreisträgern, aber auch mit einfachen Menschen, wie Hausfrauen, Teenagern und Kindern.

Merton hatte vielfältige Berührungspunkte mit dem deutschsprachigen Kultur- und Sprachraum. Die deutschen Mystiker von Meister Eckhart bis Jakob Böhme waren fester Bestandteil seines theologischen Kanons. Er studierte die deutschsprachigen Theologen des 20. Jahrhunderts, zum Beispiel die Schriften der Gebrüder Rahner, Dietrich Bonhoeffers, Karl Barths, Hans Urs von Balthasars und Hans Küngs und korrespondierte lebhaft mit einigen von ihnen. Einen nachhaltigen Eindruck haben auf Merton das dichterische Werk Rainer Maria Rilkes und besonders seine Duineser Elegien hinterlassen.

Aber auch vor der dunklen Seite der deutschen Geschichte hatte sich Merton nicht verschlossen. Er dichtete über die barbarische und perfide Perfektion eines Rudolf Höß (»Chant to Be Used in Processions Around a Site with Furnaces«), dem Lagerkommandanten von Ausschwitz und über Adolf Eichmann (»Epitaph for a Public Servant«). Er verfolgte den Verlauf des Prozesses gegen Eichmann in Jerusalem anhand der Reportagen von Hannah Arendt und schrieb darüber einige Essays und viele Aphorismen.

Seine Popularität in vielen Ländern, vor allem denen angelsächsischer Prägung, ist bis heute ungebrochen. Dagegen ist es in den deutschsprachigen Ländern eher ruhig um ihn geworden. Liegt es vielleicht daran, dass Merton (wie Bonnie Thurston in ihrem Beitrag schreibt) in seinem Denken eher zu europäisch war und wir in einem Zeitalter leben, in dem man von einem Amerikaner eher klare Antworten und fertige Lösungen, auch zu spirituellen Themen, erwartet?

Anlässlich Mertons 100. Geburtstag am 31. Januar 2015 wollten wir herausbekommen, wie es um ihn steht in den deutschsprachigen Ländern. Vor allem auch bei denjenigen, die Gebet und Spiritualität in den Mittelpunkt ihres Lebens gestellt haben.

Wir haben um die 120 Benediktiner-, Zisterzienser- und Trappistenklöster in Deutschland, Österreich, der Schweiz und Südtirol angeschrieben und darum gebeten, uns die unterschiedlichen Erfahrungen mit der Person und den Schriften Mertons mitzuteilen. Leider war, was den Umfang der Rückmeldungen betraf, das Resultat eher dürftig. Und dennoch sind wir froh, dass wir diese Anfragen verschickt haben. Denn auch für das in der Menge zwar Wenige und doch inhaltlich so Reichhaltige, was wir bekommen haben, hat es sich mehr als gelohnt. Auch war es wohl gut, Merton auf diese Weise wieder einmal in Erinnerung gebracht zu haben und wer kann schon sagen, ob das nicht auch im Stillen da oder dort etwas bewirkt hat.

Wir sind sehr froh und auch etwas stolz darauf, was wir jetzt in diesem Buch an Beiträgen zusammenstellen konnten. Wir glauben, dass sie die ganze Vielfalt im Denken und Leben von Thomas Merton widerzuspiegeln vermögen. Die insgesamt fünfzehn Beiträge stammen von einer Autorenschaft, die vielfältig ist. Unter den Autorinnen und Autoren sind zwei, die Merton noch persönlich kannten (Dr. Hildegard Goss-Mayr und Bruder David Steindl-Rast) und mit ihm korrespondiert haben. Weiterhin sind es Hochschullehrer(innen), Ordensleute, Theologen, spirituelle Schriftsteller und auch eine ehemalige Präsidentin (Dr. Bonnie Thurston) der Internationalen Thomas Merton Gesellschaft, die in Tübingen studiert und gelehrt hat. Jede(r) der Autorinnen und Autoren hat ihre/seine Erfahrungen mit Merton auf ganz eigene und in unterschiedlicher Weise eingebracht.

Die Beiträge sind so vielfältig wie Merton selbst es war. Sie behandeln seine Spiritualität in vielen Facetten, sie zeigen, wie Merton das kontemplative Gebet wieder stärker in den Fokus der monastischen Praxis stellte und es auch für den spirituell interessierten Laien »attraktiv« und bedeutsam gemacht hat. Sie widmen sich seiner Poesie, seinem sozialen Gewissen und seinem Engagement gegen Rassenhass und nukleares Wettrüsten. Sie zeigen aber vor allem einen Menschen, der immer auf der Suche nach seinem wahren Selbst (»true self«) war, für den Inkonsistenz keine Schande war, der sich erlaubt hat, Fehler zu machen um etwas Großes und Wertvolles über Gott sagen zu können und der auch im interreligiösen Dialog nicht aufgehört hat, Gottes leiser Stimme zu lauschen und Seinen Willen für sich zu erkunden.

Als wir dieses Buch-Projekt im Herbst 2012 erstmals in Angriff nahmen, war das folgende Zitat von Merton gewissermaßen unser Leitspruch:

> *»Jeder Augenblick und jedes Ereignis im Leben eines jeden Menschen auf Erden sät etwas in seine Seele. Denn wie der Wind Tausende geflügelte Samenkörner mit sich trägt, so bringt auch jeder Augenblick Keime voller spiritueller Vitalität mit sich, die sich unwahrnehmbar in das Denken und Wollen der Menschen einsenken. Die meisten dieser unzähligen Samenkörner sterben ab und gehen verloren, da die Menschen nicht dafür bereit sind, sie aufzunehmen. Denn Samenkörner dieser Art können nur im guten Boden der Freiheit, Spontaneität und Liebe aufgehen.« (Aus* New Seeds of Contemplation *in der Übersetzung von Bernardin Schellenberger)*

Die beiden Herausgeber dieses Buches können für sich sagen: Thomas Merton hat mit seiner Person und seinen Schriften solche Samenkörner in uns gesät und bleibende Spuren in unserem Denken und unserem Glauben hinterlassen.

Thomas Merton war Mönch und Schriftsteller durch und durch. Sein Hang zum Schreiben hatte schon etwas Zwanghaftes, oder wie es eine amerikanische Merton-Gelehrte einmal formulierte: »er konnte nicht nicht schreiben«. Er sagte von sich selbst: »Ich bin Schriftsteller, weil für mich Schreiben Denken und Leben, und bis zu einem gewissen Grade auch Beten bedeutet.«

Ohne die tatkräftige Unterstützung von vielen Seiten wäre dieses Buchprojekt nicht zustande gekommen. All denen, die daran beteiligt waren, gilt unser besonderer Dank. Ein besonderer Dank geht an Dorothea Müller, die für den Vier-Türme-Verlag das Merton-Projekt betreute, sowie Texte aus dem Amerikanischen übersetzte und somit ganz wesentlich dazu beitrug, dass das Buch die Gestalt annehmen konnte, in der wir es der Leserin und dem Leser präsentieren können. Dr. Paul M. Pearson, dem Direktor und Archivar des Thomas Merton Center in Louisville/Kentucky danken wir für viele hilfreiche Anregungen zu diesem Buchprojekt. Wertvolle Übersetzungsarbeit haben fernerhin Gudrun Pastor-Fricke und Dr. Linda Maloney für dieses Buch geleistet. Bärbel Hebrank und Irmgard Deifel gilt unser Dank für ein kritisches Lesen der Beiträge und für ihre vielen Anregungen. Last but not least gilt unser Dank Bruder Linus Eibicht und Dr. Ulrike Strerath-Bolz für die Bereitschaft, das Buch im Vier-Türme-Verlag zu veröffentlichen.

Die Herausgeber

BONNIE BOWMAN THURSTON

Merton, Deutschland und authentische Persönlichkeit. Eine Betrachtung

»ein Pass sagt weder etwas über meine wahre Identität aus, noch hat er irgendetwas mit dem zu tun wofür ich lebe.«
Thomas Merton, *My Argument with the Gestapo*

Es fasziniert mich immer wieder, dass so viele Amerikaner positiv auf Thomas Mertons Schriften und Gedanken reagieren, weil sein Empfinden im Grunde europäisch war. Besonders seine Sozialkritik (für die *er* von einigen kritisiert wurde), orientiert sich an europäischen Vorbildern. Zum Teil war er aufgrund des Geburtsjahres, das diese Ausgabe feiert, tief beeinflusst durch Deutschland, seiner Kultur, dem Land und der Politik. Da er in Frankreich geboren wurde, hat man sich immer intensiv mit seinen »French connections« beschäftigt. Zum Glück schließt dieses Buch eine große Lücke zum Verständnis der breiteren europäischen Einflüsse auf Merton.

Dieser kleine Beitrag[1,2] beinhaltet zwei Aspekte, die sich nur am Rande berühren. Zunächst beschäftigt sich der Abschnitt »deutsche Einflüsse auf Merton« mit nur wenigen der vielen Berührungspunkte Mertons mit Deutschland aus der Zeit, bevor er im Jahre 1934 dauerhaft in die USA auswanderte. Nehmen wir dann sein Buch *Conjectures of a Guilty Bystander* (1966) als Beispiel, so finden wir darin mehrere kontinuierliche deutsche Einflüsse auf Merton, auch nachdem er 1941 in das Kloster Abbey of Our Lady of Gethsemani eintrat.

Zweitens baten mich die Herausgeber, meine eigenen Überlegungen zu Erfahrungen mit dem Thema »Merton in Deutschland« aus meinen Tübinger Jahren mit einzubeziehen. Ich komme dem nach mit »Merton in Germany: A Memoire«, das in Mertons Interesse am interreligiösen Dialog einführt, der Fokus meiner Beschäftigung mit Merton in dieser Zeit. Ich erinnere mich an sehr wenig Interesse an Merton von Seiten deutscher Akademiker zu dieser Zeit, eine Situation, die sich glücklicherweise inzwischen sehr geändert hat.

Deutsche Einflüsse auf Merton

Während seiner Studienjahre in England (ungefähr von 1928 bis 1934) bereiste Merton auch intensiv den europäischen Kontinent. Einige dieser Reisen sind in seiner Autobiographie *The Seven Storey Mountain* festgehalten, die gleich in ihrem Erscheinungsjahr 1948 zum Bestseller wurde. Er beschreibt darin, wie er 1932 »während der Osterferien, mit siebzehn, nach Deutschland gereist« war, » allein, wie üblich, um Urlaub zu machen. In Köln hatte ich einen großen Rucksack gekauft, ihn auf die Schultern gesetzt und dann zog ich das Rheintal hinauf zu Fuß los«[3] Er berichtet von »einigen unmoralischen Büchern und der Everyman's Library Ausgabe von Spinoza«[4], die er bei sich hatte. Im Vorwort seines einzigen veröffentlichten Romans *My Argument with the Gestapo* (1969), denkt Merton an diese Urlaubsreise zurück und schreibt:

> *Eines Sonntagmorgens im Sommer 1932 wanderte ich durch das Rheintal. Mit einem Rucksack auf den Schultern wanderte ich eine ruhige Landstraße bei Koblenz hinab, umgeben von blühenden Apfelgärten. Plötzlich tauchte ein Auto auf und kam sehr schnell die Straße herunter. Es war mit Menschen vollgestopft.* [...] *In einer Wolke aus Flugblättern schoss das Auto vorbei und vom Straßengraben aus erhaschte ich einen Blick auf die Insassen. Es waren sechs oder sieben Jugendliche, die johlten und die Fäuste schüttelten. Es waren Nazis und es war Wahltag. Ich war soeben aufgefordert worden, Hitler zu wählen, der zu diesem Zeitpunkt noch nicht an der Macht war.*[5]

In *The Seven Storey Mountain* kommentiert Merton: »Das Europa, das ich schließlich im November 1934 für immer hinter mir ließ, war ein trauriger und ruheloser Kontinent voll von düsteren Vorahnungen.«[6]

Mertons Auseinandersetzungen mit dem Nationalsozialismus prägten seine Jugend wie sie die der meisten jungen Menschen in Europa prägten. Nachdem er seinen B.A. sowie seinen M.A. 1941 an der Columbia University gemacht hatte, unterrichtete Merton Englisch am St. Bonaventura College, einer Hochschule der Franziskaner im Staat New York. Den Roman schrieb er in jenem Sommer 1941, direkt bevor er im Dezember den Trappisten in Kentucky beitrat. Obwohl er zwischen 1949 und 1967 gegenüber seiner Verlegerin bei New Directions, Naomi Burton, das Buch ab und zu erwähnte, lag es erst 1967 vor und wurde erst nach seinem Tod, im Jahr 1969, veröffentlicht.

Der Roman wird heutzutage hauptsächlich seines autobiographischen Inhalts wegen gelesen. Burton stellte fest, »wie viele Szenen aus seiner Jugend darin zu finden sind.«[7] In seinem Artikel zu dem Buch *The Merton Encyclopedia* bekräftigt Msgr. William Shannon diese Aussage: »Das Buch beschreibt eine fiktionale Reise zurück in die Zeit des Krieges [...] die Reise einer Figur mit dem selben Namen und derselben Geschichte wie der Autor und beinhaltet zahlreiche autobiographische Erinnerungen an Erfahrungen in der Jugend«.[8] Burton meint, dass unter all seinen frühen Büchern dieses dasjenige ist, »das er niemals hinter sich lassen konnte.« »Das Buch bringt seine lebenslange Überzeugung von der Sinnlosigkeit des Krieges und dessen brutalisierenden Auswirkungen zum Ausdruck«[9]

Diese Beobachtung trifft auch auf andere bekannte Werke Mertons zu, die sich mit der Nazizeit beschäftigen, insbesondere »Chant to Be Used in Processions Around a Site with Furnaces«, veröffentlicht in *Emblems of a Season of Fury* (1963)[10], in Mertons Vorwort zu *The Prison Meditations of Father Alfred Delp* (1963)[11] sowie in »A Devout Meditation in Memory of Adolf Eichmann«, veröffentlicht in *Raids on the Unspeakable* (1966)[12]. In diesen Werken findet sich wieder, was Shannon über den Roman schreibt: »Ganz eindeutig klagt Merton hier nicht nur Deutschland allein der Kriegsschuld an, sondern die gesamte westliche Zivilisation.« Shannon fährt fort: »Der junge Merton weigert sich, die Welt dualistisch in gut und böse, Helden und Bösewichte, aufzuteilen.« Laut Shannon verstand der reifere Merton die Ereignisse der 1930er und

1940er Jahre als »anhaltend relevant für die Zeit des Vietnamkrieges und der nuklearen Bedrohung.«[13] Für Merton war der Nationalsozialismus nicht einfach nur ein deutsches Phänomen, sondern er war symptomatisch für noch größere und universellere Probleme, in die er auch selbst verwickelt war. In seinem Roman gibt der Erzähler folgende Antwort auf eine offizielle Befragung zur Person »Thomas James Merton«:

> *»Menschen werden zu Objekten und nicht zu Personen. Jetzt beschweren Sie sich darüber, dass Krieg ist, Krieg ist jedoch der angemessene Zustand für eine Welt, in der Menschen nichts weiter sind als eine Reihe nummerierter Körper* [...] *Auch ich bin Teil des Komplexes, der verantwortlich ist für den Krieg. Wollen Sie mich aber identifizieren, fragen Sie mich nicht, wo ich lebe oder was ich gern esse oder wie ich mein Haar kämme, sondern fragen Sie mich, wofür ich meiner Meinung nach lebe* [...] *und was mich meiner Meinung nach davon abhält, ganz für das zu leben, wofür ich leben möchte. Zwischen diesen beiden Fragen können Sie die Identität jedes Menschen herausfinden.«*[14]

Später, im Januar 1968 schrieb Merton in dem Vorwort zu seinem Roman: »ob man den Nazis nun entkommt oder nicht, es gibt kein Entkommen aus der weltweiten Krise der Menschheit, in der die Nazis lediglich ein Teilsymptom waren«.[15] Teil dieser »universellen Krise der Menschheit« war Mertons Ansicht nach genau der Niedergang des Individuums als autonome Person. In seinem bewegenden Vorwort zu *The Prison Meditations of Fr. Alfred Delp* (1963) schreibt er: »Der moderne Mensch hat sich dem ausgeliefert, mehr und mehr als Instrument benutzt zu werden, als Gebrauchsgegenstand, und die Folge davon ist, dass seine spirituelle Kreativität an ihrer Quelle ausgetrocknet ist.«[16] Hierbei handelt es sich nicht um ein Problem, das einzig und allein Deutschland betraf. Tatsächlich blieb die Entwicklung vom falschen zum wahren Selbst und dessen Verhältnis zu Gesellschaft/Kultur eines der vorrangigen Anliegen Mertons.[17]

Deutsche Einflüsse auf Merton beschränkten sich nicht auf seine Erfahrungen in den 1930er Jahren oder der Katastrophe des Zweiten Weltkriegs. Deutsche Denker, Theologen und kulturelle Persönlichkeiten waren weiterhin von großem Interesse und beeinflussten das Denken von Fr. Louis, dem Mönch. Sein Buch *Conjectures of a Guilty Bystander* ist hierfür beispielhaft.[18] Es besteht aus Tagebuchschriften Mertons aus den Jahren 1956 bis 1965 und spiegelt damit sein Leben und Denken eines Jahrzehnts wider. Merton schreibt in seinem Vorwort: »diese Aufzeichnungen ergeben eine persönliche Darstellung der Welt in den 1960ern.«[19] »Die beste Art, dieses Buch zu charakterisieren, ist vielleicht die, es als eine Reihe von Skizzen und Betrachtungen zu bezeichnen, einige poetisch und literarisch, andere historisch und sogar theologisch, zusammengesetzt zu einem spontanen und lockeren philosophischen Entwurf, indem sie sich aufeinander beziehen.«[20] Genau das macht *Conjectures* zu einem fesselnden Buch.

Obwohl Adolf Eichmann, Heinrich Himmler und Adolf Hitler in diesem Buch vorkommen, enthält es noch weit mehr Informationen zu Dietrich Bonhoeffer. Über zwanzig Einträge zu ihm tauchen im Index der Taschenbuchausgabe von 1968 auf. Das Buch beginnt mit Betrachtungen zu Karl Barth und Mozart (es gibt mehr als zehn Einträge zu Barth) und beinhaltet Material zu Bertolt Brecht, Meister Eckhart, Martin Heidegger, Hildegard von Bingen, Johannes Tauler, der *Theologia Germanica*, Karl Rahner, und zu dem Deutsch-Schweizer Niklaus von Flüe. Eine interessante Überlegung zu deutschen Alttestamentlern (von Rad, Eichrodt) kommt zu dem Ergebnis, es gebe eine »alttestamentarische Qualität« im »frühen deutschen Christentum und Mönchtum.«[21] Wenn auch skizzenhaft und unvollständig, so weist diese knappe Aufzählung doch auf den Umfang hin, in dem Merton deutsche Quellen rezipierte. *Conjectures* stellt außerdem seine Entwicklung dar, von hauptsächlich römisch katholischen und christlichen Themen hin zu einem weiteren Bereich der Erkundung, der auch nicht-christliche Religionen mit einschloss und auf den in diesem Essay im Abschnitt »Merton in Deutschland: Erinnerungen« noch eingegangen werden soll.

Ein weiteres Beispiel für Mertons »deutsche Verbindung« ist seine frühe universitäre Bildung im Bereich moderner Fremdsprachen auf dem Clare College in Cambridge, England. Aus einem Brief von 1965 an Hans Urs von Balthasar wissen wir, dass er weiterhin auf deutsch las. Als Antwort auf Bücher von Balthasars, die er ihm schickte, schreibt Merton: »Mein Deutsch ist so schwerfällig, dass ich lange brauche, mich auf etwas wie das einzulassen, aber ich hoffe, bald dazuzukommen.«[22]

Eine gewisse Gewandtheit im Umgang mit der deutschen Sprache zeigt vielleicht seine Verwendung des wunderbaren Wortes *Gelassenheit* als Überschrift für einen der 88 nummerierten Abschnitte seines langen Gedichts *Cables to the Ace* (1968), welches den Untertitel *Familiar Liturgies of Misunderstanding*[23] trägt. Patrick O'Connells ausgezeichneter Eintrag in der *Merton Encyclopedia* lautet: »dieses Werk setzt den Fokus insbesondere auf den Gebrauch und speziell den Missbrauch von Sprache in einer zunehmend entpersönlichten und manipulativen modernen Zwangskultur.«[24] Somit ist das Thema verwandt mit dem oben erwähnten Niedergang des autonomen Individuums (Mertons »true self«, »wahres Selbst«).

Abschnitt 84 dieser »Anti-Poesie«[25] ist eine Prosa-Betrachtung des »Nichts«. Die Stimme ist die des Mystikers. Der Absatz bringt die Zen-Lehre über die Leerheit und existenzialistisches Denken über das Nichts zusammen und weist hin auf die *kenosis* (Selbst-Entleerung, Entäußerung) Jesu Christi in Philipper 2,6–11 und auf T. S. Eliots »still point of the turning world.« (Ruhepol der sich drehenden Welt). Merton schreibt: »für jeden von uns gibt es einen Punkt Nirgendwo inmitten der Bewegung, einen Punkt des Nichts in der Mitte des Seins: den unvergleichbaren Punkt.«[26]

Für diesen Punkt steht *Gelassenheit*, ein Wort, das von dem Verb *lassen* abstammt, das nicht nur sein lassen oder verlassen bedeutet, sondern auch zulassen oder erlauben. (Auch im englischen »allow« hört man seine germanische Wurzel.) Das Adjektiv *gelassen* ist das Partizip Perfekt von *lassen* und bedeutet ruhig, gleichmütig, still. Im Theologendeutsch findet man es in der Bedeutung von unerschütterlich oder gesammelt, geduldig, bedacht. *Gelassenheit* meint also auch Seelenruhe, Sammlung, Ausgeglichenheit – kurz: Stille. Es ist geeignet, um Buddha in einer Meditation zu beschreiben. Abschnitt 84 von Mertons Gedicht ist eine multikulturelle Betrachtung, für die er den Begriff *Gelassenheit* gewählt hat, da er offensichtlich der Meinung war, kein englisches Wort könne die präzise Bedeutung dessen wiedergeben, was er zu vermitteln suchte.

Tatsächlich hatte Merton in der Mitte der 1960er Jahre besonderes Interesse an deutscher Lyrik. In *The Literary Essays of Thomas Merton* (1981/1985) schreibt der Herausgeber und langjährige Sekretär Mertons, Br. Patrick Hart OCSO, dass Merton, nachdem er sich 1965 in die Eremitage zurückgezogen hatte, weiterhin Tagungen für die Klostergemeinschaft anbot: »im Winter 1965 bis in den Frühling 1966 hinein begann er, sich mehr literarischen Themen zuzuwenden, wie beispielsweise Rilkes Poesie und den deutschen Lyrikern nach dem Zweiten Weltkrieg.«[27] Das Thomas Merton Study Center der Bellarmine University in Louisville, Kentucky, besitzt acht Tonaufnahmen von Mertons Vorträgen über Rilke, die er zwischen 1965 und 1967 gehalten hatte. *Sensation Time at the Home* (1968), eine unveröffentlichte Sammlung, die er zusammenstellte als er nach Asien aufbrach, beinhaltet das Gedicht »Rilkes Epitaph«, das die auf unheimliche Weise prophetische Strophe enthält:

Death (Nothing but distance	*Tod (Nichts als Ferne*
And unreason)	*Und Widersinn)*
You accept it,	*Du nimmst ihn an,*
You pluck it.[28]	*Du pflückst ihn.*

Außerdem wissen wir aus den von Br. Patrick Hart herausgegebenen Briefen Mertons, dass er um das Jahr 1964 mit Hans Urs von Balthasar zu korrespondieren begann, der »eine deutsche Übersetzung eines Teils der Lyrik Mertons arrangiert hatte.«[29] Acht Briefe dieser Korrespondenz zwischen 1964 und 1966 liegen heute noch vor.

Obwohl weit davon entfernt vollständig zu sein, lässt dieser Überblick erkennen, dass Merton sein ganzes Erwachsenenleben lang reges Interesse an Deutschland, seiner Sprache, Geschichte und Kultur hatte. Heute beherbergt die Bibliothek der Bellarmine University, Standort des Thomas Merton Studies Center, fünfzig Titel in deutscher Sprache, die Thomas Merton als Autor verzeichnen.[30] Nach meiner Erfahrung allerdings (die zugegebenermaßen begrenzt war), hatte Deutschland in den 1980er Jahren wesentlich weniger Interesse an Merton.

Merton in Deutschland: Erinnerungen

Während der Jahre 1983 bis 1985 lebte ich in Tübingen, Deutschland, und war aufgrund einer Stelle am Institut zur Erforschung des Urchristentums und dem Kolloquium für Graduierte an der Evangelisch-Theologischen Fakultät, damals unter der Leitung von Professor Otto Betz und meinem späteren Ehemann, in lockerer Verbindung mit der Eberhard-Karls Universität. Ich kam nach Tübingen, direkt nach einem Semester als Gaststipendiatin der Harvard Divinity School in Cambridge, Massachusetts. Dort hatte ich als Gasthörerin die Lehrveranstaltung von Professor David Eckels über den buddhistisch-christlichen Dialog gehört. Das Denken Thomas Mertons war in diesem Seminar von besonderer Bedeutung, sein Buch *Zen and the Birds of Appetite* (1968) stand auf der Leseliste. Da meine Doktorarbeit (University of Virginia 1979) den Einfluss von Mertons Zen-Studien auf die Methoden seiner Lyrik thematisiert, war dieser Kurs für mich von besonderem Interesse.

Während ich mich nicht erinnern kann, den Namen Mertons in der Evangelischen Fakultät jemals gehört zu haben, diskutierten wir seine Arbeit, wenn auch nur indirekt, am Institut für Ökumenische Forschung, geleitet von Professor Hans Küng.

Exkurs: Thomas Merton und Hans Küng

Es ist beachtenswert, dass Hans Küng Mertons Ansicht über das Zweite Vatikanische Konzil beeinflusst hat, das, wenn man so will, ein Institut wie das von Küng überhaupt erst möglich gemacht hat. Laut Msgr. William F. Shannons Artikel in der *Merton Encyclopedia*, »bereitete er sich auf das Konzil vor, indem er *Konzil und Wiedervereinigung* von Hans Küng las, sobald er es ergattern konnte. Er bewunderte es als aufrichtiges und mutiges Buch.«

Merton war allerdings »besorgt, das Buch könne falsche Hoffnungen wecken, an die das Konzil wahrscheinlich nicht herankommen könne, dennoch war es wichtig, das Beste zu hoffen.«[31] Merton selbst bezeichnet das Buch im März 1962 in einem Brief an Frank Sheed als »brillant«.[32] Im selben Monat schrieb er an Fr. Kilian Mc Donnell: »Ich beneide dich wahrlich darum, dass du in Tübingen bei Küng studieren kannst. Ich bin gerade mit seinem Buch fertig und es ist in der Tat eines der spannendsten Bücher, die ich seit Jahren gelesen habe [...] Es ist wirklich ein frischer Wind und neues Leben in dem Buch und in seiner Perspektive. Es ist wach und offen und nicht wild, dennoch objektiv katholisch im feinsten Sinne [...] Ein Buch wie dieses lässt einen so viele Dinge erkennen. Es befähigt einen, viele Dinge zu beurteilen und zu akzeptieren, die bis dahin vom Gewissen nur als obskures und undeutliches Nagen wahrgenommen wurden.«[33] In einem Brief, auch vom März 1962, an Justus George Lawler sprach Merton von »Küngs bemerkenswertem Buch über das Konzil.«[34]

Am 20. Dezember 1963 schreibt Merton an Fr. Kilian McDonnell: »dein Jahr mit Küng muss wunderbar gewesen sein [...] Ich denke, er hat eine Menge zu sagen und wird dies auch weiterhin tun, aber eine Person, die wie er zu dieser Art Ruhm kommt, wird es schwer haben, weil das automatisch die Ohren einiger verschließt, für die es gut wäre, ihm zuzuhören. Ich weiß, dass er die Größe hat, das auszuhalten, und soweit es ihn betrifft, gibt es keine Probleme. Doch es entsteht eine Barriere, die es nicht geben sollte: eine willentliche Weigerung, sich mit jemandem zu befassen, der tatsächlich eine Botschaft Gottes für die Kirche hat. Nichtsdestotrotz wird seine Nachricht ankommen.«[35] Im Hinblick auf Professor Dr. Küngs weitere Geschichte erscheinen Mertons Worte prophetisch. Aber sie zeigen auch, wie positiv Küngs Werk von Merton aufgenommen wurde und wie lange er sich damit befasste.

Lassen Sie uns zurückkehren ins Tübingen der frühen 1980er Jahre: Zusammen mit anderen herausragenden Gelehrten, die sich mit den praktischen Konsequenzen des Dokuments *Nostra Aetate* des Zweiten Vatikanischen Konzils befassten (Deklaration zum Verhältnis der Kirche zu nicht-christlichen Religionen, 28. Oktober 1965), arbeitete Professor

Küng in diesen Jahren im Bereich Christentum und Weltreligionen.[36] Im Studienjahr 1983/1984 war das Thema der englischsprachigen Sozietät an Küngs Institut »Theologische Fragen der Gegenwart«. Die Leitung hatte hauptsächlich Dr. Karl-Josef Kuschel, doch auch Professor Küng nahm von Zeit zu Zeit teil. Eines der Themen, die wir in diesem Jahr behandelten, war der ökumenische Konsens über das Judentum und ich erstattete Bericht über die zweite Konferenz über »Ost-West-Religionen in Begegnung« in Honolulu, Hawaii, die vom 3. bis 11. Januar 1984 stattfand, eine Konferenz, die Professor Küng und ich unabhängig von einander besuchten.[37]

Die Konferenz über buddhistisch-christlichen Dialog dauerte neun Tage, und wurde von mehr als 150 Teilnehmern aus der ganzen Welt besucht. Es gab über 110 Beiträge, 7 Hauptreferate, 4 Podiumspräsentationen sowie 16 Angebote, religiöse Praktiken zu beobachten oder an ihnen teilzunehmen. Verschiedene Referate, darunter mein eigenes, hatten Mertons Arbeit am buddhistisch-christlichen Dialog zum Thema. Dieses Material floss in meinen Bericht an die Diskussionsgruppe ein. Mit dem Konzept des Paradigmenwechsels als Leitfaden, war der interreligiöse Dialog im Ökumenischen Institut auch in den Semestern von 1984 bis 1985 Thema. Beispielsweise sprach Küng bei einem Treffen am 24. Oktober 1984 über den Dialog mit dem Islam.

Während sich ein Großteil meiner eigenen Schriften mit Thomas Merton befasste[38], erinnere ich mich nicht, dass sein Werk in diesen Jahren in den »offiziellen« Universitätsveranstaltungen von besonderem Interesse gewesen wäre, obwohl ich vielleicht solche Veranstaltungen auch einfach nicht mitbekommen habe. Da ich meiner eigenen Erinnerung nicht traute, kontaktierte ich zwei damalige Studenten der katholisch-theologischen Fakultät, einen Doktoranden und eine Magisterstudentin. Keine(r) von beiden erinnert sich, dass Merton im örtlichen Gemeindekontext Erwähnung gefunden hätte. Der Doktorand konnte sich an keinen Kurs oder irgendeine andere Erwähnung Mertons oder seines Denkens erinnern. Die Magisterstudentin hatte damals in Betracht gezogen, ihre Abschlussarbeit über Merton zu schreiben und diese Möglichkeit mit Professor Dietmar Mieth, dem damaligen Dozenten für

Ethik, besprochen, sich letztlich dann aber doch für ein anderes Thema entschieden.

Woran ich mich jedoch noch erinnere ist, dass während dieser Zeit die christlichen Fakultäten in Europa gerade erst zu beginnen schienen, sich damit auseinanderzusetzen, dass diejenigen, die nicht-christliche Religionen praktizierten, Dialogpartner statt Missionsgebiete sein könnten. Ganz offensichtlich war Thomas Merton mit seiner Vorstellungskraft sowie seiner transkulturellen Haltung seiner Zeit ein weites Stück voraus. Fred und Michael Herron bezeichnen dies als »Offenheit für die wachrufende und horizonterweiternde Macht anderer Kulturen und Wege, die Reise des Menschseins anzugehen«.[39]

In Anbetracht des oben Gesagten ist meine Erinnerung an die Diskussionen in Küngs ökumenischem Institut, einige von meinem Institut geförderte Vorträge, sowie eher informelle Unterhaltungen innerhalb der Fakultät und unter den Studenten, dass sie den Fallstricken im Dialog auswichen, wovor Merton in seinem Aufsatz »Monastic Experience and East-West Dialogue«, in *The Asian Journal of Thomas Merton* (1968) warnte. Unter die »falschen Wege, die zu vermeiden sind« zählte Merton folgende auf: (1) Ein solcher Dialog darf nicht »eine weitere Form des endlosen, leeren Geredes sein [...] mit der der moderne Mensch versucht, sich selbst davon zu überzeugen, dass er in Berührung ist [...] mit der Realität.« (2) »es darf keine Frage eines simplen Synkretismus sein, ein Mischmasch halbreligiösen Wortgeklingels [...] das [...] nichts wirklich ernst nimmt.« (3) »es muss gewissenhaft auf wichtige Unterschiede geachtet werden«[40]

Warum setzte ich also meine Arbeit über Thomas Mertons Gedanken fort, in einem Kontext, in dem sein Denken praktisch nicht vorhanden war und in dem mein eigentliches »offizielles« Aufgabengebiet die neutestamentliche Forschung war? Ich denke, ein Grund war einfach der, dass dies für mich so etwas wie eine Verbindung nach Hause darstellte und mir außerdem die Möglichkeit gab, in meiner Muttersprache zu arbeiten. Ein anderer Grund war das, was ich als Mertons rastlosen Intellekt bezeichnen möchte. Er gab sich nicht damit zufrieden, seine intellektuelle Arbeit auf eine einzige Disziplin zu beschränken. Unter anderem dachte Merton sehr tief nach und schrieb sprachgewandt über Theologie, Spiritualität, Politik, soziale und kulturelle Entwicklungen, Literatur und Kunst. Vielleicht gab er mir gleichsam auf diese Weise stillschweigend die »Erlaubnis«, seinem Beispiel zu folgen.

Äußerst prägend war Merton für mich als die »leise, feine Stimme« in der Wüste der akademischen Welt, die ich hinter mir ließ, als ich meine Professur sowie meinen Lehrstuhl Neues Testament 2002 aufgab. So lange brauchte ich, um einzusehen, dass allein die Tatsache, gut in etwas zu sein, nicht zwangsläufig bedeutet, dass es sich dabei tatsächlich um die authentischste Berufung der Person handelt. Immer stellte Merton unbequeme »Warum«-Fragen, weigerte sich, als selbstverständlich angenommene kulturelle und politische »Gegebenheiten« zu akzeptieren und übte wohlüberlegte Kritik an Institutionen wie den Kirchen (Konfessionen) und Universitäten, die diese bestärkten und ihre Lehren verbreiteten. Nach etwa zwanzig Jahren Unterrichtens für Grundstudiums- und Graduiertenniveau, konnte ich die Dissonanz nicht mehr ertragen zwischen dem, was das Neue Testament tatsächlich *sagt* und dem, was die Kirche und der Überrest des sogenannten »Christentums« *tut*. Ich möchte keinem anderen zu nahe treten, aber für mich hätte an der Universität zu bleiben bedeutet, mich an einem korrupten und korrumpierenden System zu beteiligen. Auch wenn ich glaubte, dass ich gute Absichten hatte, wollte ich nicht das werden, was Merton ein »Instrument [...] ein Werkzeug«[41] nannte.

Ich nahm mir Mertons Warnungen wirklich zu Herzen, über das Vereinnahmtwerden, darüber, wie dringend nötig autonome Persönlichkeiten sind, die gewillt sind, vom »Ist-Zustand« einen Schritt zurückzutreten und ihn auszuwerten, über die entscheidende Notwendigkeit, bewusst zu entscheiden, anstatt auf dem einschläfernden Strom akzeptierter Meinungen und Verhaltensweisen dahinzudümpeln. Mertons brillante Analyse der Spannung zwischen Selbst und Gesellschaft, die die Christen des 4. Jahrhunderts beschäftigte und ihrer Lösung (die zur Klosterkultur wie wir sie kennen führte), und die er in der Einleitung zu *The Wisdom of the Desert* so präzise dargelegt hat, beeindruckte mich und ist in meinen Augen völlig zutreffend und für mich persönlich absolut relevant. Er schrieb über »Menschen, die glaubten, dass [sich] treiben zu lassen, und einfach passiv die Grundsätze und Werte dessen, was sie als gesellschaftlich akzeptiert wahrnahmen, anzunehmen, schlicht und einfach eine Katastrophe sei.«[42] Nachdem ich erkannt hatte, wie recht Merton damit hatte, konnte ich gar nicht anders handeln, als ich es getan habe.

Merton war, um auf eine buddhistische Parabel Bezug zu nehmen, nicht der Mond, sondern der Finger, der darauf zeigte.[43] Er hat mich gelehrt, dass der wichtigste Weg im Leben nicht äußerlich ist, wie wir in der Befragungsszene in *My Argument with the Gestapo* sehen können. Es geht nicht um die »Statistik des Lebens« (was tue ich, was besitze ich, welchen Pass habe ich), sondern der Weg ist zutiefst nach innen gerichtet. Letztendlich geht es nicht darum, was ich tue, sondern »wofür ich lebe«, wem ich mich hingebe.[44] Das hat eine tiefe Bedeutung, nicht nur für mein eigenes Leben, sondern auch für die Welt, in der ich lebe. Darin liegt, glaube ich, der praktische Kern dessen, was Merton über das wahre und das falsche Selbst lehrte und worauf er in seinem Vorwort zu *The Prison Meditations of Fr. Alfred Delp* hinaus wollte. Ihm gebe ich hier das letzte Wort:

> *»Wenn wir achtsam sind, uns aus unserem Schlaf der Verzweiflung aufwecken, unsere Herzen ohne Rückhalt dem Gott öffnen, der zu uns spricht in genau der Wildnis, in der wir uns jetzt befinden, dann können wir mit der Arbeit anfangen, die er von uns will: die Aufgabe, Ordnung in der Gesellschaft wiederherzustellen und der Welt Frieden zu bringen«*[45]

Dr. Bonnie B. Thurston, emeritierte Professorin für Neues Testament des Pittsburgh Theological Seminary und Pastorin der »Disciples of Christ«, lebt in Wheeling, West Virginia, USA. Sie ist Gründungsmitglied der Internationalen Thomas Merton Gesellschaft (ITMS) und diente der Gesellschaft als ihre dritte Präsidentin. Sie ist Autorin einer Vielzahl von theologischen Büchern, Gedichtbänden und Zeitschriftenartikeln u. a. auch über Thomas Merton.

1 Die Übersetzung wurde angefertigt von Dorothea Müller und Gudrun Pastor-Fricke. Eine finale Bearbeitung erfolgte durch Dr. Dr. Linda Maloney und Detlev Cuntz.

2 Ich danke den Tübinger Kolleginnen Irmgard Deifel, M.A. und Dr. Dr. Linda Maloney für ihre Hilfe bei diesem Essay, bes. Dr. Maloney für ihre hilfreichen redaktionellen Vorschläge.

3 Thomas Merton, The Seven Storey Mountain (New York: Doubleday/Image Books, 1948/1970), 120. Im Folgenden in den Anmerkungen: SSM.

4 Ebd.

5 Thomas Merton, My Argument with the Gestapo (New York: New Directions, 1969) [erste Seite des Vorworts, keine Seitenzahl]. Im Folgenden in den Anmerkungen: MAG.

6 SSM 160.

7 Naomi Burton in MAG, »A note ...« (nach dem Vorwort, keine Seitenzahl).

8 William H. Shannon, »My Argument with the Gestapo« 311–314, in: William H. Shannon, Christine M. Bochen, and Patrick F. O'Connell, eds., The Thomas Merton Encyclopedia (Maryknoll, NY: Orbis Books, 2002), 311. Im Folgenden in den Anmerkungen: Merton Encyclopedia.

9 Burton in MAG, »A note ...« (nach dem Vorwort, keine Seitenzahl).

10 Erschienen in The Collected Poems of Thomas Merton (New York: New Directions, 1977), 345–49. Im Folgenden in den Anmerkungen: CP.

11 Alfred Delp, The Prison Meditations of Father Alfred Delp (New York: Herder & Herder, 1963).

12 Thomas Merton, Raids on the Unspeakable (New York: New Directions, 1966), 45–49.

13 Shannon, »My Argument«, Merton Encyclopedia, 312.

14 Merton, MAG, 160–61.

15 Ebd. (keine Seitenzahl).

16 Merton im Vorwort zu Delp, Prison Meditations, siehe Anm. 10.

17 So zum Beispiel Thomas Merton, New Seeds of Contemplation (New York: New Directions, 1961), Kap. 5 bis 10.

18 Thomas Merton, Conjectures of a Guilty Bystander (New York: Image Books, 1968). Im Folgenden in den Anmerkungen: CGB.

19 CGB, 5.

20 CGB, 5–6.

21 CGB, 136.

22 Thomas Merton The School of Charity: Letters on Religious Renewal and Spiritual Direction, Br. Patrick Hart OCSO (ed.) (New York: Harcourt, Brace, Jovanovich, 1990), 288.

23 Vieleicht ist Merton dieses Wort in den Schriften von Meister Eckhart, die er studierte, begegnet. Siehe zum Beispiel die Erwähnungen von Eckhart in »The Inner Experience« (London, SPCK, 2003).

24 Patrick F. O'Connell, »Cables to the Ace« 36–38 in Merton Encyclopedia, 36. Sein Essay liefert eine der besten Einführungen in ein sehr komplexes literarisches Werk.

25 Der Ausdruck stammt von dem chilenischen Dichter Nicanor Parra, dessen Werk Merton übersetzte.

26 CP, 452.

27 Br. Patrick Hart, ed., The Literary Essays of Thomas Merton (New York: New Directions, 1985), 497.

28 CP, 620.

29 The School of Charity, 218. Der Band enthält fünf Briefe Mertons an Von Balthasar. Sie erörtern Lyrik und religiösen Dialog.

30 Ich danke Mark Meade vom Thomas Merton Studies Center für diese bibliographische Information und für seine andauernde Unterstützung der Merton-Forschung.

31 William H. Shannon, »Vatican Council, The Second« in The Thomas Merton Encyclopedia 503.

32 Thomas Merton Witness to Freedom: Letters in Times of Crisis, William H. Shannon (ed.) (New York: Farrar, Straus, Giroux, 1994), 45.

33 Ebd, 45–46.

34 Ebd, 46.

35 The School of Charity 188.

36 So zum Beispiel Hans Küng, et al., Christentum und Weltreligionen. Hinführung zum Dialog mit Islam, Hinduismus und Buddhismus (München/Zürich: Piper, 1984).

37 Das war ein Nachkomme der sogenannten »Cobb-Abe Group«, die sich einige Jahre lang getroffen hatte. Eine Gruppe erforschte bei der Konferenz in Honolulu die buddhistischen Paradigmenwechsel, behandelte also mehr oder weniger für den Buddhismus das, was eine von Küng im Mai 1983 geförderte Konferenz für das Christentum behandelt. (S. Martin E. Marty, »Tübingen Models for Theology« The Christian Century (July 6–13, 1983): 653–656.

38 »Self and World: Thomas Merton on Two Directions of the Spiritual Life« Cistercian Studies 2 (1983); »Thomas Merton's Contemplative Poetry« Explorations (No-

vember 1983); »The Criticism of Thomas Merton's Poetry: A Review« The Merton Seasonal (Summer 1984); »Thomas Merton on the Contemplative Life« Contemplative Review 17/1 (1984); »Zen in the Eye of Thomas Merton's Poetry« Buddhist-Christian Studies 4 (1984); »Zen Influence on Thomas Merton's View of the Self« Japanese Religions 12/1 (December 1986); and relatedly »The Conquered Self: Emptiness and God in Buddhist-Christian Dialogue« Japanese Journal of Religious Studies 12/4 (1984).

39 Fred W. Herron and Michael J. Herron, »A World-Embracing Prophet: Catholic Imagination and the Transcultural Believer« The Merton Journal 14/1 (Eastertide 2007), 38.

40 Thomas Merton, »Monastic Experience and East-West Dialogue« 309–317 in Burton, et al., eds., The Asian Journal of Thomas Merton (New York: New Directions, 1968–1975), 312, 316–317.

41 Merton im Vorwort zu Delp, Prison Meditations, siehe Anm. 10.

42 Thomas Merton, The Wisdom of the Desert (New York: New Directions, 1960), 3.

43 Das war die These meiner Präsidentenrede vor der Internationalen Thomas Merton Gesellschaft, 1993. Sie wurde anschließend als »The Heresy of Individualism« (Häresie des Individualismus) in The Merton Seasonal 18/3-4 (1993) veröffentlicht.

44 Merton schrieb brillant darüber, das »wahre Selbst« im Gegensatz zu aus dem »falschen Selbst« zu leben und über das Verhältnis des wahren Selbst zu anderen in den Kapiteln 5–9 of New Seeds of Contemplation (New York: New Directions, 1961).

45 Merton im Vorwort zu Delp, Prison Meditations, siehe Anm. 10.

Mutige Neugier

Thomas Merton war in meinem Alter, als er starb. Dies zu realisieren ist erniedrigend, wenn ich daran denke, wie viel er bewirkte in seinen 53 Jahren. Die Fülle von Literatur, die er hervorbrachte, die Spannbreite an Themen, die er bewältigte und mit welcher Tiefe er darüber schrieb, ist nur die literarische Facette dieses Mannes.

Genauso beeindruckend waren für mich die Experimente, die er mit seinem eigenen Leben machte: als Student, Lehrer, Dichter, Liebhaber, Mönch, Einsiedler, Novizenmeister, Bürgerrechtler und Partner für interreligiösen Dialog. Für meine eigene religiöse Entwicklung war er ein Wegweiser und Meilenstein, seit ich als Teenager in den 1980ern eine Fernsehsendung über ihn gesehen hatte. »Sollte ich Mönch werden,« so dachte ich damals, »möchte ich werden wie er.«

Nun bin ich Mönch geworden, und da Mertons 100ster Geburtstag näher rückt, ist dies ein guter Zeitpunkt, eine Bestandsaufnahme davon zu machen, was dieser große Bahnbrecher des modernen Mönchtums für mich bedeutet hat.

Katholisch sein

Ich wuchs in einer protestantischen Gegend auf, im Bundesstaat West Virginia gibt es nur 6 Prozent Katholiken. Meine einzigen katholischen Vorfahren sind meine Mutter und ihre Mutter.

Wir Katholiken wurden sowohl mit Argwohn als auch mit Bewunderung betrachtet – mit Argwohn, weil wir eine mysteriöse Minderheit waren, deren Rituale mit kunstvollen Gewändern, goldenen Gefäßen, Räucherwerk und strengen Regeln für Bienenwachskerzen, Fastenzeiten und heiliger Exklusivität ausgeübt wurden; mit Bewunderung, weil in den 1960ern einige erstaunliche katholische Persönlichkeiten der amerikanischen Öffentlichkeit in Erscheinung traten: Präsident John F. Kennedy und seine Brüder, der Fernsehprediger und Priester Fulton J. Sheen (der spätere Erzbischof) und der Bürgerrechtler und Trappistenmönch Thomas Merton. Diese Helden machten einen jungen West Virginier stolz darauf, katholisch zu sein und trugen viel dazu bei, dass ich bis ins Erwachsenenalter römisch katholisch blieb.

Yin und Yang

Merton war schon lange tot, als ich mich Anfang der 1980er für ihn zu interessieren begann. Obwohl ich seinen Namen schon von meiner Großmutter gehört hatte, die sagte, sein *Berg der sieben Stufen* sei das beste Buch, das sie je gelesen habe, nahm ich erst wirklich richtig Notiz von ihm, als sein Name im St. Vincent College (die Benediktineruniversität, an der ich studierte) immer wieder vorkam. Die Merton-Textstellen, die meine Lehrer zitierten (Mönche und auch Laien-Professoren), waren immer tiefgründig und doch auch leicht, und die Mischung aus Ernst und Humor faszinierte und begeisterte mich.

Oft hält Mertons Sinn für Ironie Gegensätze in einer Spannung zusammen, die seinem Leser erlaubt, eher das »sowohl – als auch« der Wirklichkeit als ihr »entweder – oder« zu sehen. Die mystische Einheit der Gegensätze, die im Taoismus von zentraler Bedeutung ist, ist charakteristisch für Mertons besonderen Schreibstil.

Deshalb war es für Merton wohl ganz selbstverständlich, den Taoismus zu verstehen und zu schätzen und dessen Einsichten in sein Verständnis des Christentums einzubinden. Man könnte sein Leben als kontinuierlich sich ausdehnendes Yin und Yang betrachten, in dem Europa und Amerika, Protestantisches und Katholisches, Playboy und Mönch, Stadt und Land, Gemeinschaft und Einsamkeit, Ost und West sich ineinander verwirbeln wie ein Marmorkuchen.

Sein Buch *The Way of Chuang Tsu* (*Der Weg des Dschuang Dsi*, beziehungsweise *Zhuangzi*) belegt Mertons tiefes Verständnis des Taoismus und dessen Insistieren auf der Integration der Gegensätze.

Diese Fähigkeit, zu integrieren, zu wissen, dass es in mir einen Ort gibt für alles, was neu ist, macht es möglich, offen zu bleiben, nicht nur anderen Religionen gegenüber, sondern gegenüber allem, das »anders« ist – anderen Ländern, anderen Lebensweisen, anderen Lebensformen, und speziell auch anderen Mitbrüdern in meinem Kloster. Mertons klösterliche Mitbrüder spotteten, er sei ein buddhistischer Mönch in Trappistenkleidung, und das zeigt deutlich, wie der Mangel an Integration zu Intoleranz und zur Desintegration des Ganzen führt.

Genau diese mutige Neugier, die den jungen Merton dafür öffnete, Katholik und Mönch zu werden, indem er die Einsichten des römischen Katholizismus in den Protestantismus seiner Kindheit integrierte, führte den gereiften Merton weit über ein enges römisches Verständnis des Christentums hinaus. Seine Religion wurde im wahrsten Sinne des Wortes katholisch – universal. Mertons religiöse Entwicklung war immer Weitung und Einbeziehen und nicht Enge und Ausschließen. Sicher glaubte er, wie Lao-Tse sagte: »Das Tao, das benannt werden kann, ist nicht das ewige Tao«.

Das apophatische Gebet

Das erste Merton-Buch, das ich wirklich las, war *Contemplative Prayer* (*Kontemplatives Gebet*). Es brachte mich dazu, mit meinem eigenen Gebetsleben zu experimentieren, als ich spirituell hungrig und intellektuell auf der Suche war. Die Priester meiner Heimatgemeinde hatten uns nie etwas über Meditation oder Kontemplation gelehrt und das einzige Werk katholischer Literatur, das ich kannte, war *The Baltimore Catechism*.

Ich dachte, das Wort »Meditation« beziehe sich auf irgendeine esoterische buddhistische Praxis, die nichts mit Katholizismus zu tun hat. Nun also, mit Mertons Hilfe und Ermutigung, versuchte ich zu kontemplieren oder zu meditieren oder wie immer man das apophatische Beten nennen will. Die Erfahrung damit begeisterte mich so sehr, dass ich schließlich eine völlig neue Dimension meiner Seele entdeckte.

Damit wurde Religion eher zum Abenteuer als zur Pflicht. Wenn ich aus heutiger Sicht auf Mertons *Contemplative Prayer* schaue, muss ich zugeben, dass es gröblich und primitiv wirkt, verglichen mit den edlen Werken seiner Trappisten-Brüder Thomas Keating und Basil Pennington. Allerdings hatten diese Autoren den Luxus, dass sie in Mertons Fußstapfen treten und den Pfad verfeinern konnten, den er in die westliche spirituelle Wildnis geschlagen hatte. Ihre Bücher erklären äußerst hilfreich sowohl die Kontemplation als auch, was davon zu erwarten ist.

Thomas Keating beschreibt, wie er, William Meninger und Basil Pennington, damals Mönche in der Spencer Abtei in Massachusetts, in den 1970ern dazu kamen, jene Technik zu entwickeln, die wir heute als Centering Prayer, das heißt zentrierendes Gebet oder Gebet der Sammlung, kennen. Sie beobachteten, dass junge Gäste in ihrem Kloster von den wunderbaren Erfahrungen schwärmten, die sie in buddhistischen Meditationszentren und Yogastudios in Boston gemacht hatten. Diese jungen Leute waren überzeugt davon, dass sie eine höhere Form der Religion erfahren hatten als dies das Christentum zu bieten hatte mit seinen Dogmen, Formeln und Ritualen.

Keating, Meninger und Pennington erkannten, dass die reiche mystische Tradition des Christentums heutige Menschen nicht erreichte, die deshalb mystische Erfahrungen außerhalb der Kirche suchten. Diese Trappisten ließen dann eine Methode christlichen apophatischen Betens wieder aufleben, die ihren Ursprung im spirituellen Klassiker des 14. Jahrhunderts hat, der *Wolke des Nichtwissens* (*The Cloud of Unknowing*), und gaben ihr einen neuen Namen, den Thomas Merton verwendet hatte: Centering Prayer (zentrierendes Gebet oder Gebet der Sammlung). Heute ist es eine weit verbreitete Technik unter Christen auf der ganzen Welt. Natürlich wird das apophatische Gebet unter Kirchenbeamten mit Argwohn betrachtet, denn diejenigen, die es praktizieren, könnten unversehens in eine Haltung des Ungehorsams abgleiten.

Warum sich mit Interpretationen von Religion der Kirchenbeamten aufhalten, wenn man seine eigenen direkten religiösen Erfahrungen machen kann? Mystiker werden leicht entmutigt durch den Hang von Beamten, religiöse Erfahrung mit Gesetzen zu belegen und zu verkünden, was erlaubt oder nicht erlaubt, koscher oder nicht koscher, rechtmäßig oder unrechtmäßig ist.

Ich erinnere mich, dass ich im Mystikunterricht eines Freundes an der Michigan State Universität saß, ein paar Jahre, nachdem ich Mertons *Contemplative Prayer* gelesen und angefangen hatte, selbst Kontemplation zu praktizieren. Der Professor war sicher sehr bewandert in mystischer Literatur, aber während der Stunde wurde mir klar, dass er kein Mystiker war.

Ich beklagte mich darüber nach der Stunde bei meinem Freund: »Alles was er sagt, hat er irgendwo gelesen. Er *weiß* nicht wirklich, wovon er redet.« Praktizierende des apophatischen Betens spüren oft dieselbe Enttäuschung, wenn ein Priester oder Bischof etwas zu einem Thema verkündet, das er vielleicht studiert, aber niemals erfahren hat.

Die prophetische Perspektive

Sr. Sandra Schneiders IHM zitiert Merton, wenn sie sagt, dass Ordensleute am Rand der Gesellschaft leben und ebenso am Rand der Kirche. Sie sind daher in einer besonders günstigen Position, prophetisch zu sein. Papst Franziskus macht eine erstaunlich ähnliche Feststellung in seinem Interview mit Antonio Spadaro aus dem Jahr 2013.

Die unausweichliche Spannung zwischen Gehorsam gegenüber Kirchengelehrten und der Treue ihren eigenen Erfahrungen gegenüber, die christliche Mystiker erleben, beschäftigte Merton intensiv und prägte sein Verständnis von römisch katholischem religiösem Leben als selbstgewählte Ausgrenzung. Für Merton ist der Ruf, Ordensmann oder -frau zu werden, ein Ruf weg von den Zentren der Macht in Gesellschaft und Kirche. Die religiöse Berufung hat die Entscheidung für Armut, Keuschheit und Gehorsam zur Konsequenz. Ordensleute zahlen keine Steuern, haben keine Kinder, kämpfen nicht in Kriegen, können nicht gewählt werden und keine kirchlichen Ämter anstreben. Sie leben am Rand, wo sie die beste Chance haben, objektiv auf Gesellschaft und Kirche zu schauen. Im Jahr 1988 hielt Dr. Sandra Schneiders in Atlanta einen Vortrag, der mich tief beeindruckte. Sie zitierte Merton umfassend, vor allem aus seinem Buch *Conjectures of a Guilty Bystander* (*Vermutungen eines schuldigen Zuschauers*). Hier folgt ein kleiner Ausschnitt ihres Vortrags:

Sandra Schneiders

Religiöses Leben: Die Dialektik zwischen Marginalität und Transformation

[SPIRITUALITÄT HEUTE, Denn die Posaune wird erschallen: Protest, Gebet und Prophezeiung – Tagungsbericht, Aquinas Center of Theology, Emory University, Atlanta, Georgia, 26.–30.Oktober 1988, Winter 1988 Beiheft, Band 40, 59–79.

Dr. Sandra Schneiders, I.H.M., ist Lehrbeauftragte an der Graduate Theological Union, Berkeley, California. Sie ist die Autorin von Women and the Word (Frauen und das Wort) und New Wineskins (Neue Weinschläuche).]

»Marginalität, so versuchte Merton seinen Zeitgenossen zu erklären, ist, wenn sie überhaupt authentisch gelebt wird, qualvolle Uneindeutigkeit. Ohne irgendeinen Versuch der Selbstrechtfertigung oder irgendwelche Ansprüche auf Überlegenheit gibt sie den Ordensleuten einen hermeneutischen Blickwinkel, der in etwa dem der Armen und Unterdrückten vergleichbar ist, die ausgegrenzt sind, nicht aufgrund freier Entscheidung, sondern durch Gewalt. Außerhalb des Systems zu stehen, besonders wenn man keinen alternativen Zugang zu den Gütern und Dienstleistungen hat, die das System zur Verfügung stellen sollte, erlaubt einem, die Widersprüche und die Gewalttätigkeit des Systems zu erkennen, wozu diejenigen, die die volle Teilhabe daran haben, weniger gut imstande sind.

Es ist kein Zufall, dass vielmehr die Frauen als die Ordinierten das klerikale System analysiert haben und der ganzen Kirche deutlich machen, warum ein religiöses Kastensystem letztendlich nicht den Zielen der Geistlichkeit dienen kann. Es ist kein Zufall, dass eher Schwarze als Weiße, auch Weiße, die sich aktiv an der Bürgerrechtsbewegung beteiligten, den Mythos der Gleichberechtigung im amerikanischen Gesellschaftssystem als falsch entlarvten.

»Ordensleute sind ausgegrenzt aus freier Entscheidung, jedoch steht diese Marginalität im Dienst der Prophezeiung und nicht der Weltflucht. Von den Rändern des Systems aus ist eine Sicht auf das möglich, was das System denen antut, die ausgeschlossen sind, denen, die zum Mittel für anderer Leute Zwecke gemacht wurden. Wenn Kontemplation die Unmittelbarkeit zu Gott fördert, dann fördert Ausgegrenztheit die Unmittelbarkeit zu den Unterdrückten.

Der Ordensmann, die Ordensfrau will da sein, wo der Schrei der Armen das Ohr Gottes trifft. Das Pathos Gottes zu fühlen ist keine warme und bequeme religiöse Erfahrung; es ist eine Erfahrung heulender Wildheit, die einen dazu treibt, zu protestieren.

»Die charakteristische Versuchung für Ordensleute, eine die Merton sehr oft spürte und die er wiederholt analysiert, ist, die Berufung zur Einsamkeit aufzugeben und sich selbst vollkommen ins Getümmel zu stürzen auf der Seite der Gerechtigkeit für die Unterdrückten. An dieser Entscheidung ist etwas selbstverständlich Richtiges. In der Tat, es ist die richtige Entscheidung für die meisten Gläubigen. Für manche jedoch ist es nicht die richtige Entscheidung, weil Gott etwas anderes von ihnen möchte. Wie auch immer sie direkt in Aktion treten, und für viele Ordensleute in apostolischen Orden mag dies extensiv sein, ihre essenzielle Berufung ist es, ein beständiger Ort jener prophetischen Erkenntnis zu sein, die aus der Unmittelbarkeit zu Gott hervorgegangen ist und der sozialen Marginalität, die wesentlich ist für die spirituelle Integrität allen Handelns im Namen der Gerechtigkeit.«

Sandra Schneiders erhielt ihr Doktorat von der Jesuiten-Universität in Rom, und sie lehrt an der Jesuiten-Universität in San Francisco. Ich frage mich daher, ob sie auf den Jesuiten Papst Franziskus irgendeinen Einfluss hatte, denn in seinem ersten ausführlichen Interview sagte er folgendes [Das Interview mit Papst Franziskus. Antonio Spadaro SJ, Herder: Freiburg-Basel-Wien 2013. (Interview 19. September 2013), Seite 52]:

Erster Papst aus einem Orden nach 182 Jahren

Papst Franziskus ist der erste Papst, der aus einem religiösen Orden kommt – nach dem Kamaldulenser Gregor XVI., der 1831, vor 182 Jahren, gewählt wurde. Ich frage also: »Was ist heute der spezifische Platz der Ordensmänner und Ordensfrauen in der Kirche?«

»Ordensleute sind Propheten. Sie sind diejenigen, die eine Nachfolge Jesu gewählt haben, die sein Leben im Gehorsam gegen den Vater nachahmt, Armut, Gemeinschaftsleben und Keuschheit. In diesem Sinn dürfen die Gelübde nicht zu Karikaturen werden, sonst wird zum Beispiel das Gemeinschaftsleben zur Hölle, die Keuschheit zum Leben als alter Junggeselle. Das Gelübde der Keuschheit muss ein Gelübde der Fruchtbarkeit sein. In der Kirche sind Ordensleute besonders berufen, Propheten zu sein, die bezeugen, wie Jesus auf dieser Erde gelebt hat, und die zeigen, wie das Reich Gottes in seiner Vollendung sein wird. Ein Ordensmann oder eine Ordensfrau darf nie auf Prophetie verzichten. Das bedeutet nicht, dass man sich gegen die hierarchische Seite der Kirche stellt, wenn die prophetische Funktion und die hierarchische Struktur nicht übereinstimmen. Ich spreche von einem positiven Vorschlag, der aber keine Angst machen darf. Denken wir daran, was so viele große heilige Mönche, Ordensfrauen und -männer seit dem Abt Antonius getan haben. Prophet zu sein, bedeutet manchmal, laut zu sein – ich weiß nicht, wie ich mich ausdrücken soll. Die Prophetie macht Lärm, Krach – manche meinen ›Zirkus‹. Aber in Wirklichkeit ist es ihr Charisma, Sauerteig zu sein: Die Prophetie verkündet den Geist des Evangeliums.«

Könnte Mertons Einstellung zum religiösen Leben heute als neuer Impuls auf die Katholische Kirche Einfluss nehmen?

Inkarnation des Mönch-Archetyps

Das Besondere an Thomas Merton für mein Leben ist sein Mut, seinem religiösen Geist im realen Leben Gestalt zu geben. Er dachte nicht nur – er handelte. Er wagte es, als moderner Mensch klösterliche Aufgaben in der modernen Welt zu erproben. Er gab dem Urbild Mönch ein solches Gesicht, dass es eine Generation von Männern dazu ermutigte, dasselbe zu versuchen.

Tausende Amerikaner in den 1950ern, 60ern und 70ern sagen von sich, dass sie Mönch oder Priester geworden seien, weil sie den *Berg der sieben Stufen* gelesen hatten.

Die mutige Neugier, die Thomas Merton befähigte, so vieles in einem kurzen Leben zu probieren, bringt vor allem seine Entscheidung, Katholik zu werden, wunderbar zum Vorschein. Eines Abends las er ein Buch über den Jesuiten und Dichter Gerard Manley Hopkins und erkannte, dass er, wie Hopkins, zum Priester berufen sein könnte. Er teilte das dem Pfarrer der Corpus Christi Kirche in New York mit, der ihm Einweisungen in den katholischen Glauben gab und ihn 1939 in die Kirche aufnahm. Er war gerade 24 Jahre alt geworden. Was Hopkins für Merton war, war Merton für viele andere.

Da gibt es einen Moment des Überzeugtseins ... Ich merke, dass ich vollkommen überzeugt bin von einem Text oder einer Idee und werde dadurch zum Handeln bewegt. Diese Wandlung vom Gedanken zur Tat ist eine Inkarnation. Es ist der Schritt vom Ideal zur Realität, vom Impuls zur Aktion, von der Theorie zur Praxis: tun statt reden. Jeder tatsächliche Schritt im spirituellen Leben ist eine Inkarnation. Solche Schritte sind unter anderem, einen Auftrag anzunehmen, eine neue Art zu beten auszuprobieren, einen neuen religiösen Autor oder eine neue spirituelle Schule zu erkunden. Neue Schritte zu machen belebt die eigene Spiritualität. Es hält einen frisch. Es ist das, was Hildegard von Bingen *viriditas* nennt, volles Leben lebendig gelebt.

Merton experimentierte intensiv mit dem Mönchtum, indem er aus seinem eigenen Leben ein Forschungsprojekt der Möglichkeiten und Grenzen dieser Lebensweise machte. Er vertiefte sich in die klassische klösterliche Literatur, wurde zum Experten für Evagrius Ponticus und Johannes Cassian und ließ diese beiden Meister bei seiner Arbeit als Novizenmeister zur Wirkung kommen. Er probierte das Leben als Eremit aus, das St. Benedikt in Kapitel 1 seiner Regel so hoch pries.

Er war im Dialog mit östlichen Mönchen und experimentierte mit deren Techniken, um herauszufinden, was sie dem Westen geben könnten. Man könnte sagen, dass er das mönchische Leben umfassender ausprobierte als die meisten Menschen dies je wagen.

Einsiedelei Eremitage

Ich war schon immer fasziniert von Eremiten wie St. Seraphim von Sarow und Nikolaus von Flüe. Der Gedanke, das Einsiedlerleben in der heutigen Gesellschaft ernsthaft zu versuchen, kam mir allerdings erst, als ich erfuhr, dass Merton in den 1960ern auf dem Grundstück von Gethsemani als Einsiedler gelebt hatte. Später entdeckte ich, dass sich auf den Grundstücken heutiger Trappistenklöster üblicherweise eine oder mehrere Einsiedeleien befinden.

Als ich 29 war und des Stadtlebens in Washington D.C. überdrüssig, überlegte ich ernsthaft, mich in die Berge West Virginias zurückzuziehen. Ich rang mit der Entscheidung im Gebet vom 9. bis 11. November (dem Fest des Hl. Martin von Tours). Am letzten Tag, während der Messe in der St. Josephskirche auf dem Capitolshügel, kam mir in den Sinn, St. Martins Beispiel zu folgen und Einsiedler zu werden. Ich sprach mehrere Monate mit meinem geistlichen Begleiter darüber und er stimmte zu, dass es eine echte Berufung zu sein schien. Nachdem ich sorgfältig Vorbereitungen getroffen hatte, kündigte ich meine Arbeitsstelle, zog in eine alte Hütte in den Appalachen, reparierte das Dach, erneuerte den Kamin, sammelte Feuerholz, und dann begann eines der größten Abenteuer meines Lebens.

Ich hatte keine Ahnung, wie lange ich durchhalten würde: sechs Monate, ein Jahr? Ich bin ein extrovertierter Mensch. Vollkommen allein und meine Zeit ohne ein öffentliches Leben zu verbringen, schien gegen meine Natur zu sein. Die Winter kamen und gingen, und bevor es mir bewusst wurde, war ich vier Jahre auf dem Berg gewesen. Ich wäre vielleicht noch immer dort, wäre nicht eine ehemalige Maryknoll-Schwester zu mir heraufgekommen und hätte sie mich nicht engagiert, um ein Regierungsprogramm für gefährdete Jugendliche zu leiten.

Diese vier Jahre lehrten mich vieles, das keine noch so große Menge an Literatur hätte lehren können. Die vielleicht gründlichste Lektion war Geduld. Ich betrat die Einsiedelei als ungeduldiger Mensch und ging daraus hervor mit der Geduld des Hiob. Wie das geschah, ist ziemlich demütigend: Ich begann mein Einsiedlerprojekt mit enthusiastischem Perfektionismus, indem ich mir vorgenommen hatte zu lesen, zu schreiben, das Brevier zu beten, lange zu fasten, niemanden zu besuchen, und jede Form der Sünde zu vermeiden. Ich hatte solche Anfälle von Perfektionismus schon zu früheren Zeitpunkten meines Lebens gehabt – als ich in die Universität eintrat, als ich in eine Ordensgemeinschaft eintrat, als ich ein Fitnessprogramm anfing, als ich nach Washington zog.

Jedes Mal zuvor, wenn es mir nicht gelang, meine Ziele zu erreichen, schob ich mein Versagen auf einen anderen – meine Lehrer, meine Kommilitonen, meine Vorgesetzten, meine Mitbewohner, das System. Nun war da plötzlich niemand mehr, den ich beschuldigen konnte. Zuerst war ich ziemlich wütend auf mich selbst über meine Misserfolge. Aber allmählich wurde mir klar, dass ich mich nicht einfach dadurch ändern kann, dass ich es will. Manche Veränderungen erfordern außerordentliche Anstrengung. Und auch der Wille selbst ist nicht so einheitlich, wie ich zuvor angenommen hatte. Manche Elemente meines Willens scheinen im Gegensatz zu anderen Elementen zu stehen. Wie Sigmund Freud sagt: »Ich kam zu der erschreckenden Erkenntnis, dass ich nicht Herr im eigenen Haus bin.« An diesem Punkt rief ich mir ein Band von Mertons Konferenzen mit seinen Novizen in Erinnerung, das ich im Trappisten-Buchladen in Berryville, Virginia gekauft hatte. Darin beschreibt er Johannes Cassians Bild vom Mittagsdämon (noon-day devil).

Der in sich uneinige Wille nimmt zwei (oder mehrere) Persönlichkeiten an, die gegeneinander kämpfen und den armen Mönch schwach und erschöpft zurücklassen. Jede Arbeit, damit sie gut gelingt, muss sich mit dem Willen Gottes abgleichen. Dann wird sie erfüllt werden mit göttlicher Gnade und fast mühelos den Teufel besiegen (seinen unkooperativen Teil). Als Jungscher Analytiker verstehe ich diesen Prozess heute als Kampf des Ego gegen einen widerstreitenden antagonistischen Komplex. In den 1990ern jedoch war der Wille gegen den Mittagsdämon eine hilfreiche Vorstellung für mich.

Allein indem ich wahrzunehmen lernte, wie lange es dauern kann, gegen meine eigenen Dämonen anzukämpfen, wurde ich viel geduldiger mit anderen, die sich von ihren Lastern besessen fühlen. Anstatt sie zu verurteilen, beschloss ich, ihnen zu helfen. Ohne Geduld gibt es bei dieser Arbeit keine Chance. Evagrius Ponticus sagt, das Markenzeichen eines erfolgreichen Mönchs ist Güte.

Umkehr und Wandlung

In meiner Jugend ging ich naiverweise davon aus, dass jeder, der einen römischen Kragen oder ein religiöses Gewand trägt, nah bei Gott ist. Dann studierte ich Theologie und traf viele Mönche, Priester und andere religiöse Leute, die arrogante Schnösel waren. Ein Gedanke Mertons blieb für mich all die Jahre bedeutsam. Zu der Zeit, als er *Seeds of Contemplation* (*Saat der Kontemplation*) zu *New Seeds of Contemplation* überarbeitete, hatte Merton schon viele Jahre Erfahrung im Kloster gesammelt, daher konnte er auf seine spezielle, verschmitzte Weise amüsante Beispiele arroganten Verhaltens erzählen. Er legt Wert drauf, dass Mönche in erster Linie aufgerufen sind, Jesus Christus zu folgen. Der primäre Ruf ist also nicht der zu Asketentum, Liturgie oder Bildung, sondern dazu, mehr und mehr Christus ähnlich zu werden. Wenn die Mittel des Mönchs zu seinen Zielen werden, ist er verloren. Wenn er lange Fastenzeiten hält, aber dann in seinem Hunger so mürrisch wird, dass er seine Mitbrüder trübselig macht, für was kann das gut sein? Wenn er so hoch gebildet wird, dass er spöttisch auf seine weniger gebildeten Mitbrüder herabschaut, was hat er dann im klösterlichen Sinne erreicht? Für Merton ist Gott Liebe, und Christus ist der, der uns zeigte, wie wir zu dieser Liebe werden können. Wenn ein christlicher Mönch nicht in diesem Sinne christlicher wird, ist er auf dem falschen Weg. Umkehr muss immer Umkehr zu Christus sein und zu nichts sonst.

Umkehr, Konversion (in die andere Richtung gehen) ist im Christentum ein bedeutendes Wort, ich aber halte es für eine unangemessene Übersetzung des altgriechischen Begriffes »metanoia«.

Der Ausdruck »-noia« kommt von »noeín«, was bedeutet »Denken«, »Geist«, »Verstand«. »Meta-« bedeutet »jenseits«, »darüber hinaus«. Wenn Jesus sagt, »das Reich Gottes ist nah: metanoiete und glaubt diese gute Nachricht!« will er uns sagen, dass wir tiefer denken und uns nicht nur in den eigenen Fußspuren umdrehen sollen. Die meisten Katholiken haben den Aufruf »Bereue!« eher gehört als »Denke!« Metanoia wurde oft so interpretiert: »Hör auf mit dem, was du tust, denn es ist schlecht! Schäme dich, bereue deine Vergangenheit und fange an, moralisch zu handeln. Wende dich ab von der Sünde und tue Gutes!« Der Begriff metanoia schließt diese Interpretationen nicht aus, aber er ist so viel weiter. Das Konzept von metanoia enthält darüber hinaus auch eine Einladung: »Gottes Reich bricht in dein Leben ein; öffne deine Seele, um es zu erkennen! Eine andere Dimension, das Königreich des Himmels, ist direkt um dich herum; erweitere dein Bewusstsein, um es zu verstehen! Etwas Wunderbares passiert da in deinem Leben; denk einfach mal darüber nach!«

Ein solches Verständnis von Umkehr und metanoia ermöglichte Merton, sein Leben auszudehnen und auszukosten, anstatt es einzuschränken und zu verneinen. Die Strenge seiner klösterlichen Praxis hatte ein befreiendes und befähigendes Ziel: die Erfahrung Gottes, der die Liebe ist und sich in Christus Jesus zeigte.

Klösterliche Sexualität

»Herr, mache mich keusch, aber noch nicht jetzt!« Nach dem Vorbild des Hl. Augustinus von Hippo verbringen viele Mönche ihr Leben damit, ihr vorklösterliches Sexualleben zu bereuen und das klösterliche Leben als Buße für ihre damalige Sünde zu betrachten.

Das beschreibt Merton, als er *Der Berg der sieben Stufen* schrieb. Andere Mönche kämpfen wild gegen die sexuelle Versuchung an, werden einmal oder mehrmals während ihrer klösterlichen Laufbahn schwach und bestrafen sich für diese schwerwiegende Unzulänglichkeit.

Die Mönche, die kaum an Sex interessiert sind, haben Glück. Und einige wenige beschäftigen sich mit der vorsichtigen Erforschung dieser äußerst intimen, empfindlichen, peinlichen, gefährlichen und geheimnisvollen Thematik.

Merton traute sich, seine Sexualität sowohl zu Beginn als auch am Ende seines erwachsenen Lebens zu erforschen, zu Beginn, als Student, zeugte er wie Augustinus ein außereheliches Kind, am Ende erkundete er seine Gefühle für eine Krankenschwester in der Einsiedelei. Seine Heterosexualität ist irgendwie erfrischend in einem Jahrhundert, in dem männliche Zölibatäre ständig dem Verdacht der Homosexualität ausgesetzt sind, allerdings enttäuschte mich, als ich davon erfuhr, der Skandal des betagten Mönchs, der so spät in seiner Laufbahn für eine Frau abstürzte. Und natürlich gab dies Mertons Kritikern Munition. Was war geschehen?

Während der Affäre schrieb Merton: »die tiefsten Fähigkeiten menschlicher Liebe in mir waren nie erschlossen worden. Ich weiß nun, dass auch ich mit furchtbarer Vollkommenheit lieben kann« (Tagebucheintrag vom Mai 1966). Später fragt er sich, wie jemand wirklich Gott lieben kann, wenn er nicht fähig ist, einen Menschen zu lieben. Gary Hall kommentiert dies:

> *»Nachdem er sein ganzes klösterliches Leben dem Versuch gewidmet hatte, Liebe zu erfahren, kam er an diesen überraschenden Punkt. Seine Fragen hörten nicht auf, aber tief sitzende Ängste, die er erst in letzter Zeit artikuliert hatte, begannen zu verblassen* [...] *Es gibt keine klare Antwort auf die Frage, inwieweit diese Episode mit religiöser Kapitulation zu tun hat. Das weiß letzten Endes nur Gott. Dennoch, diese Frage ist berechtigt – für uns, genauso wie für Merton: Falls Merton schließlich ein integriertes, authentisch verwirklichtes Selbst entwickelt hatte, dann war dies nur geschehen im Licht seiner Konfrontation (und nicht nur in der Imagination) mit restlichen Ängsten, die die Frage der besonderen und intimen menschlichen Liebe umkreisten* [...] *Was Merton be-*

trifft, vielleicht sollten wir hier von jemandem sprechen, der lernte, anderen gegenüber vollkommen präsent zu sein, dadurch dass er die Mauern der Sprache beseitigte und indem er in die Stille der Unmittelbarkeit eintrat. Eine Berührung. Ein Blick. Schweigend das Herz des anderen betreten [...] Er entdeckte eine Bereitschaft, Verletzlichkeit zu riskieren, indem er liebte«. (In: Autonomy and Surrender, Solitude and Intimacy / Autonomie und Hingabe, Einsamkeit und Intimität).

Gary Halls Kommentar erinnert mich an den Film *Wie im Himmel* (*As it is in Heaven*), in dem Michael Nyqvist einen berühmten skandinavischen Chor-Dirigenten spielt, der aus Gesundheitsgründen eine Auszeit nehmen muss und das erste Mal in seinem Leben Zeit hat, sich zu verlieben und Sex zu haben. In dem Film geht es um die heutige kulturelle Überzeugung, dass ein Mensch nicht vollständig ist, bevor er sich verliebt und mit jemandem geschlafen hat. Ist das wahr? Wenn ja, was sagt das aus über das religiöse Zölibat?

Zum Teil aufgrund von Mertons Erfahrungen beschloss ich, alles über die Liebe zu erfahren, bevor ich ins Kloster eintrat. (Ich war 43, als ich mich schließlich für das offizielle Klosterleben entschieden hatte.)

Meine amourösen Abenteuer waren sicher bereichernd, aber waren sie notwendig, um ein vollständiger Mensch zu werden? Ich bin einer Meinung mit Merton und mit Johannes 4,7: »Denn wer seinen Bruder und seine Schwester, die er gesehen hat, nicht liebt, kann Gott nicht lieben, den er nicht gesehen hat«. Für die religiöse Vollständigkeit des Menschen ist körperliche Liebe wesentlich; jedoch nicht unbedingt Sex. Menschliche Liebe muss sich zwischen Menschen verkörpern. Meine eigenen Abenteuer lehrten mich, dass Liebe ein sehr weites und kaum verstandenes Feld ist und dass die Bedeutung von Sex enorm überschätzt wird. Da Sex ein so natürlicher und einfacher Weg ist, Liebe zu verkörpern, wird er nicht selten zum Symbol menschlicher Liebe. Die Ausdrücke »Sex haben« und »lieben/Liebe machen« sind für uns austauschbar, als ob sie ein und dasselbe wären. Dabei ist ein hoher Prozentsatz sexueller Aktivität ohne Liebe. Und ein noch höherer Prozentsatz liebender Aktivität ist ohne Sex.

Hätte ich diese Einsichten auch in lilienweißer Jungfräulichkeit bekommen können? Möglicherweise ja, wenn ich nahezu perfekte Eltern, eine exzellente Grund- und Hochschulerfahrung und einen durch Riten begleiteten Initiationsprozess von der Kindheit bis ins Erwachsenenalter erlebt hätte, geführt von vollkommen reifen Mönchen – in anderen Worten, wäre ich genug geliebt worden während meines ganzen vorklösterlichen Lebens.

Ich vermute, dass Dalai Lamas eine solche Erziehung erfahren. Thomas Merton war nicht in den Genuss eines solchen frühen Lebens gekommen: er verlor seine Mutter im Alter von sechs Jahren, sein Vater starb zehn Jahre später. Er lebte während seiner Kindheit und Teenagerzeit in verschiedenen Internaten und bei verschiedenen Familien. Liebe zu bekommen muss eine riesige Herausforderung für ihn gewesen sein, und Liebe geben zu lernen muss ähnlich schwer gewesen sein. Mertons psychische Stabilität zeigt, dass er bekommen hat, was der Entwicklungspsychologe Donald Winnicott »good enough mothering« (ausreichend gute Bemutterung) nennt.

Seine sexuellen Eskapaden als Erwachsener waren vielleicht sein Weg, den Mangel an Liebeserfahrungen in seiner Kindheit auszugleichen. In diesem Fall waren die sexuellen Erfahrungen, die er als Student machte, weniger wirksam als die viel spätere Erfahrung mit der Krankenschwester. Und wenn diese spätere Erfahrung tatsächlich positiv war, dann hatte Merton schließlich gelernt zu lieben – eine Lektion, die viele ohne Sex viel früher in ihrem Leben lernten, da sie eine glückliche Kindheit und Jugend hatten.

Lässt eine solche Erklärung Merton ungeschoren davonkommen? Oder haben wir immer noch das Recht, ihn für seine Unmoral zu steinigen? Was mein eigenes Leben betrifft, so befinde ich mich exakt in Mertons Position, allerdings ist eher Maßlosigkeit statt Lust mein Tagesdämon.

Nach einem Leben aus körperlicher Arbeit, Sport und gesunder Ernährung finde ich mich heute wieder mit einem dicken Bauch. Es ist für mich und alle, die mich sehen, offensichtlich, dass ich zu viel esse. Obwohl Völlerei das kleinste und deshalb nach Evagrius Ponticus am leichtesten zu besiegende Laster ist, bin ich beim Kampf mit meinen Dämonen wieder am Nullpunkt angelangt.

Ich hatte erwartet, etwas höher, auf der Stufe Prahlerei oder Stolz zu kämpfen, aber stattdessen befinde ich mich auf der untersten Stufe und versuche einfach nur, meinen Hunger unter Kontrolle zu halten. In seinem Kampf mit der Lust befand Merton sich wenigstens auf der zweiten Stufe.

Fehler und Reue

Jeder, der sich als solch ehrgeiziges Lebensprogramm vornimmt, zu leben wie Merton, macht zwangsläufig Fehler. Der Myers-Briggs-Typindikator (basierend auf C. G. Jungs Buch *Psychologische Typen*) würde Thomas Merton zweifellos als *J* kategorisieren. Das letzte Gegensatzpaar beim MBTI ist *Judger oder Perceiver* und das Paar beschreibt, wie Menschen am liebsten mit der Außenwelt umgehen. Ein *J* (*judger, Urteilender*) bevorzugt es, auf die Welt einzuwirken, Entscheidungen zu treffen, im Programm weiterzukommen. Dagegen zieht ein *P* (*perceiver, Wahrnehmender*) es vor, so viele Informationen wie möglich zu sammeln und alle Möglichkeiten abzuwägen, bevor er Entscheidungen trifft. Grob gesagt entscheiden *Js* schnell, *Ps* zögern. Das Motto der *Js* könnte heißen: »Es ist besser, geliebt und verloren zu haben, als überhaupt nie geliebt zu haben.« Die *Ps* würden dem entgegenhalten: »Narren stürmen hinein, wo Engel sich fürchten einzutreten« oder: »Blinder Eifer schadet nur«!

Merton wäre sicher der erste, der seine Dummheit zugeben würde. Genau genommen ist ja *Der Berg der sieben Stufen* das Bekenntnis eines jungen Mannes, der bereut, soviel von seinem Leben für kurzlebige Vergnügungen weggeworfen zu haben, die die tiefsten Sehnsüchte seiner Seele nicht stillen konnten. Seine sexuellen Ausschweifungen, Trinken und Rauchen, Konsum anstößiger Literatur, all dies deutet auf impulsive *J*-Aktivität hin. Schon allein das Schreiben seines Buches war impulsiv. In späteren Jahren bedauerte Merton den katholischen Triumphalismus, der die zweite Hälfte von *Der Berg der sieben Stufen* ausfüllt. Als Leiter des interreligiösen klösterlichen Dialogs schämte er sich dafür.

Die Spannung zwischen *P* und *J* im Myers-Briggs-Typenindikator ist eine Spannung, die jeder erfährt. Es gibt immer jene Impulsiven und jene, die eher zur Vorsicht tendieren. Wahre Weisheit liegt zweifellos irgendwo in der Mitte dieser beiden Pole. Die *Js* dieser Welt werden in Thomas Merton einen Champion sehen, einen Mönch, der bis an die Grenze des Mönchtums gegangen ist, um zu sehen, wie weit ein Mönch gehen kann. Die *Ps* dieser Welt werden in ihm einen Unruhestifter sehen, der nicht damit zufrieden war, zuhause in seinem Kloster zu bleiben und seine Gelübde zu praktizieren.

Dank

Abgesehen von Henry Nouwen war Merton wohl der einzige moderne katholische Autor, der in den frühen Achtzigern diskutiert wurde. Er war der bei Weitem meist zitierte Experte für Gebet und inneres Leben. Ich bin ihm dankbar dafür, dass er so Vieles versucht hat und sich dann die Zeit nahm, darüber zu schreiben. Es gab mir den Mut, meine eigene religiöse Wissbegier zu erforschen und das spannende Experiment des Mönchtums aufzugreifen.

Pater Otto Betler OSB, geboren in Helvetia, West Virginia gehört dem Benediktinerkloster St. Ottilien in Oberbayern an. Er studierte Philosophie und Englisch (Abschluss B.A.) am St. Vincent College in Latrobe, Pennsylvania und Theologie an The Catholic University of America in Washington, DC. Außerdem erwarb er ein Diplom in analytischer Psychologie am C. G. Jung Institut in Zürich. Er praktiziert analytische Psychologie, ist verantwortlich für das Kursprogramm (retreat master) von St. Ottilien und engagiert sich im buddhistisch-katholischen interreligiösen mönchischen Dialog.

Die Übersetzung wurde angefertigt von Gudrun Pastor-Fricke.

DETLEV CUNTZ

Verwandlung als Auftrag. Thomas Merton trifft Rainer Maria Rilke

»Es scheint mir, dass es ein wachsendes Verständnis für das gibt, was man, in psychologischer Terminologie, einen unbewussten Glauben (oder: Vertrauen) an (oder: in) Gott bezeichnen könnte, den man beim Atheisten findet und einen unbewussten Mangel an Glauben (oder: Vertrauen) an (oder: in) Gott, den man im praktizierenden Katholiken zu finden vermeint« (Brief von Erich Fromm an Thomas Merton[1])

»(His) rebellion is the rebellion of life against inertia, of mercy and love against tyranny, of humanity against cruelty and arbitrary violence. And he calls upon the feminine, the wordless, the timelessly moving elements to witness his sufferings. Earth hears him.« (Thomas Merton[2])

»Erde, ist es nicht dies, was du willst: unsichtbar
in uns erstehn? – Ist es dein Traum nicht,
einmal unsichtbar zu sein? – Erde! Unsichtbar!
Was, wenn Verwandlung nicht, ist dein drängender Auftrag?«
(Rainer Maria Rilke, aus der Neunten Duineser Elegie[3])

James Laughlin, der Freund und Verleger Mertons sagt in einer Filmbiographie über Merton: »Wenn du einmal von Merton gepackt worden bist, wirst du ihn immer weiter lesen und alles lesen, was du kannst – das ist das Geheimnis. Nun, wie er das tatsächlich getan hat, wer weiß es? Ich meine, weiß denn irgendjemand von uns, was die besondere Magie ausmacht, die ein großer oder auch nur ein guter Schriftsteller ausstrahlt. Es ist wohl etwas, das in ihm entbrannt ist und es kommt in guter Sprache, klarem Gedanken und überzeugender Kommunikation daher; er berührt der Menschen Verstand und Herz.«[4]

Schon als ich erst sechzehn Jahre alt war, konnte ich eine solche Erfahrung mit einem großen Autor machen. Es war Hermann Hesse. Sein Buch *Narziss und Goldmund* traf genau den Nerv von dem, was mich damals an Gefühlen und Fragen in meiner jugendlichen Verwirrtheit umtrieb. Es folgten Bücher auf Bücher des gleichen Autors und immer war es auch so ein Ahnen, dass da auch etwas in mir von Innen heraus hätte so sprechen können, wenn mir nur die Klarheit und die richtigen Worte zur Verfügung gestanden hätten.

Mehr als 30 Jahre später sollte ich eine ganz ähnliche Erfahrung mit einem anderen Autor machen. Es war die eher zufällige Begegnung mit Thomas Merton und dessen Buch *Contemplation in a World of Action*[5]. Diese Begegnung resonierte bei mir mit etwas, das in meinem damals hektischen Alltag und meiner inneren Unruhe unerfüllt und dennoch mit hoffnungsvoller Sehnsucht verbunden war. Die Begegnung mit diesem Autor, der damals schon mehr als dreißig Jahre tot war, sollte zu wiederkehrenden Lese-Erlebnissen und vielerlei Begegnungen werden, die zunächst langsam, dann aber doch nachhaltig einen prägenden Einfluss auf mein Denken, Fühlen und Leben in mancherlei Hinsicht genommen haben.

Vielleicht (für mich) noch deutlicher als der oben erwähnte James Laughlin, soll es einmal Shunryu Suzuki Roshi, einer der japanischen Zen-Meister, die Zen in den Westen gebracht haben, gesagt haben: »Die primäre Funktion eines spirituellen Lehrers ist, dem Suchenden ein lebendes Zeugnis dafür zu geben, dass das, was der Suchende sucht, die Wirklichkeit ist.«[6] Merton selbst sagt im Zusammenhang mit der Begeisterung, die Kardinal Newman für Clemens von Alexandrien hatte: »Es gibt Menschen, denen man in Büchern oder im Leben begegnet, die man nicht bloß bemerkt, trifft oder kennt. Sondern eine tiefe Resonanz des eigenen ganzen Seins wird sogleich mit dem ganzen Sein des anderen errichtet.«[7]

Am 17. Juli 1956 schrieb Merton in sein Tagebuch:

»Entweder man betrachtet das Universum als eine sehr armselige Schöpfung, aus der niemand wirklich etwas machen kann oder man betrachtet sein eigenes Leben und seine Rolle im Universum als unendlich reich, voll von unerschöpflichem Interesse und sich öffnend in unendliche weitere Möglichkeiten für Studium, Kontemplation, Betätigung und Lobpreis. Jenseits davon und in allem ist Gott.«[8]

Vielleicht ist es genau dieses Motto, unter das ich meine Begeisterung für Merton zusammenfassen kann. Dieses Zitat ist mir schon sehr früh in meiner Merton-Lektüre begegnet und hat, so könnte man vielleicht sagen, mich aus einer Art spirituellen Lethargie gerissen. Thomas Merton hat mein Leben unendlich bereichert, er hat es nicht nur spirituell erweitert, sondern, auch vertieft – nicht nur durch die Beschäftigung mit seinen Schriften, sondern auch durch die Teilnahme – teils passiv, teils aktiv – an unzähligen »Merton Events« in Deutschland, Österreich, Spanien, England und den USA. Die Freundschaften, die ich dabei geschlossen habe und die Menschen die ich kennengelernt habe, sind so offen, unterschiedlich und vielfältig wie es Merton selbst war. Vor allem aber wurde mir eines sehr schnell klar – um es in der Zen-Sprache auszudrücken – Merton ist nicht der Mond, sondern nur der Finger, der auf ihn zeigt. Wenn man allen diesen Fingerzeigen nachgehen würde – Ideen, Hinweise auf andere Schriftsteller und Traditionen, etc. – würde es wahrscheinlich mehr als ein durchschnittliches Menschenleben in Anspruch nehmen.

Wenn man Mertons Tagebücher liest – und hier begegnet man wirklich Merton in Reinform und ohne Zensur – wird man feststellen, dass er selbst sein größter Kritiker war. Aber vielleicht macht ja gerade seine Ambiguität, die Widersprüchlichkeit und die Dynamik, wie bei ihm Veränderungen in der Sichtweise eintreten, einen Teil der Faszination aus, die von ihm ausgeht – bedeutet für ihn doch »heilig (im Sinne von »heil« oder »ganz«) zu sein«, ganz Mensch zu sein.

Mit meinem Beitrag erhebe ich keinerlei Anspruch auf Objektivität. Im Gegenteil, er ist ganz subjektiv, es ist gewissermaßen »mein Merton« – andere mögen ihren Merton haben. Da ich im Juni 2013 anlässlich einer Internationalen Merton Konferenz an der Sacred Heart University in Fairfield/Connecticut einen Workshop mit dem Thema »Merton and the poetic experience of the Duino Elegies (Rilke)« geleitet habe, ist es naheliegend, dass mein Beitrag mit der »Merton-trifft-Rilke« Begegnung beginnt. Dies ist aber, wie es sich im Laufe des Schreibens ergeben hat, nur der Einstieg. Vieles ist mir auch beim nochmaligen Lesen vieler Merton Texte, beim Übersetzen und beim Schreiben der vielen Zitate erst richtig klar geworden. Dafür bin ich sehr dankbar.

Von Vorteil war es für mich vielleicht auch, dass ich, ohne förmliche Ausbildung in Theologie, Philosophie oder Literaturwissenschaft, Thomas Merton vielleicht unmittelbarer, direkter, und ohne allzu fundierte dogmatische (Vor)Urteile im Kopf unvoreingenommener auf mich wirken lassen konnte und noch immer kann. Ganz so, wie Merton es selbst in einer Unterrichts-Vorlesung über Rilke den Novizen in Gethsemani angeraten hat: Sie sollten es ganz unvoreingenommen auf sich wirken lassen, anstatt erst zu fragen, von wem ein Text, ein Musikstück oder Gedicht stammt (wie etwa: »Aha, es ist von Beethoven, und der ist als Komponist anerkannt, ergo muss es wohl gut sein«) oder ob es der offiziellen (katholischen) Doktrin entspricht, bevor sie sich ein eigenes Urteil darüber bilden.

Merton begegnet Rilke, Rilke begegnet Merton

Bei der Wahl der Überschrift habe ich mich von dem Titel von Dennis McCorts Essay »Merton's ›Rilke‹, Rilke's ›Merton‹«[9] inspirieren lassen. Damit soll – wie sich zeigen wird – zum Ausdruck gebracht werden – abstrahierend von Zeit und Raum – dass Mertons »Begegnung mit Rilke« gewissermaßen nicht nur in eine Richtung stattfand, sondern auf einer besonderen Ebene sich eine Dynamik »zwischen den beiden« entfalten konnte, die zu einem offenen Dialog geführt hat.

Merton hatte sich schon sehr früh in seinem Leben mit Rainer Maria Rilke beschäftigt, wie Tagebucheinträge noch aus der Zeit vor seinem Eintritt ins Kloster bestätigen. In der Zeit danach erwähnt er Rilke aber nur hin und wieder eher beiläufig, bis sich dann ein Durchbruch ereignet nachdem er tiefer in Rilkes *Duineser Elegien* eingetaucht war. Am 29. November 1965 (bereits 24 Jahre nach Klostereintritt) notiert er enthusiastisch in seinem Tagebuch: »Heute Morgen habe ich wirklich die Tür zu Rilkes *Duineser Elegien* geöffnet und bin hineingegangen (vorher habe ich nur durch die Fenster geschaut und hier und da Fragmente gelesen). Zunächst einmal habe ich mir den Sound im Deutschen lebendig gebracht und so das Gefühl für die Erste Elegie im Ganzen bekommen. (Das habe ich vorher schon in geringeren Umfang mit der Achten getan.) Ich glaube, ich brauche diesen Hügel, diese Stille, diesen Frost, um wirklich dieses große Gedicht zu verstehen und in ihm zu leben, wie ich auch schon vorher in den *Four Quartetts* gelebt habe. Dieses sind die zwei modernen Gedichte, lange Gedichte, die wirklich eine große Bedeutung für mich haben. Es gibt andere [Poeten], die ich einfach mag und mit denen ich übereinstimme [...] Aber die *Duineser Elegien* und die *Four Quartetts* sprechen über mein Leben selbst, mein eigenes Selbst, meine eigene Vorsehung, mein Christ-Sein, meine Berufung, mein Verhältnis zu der Welt in meiner Zeit, meinen Platz in ihr, und so weiter«[10]

Im November 1965 begann Merton mit wöchentlichen Vorträgen an die Novizen und seine Mitmönche in Gethsemani, die bis zum März 1966 andauerten, in denen er sich vorwiegend mit Rilke und solchen Themen beschäftigte (wie zum Beispiel mit Existenzphilosophen wie Jean-Paul Sartre und Gabriel Marcel), die zum besseren Verständnis von Rilke in seiner Zeit und seinem Denken beitrugen.[11]

Zugleich setzte Merton seine eigenen Studien und Meditationen zu Rilke und seiner Poesie fort. Er hinterließ der Syracuse University, New York zehn unveröffentlichte Notizbücher. In einem dieser Notizbücher hatte er seine eigenen Gedanken und Eindrücke aus der Erfahrung mit Rilkes Werk und insbesondere den Duineser Elegien festgehalten. Dennis McCort konnte Einblick in dieses Notizbuch nehmen und darüber in seinem Aufsatz »Merton's ›Rilke‹, Rilke's ›Merton‹«[12] reflektieren.

Meine nun folgenden Ausführungen werden die Eindrücke vom Hören auf Mertons Stimme – wie sie aus den Aufzeichnungen seiner Rilke-Vorträge in Gethsemani zu hören war – und einige von Dennis McCorts

Erkenntnissen aus dem »Rilke-Notizbuch«, wiedergeben. Anschließend möchte ich das in den größeren Kontext von Mertons Schreiben und seiner Lebensentwürfe in den letzten Jahren seines Lebens einbringen.

Allgemein wird Mertons »Louisville Epiphanie«[13] vom 18. März 1958, wo er erkennt, dass er nicht getrennt von der Welt ist (»ich bin immer noch ein Mitglied der menschlichen Rasse«), als Wegmarke oder sogar Wendepunkt in seinem weiteren Denken und Streben angesehen. Er beginnt, sich zunehmend mit anderen (auch nicht-katholischen und nicht-christlichen) Denkern und Schriftstellern zu befassen und mit ihnen zu korrespondieren. Er engagiert und äußert sich vermehrt zu sozialen und politischen Themen wie Ausschwitz, Hiroshima, Rassenkonflikte in den USA, Wettrüsten und atomare Aufrüstung. Vor allem aber vertieft er seine Studien der orthodoxen christlichen Theologie und Mystik, des Judentums, des Islams und des Hinduismus. Ganz besonders beginnt ihn aber mehr und mehr Taoismus und Zen-Buddhismus zu faszinieren. Er schreibt über den *Weg des Chuang Tzu*[14]. Er trifft nach langer vorheriger Korrespondenz persönlich den Zen-Philosophen Dr. Daisetz T. Suzuki und führt mit ihm in seinem Buch *Zen and the Birds of Appetite*[15] einen Dialog über Zen, die christlichen Wüstenväter, Meister Eckhart und andere christliche und nichtchristliche Mystiker. Im gleichen unveröffentlichten Notizbuch, in dem er seine Reflektionen zu Rilke einträgt, macht er sich Notizen zu seiner Lektüre zweier Essays (»The Intelligible World« und »The Unity of Opposites«) eines anderen Zen-Philosophen, Nishida Kitarō (1870–1945)[16].

In *Conjectures of a Guilty Bystander* schreibt Merton im Hinblick auf andere Konfessionen und Religionen: »Ich werde ein besserer Katholik sein, nicht indem ich jede Schattierung des Protestantismus widerlege, sondern indem ich die Wahrheit darin erkenne und dennoch darüber hinaus gehen kann. So auch mit den Muslimen, den Hindus, den Buddhisten, etc. Das bedeutet nicht Synkretismus, Indifferenz, die fade und achtlose Freundlichkeit, die alles akzeptiert und sich nichts dabei denkt. Es gibt vieles, das man ›bestätigen‹ und ›akzeptieren‹ kann, aber zunächst muss man ›ja‹ sagen, da wo man es wirklich kann. Wenn ich mein katholisch-sein beteuere, indem ich alles ablehne, das muslimisch, jüdisch, protestantisch, hinduistisch und buddhistisch ist, dann werde ich am Ende nicht mehr viel vorfinden, um mich als Katholik zu bestätigen: und sicherlich keinen Atem des Geistes, mit dem ich es bejahen könnte.«[17]

In Bezug auf den Atheismus erwidert Merton dem zu Anfang zitierten Auszug aus dem Brief von Erich Fromm: »Ich stimme mit Dir völlig überein hinsichtlich des ›unbewussten Glaubens/Vertrauens‹ (›faith‹) von sogenannten Atheisten und der unbewussten Untreue der vermeintlich Religiösen. Das ist sicherlich die große Sache, mit der ein Priester fertig werden muss, nicht nur bei anderen, sondern auch bei sich selbst. Der Punkt ist, wie Kierkegaard es sah, die Frage von Konformismus und Sicherheit. Wenn man ein ›Gläubiger‹ (›believer‹) in einer wohl-etablierten und akzeptierten Gruppe wird, braucht man nicht länger die Beunruhigung und das Risiko, das mit der Freiheit einhergeht, beides aber ist erforderlich für einen wirklichen Glauben (›faith‹).«[18]

Folglich empfiehlt Merton in seinen Vorlesungen über Rilke den Mönchen von Gethsemani, nicht voreilige Schlussfolgerungen zu ziehen, wenn sie einem Kunstwerk, einem Musikstück oder einem Gedicht begegnen, indem sie zuerst fragen, von wem es ist, um dann, abhängig von der Antwort, zu entscheiden, ob es gut oder weniger gut ist. Stattdessen rät er ihnen, die direkte und unvoreingenommene Erfahrung mit dem zu machen, was ihnen begegnet. Auch verweist er auf Rilkes zwiespältige Haltung zur christlichen Religion und seine Weigerung, die letzten Sakramente zu empfangen. Dies sei aber kein Grund, sagt er, ihn von vornherein abzulehnen.

Merton ist es wichtig, dass seine Mitbrüder diese »poetische Erfahrung« selbst machen können. Er erklärt Ihnen, dass imaginative Erfahrung kreativ ist und dass, wenn sie wirklich mit einem Kunstwerk eine innere Verbindung eingehen, sie die Erfahrung des Künstlers neu erschaffen können. Er fragt sodann nach dem Wesen der poetischen Erfahrung und wo sie sich ereignet und demonstriert dies an Rilkes Gedicht »Der Panther«:

Sein Blick ist vom Vorübergehn der Stäbe
so müd geworden, dass er nichts mehr hält.
Ihm ist, als ob es tausend Stäbe gäbe
und hinter tausend Stäben keine Welt.

Der weiche Gang geschmeidig starker Schritte,
der sich im allerkleinsten Kreise dreht,
ist wie ein Tanz von Kraft um eine Mitte,
in der betäubt ein großer Wille steht.

Nur manchmal schiebt der Vorhang der Pupille
sich lautlos auf – dann geht ein Bild hinein,
geht durch der Glieder angespannte Stille –
und hört im Herzen auf zu sein. [19]

Merton liest den Mönchen dieses Gedicht nicht nur in Englisch sondern auch in deutscher Sprache vor (Merton: »to get the sound of the German really going«), um ihnen zu zeigen wie bedeutsam der »Sound« und die Anordnung der Worte ist, um die »Stimmung« des Gedichts wirklich auf den Leser/Hörer zu transportieren. Er zeigt auf, dass sich die poetische Erfahrung nicht alleine im Poeten sondern in der wirklichen Begegnung des Poeten mit seinem Objekt ereignet. Es ist eine Erfahrung, die aus der inneren Begegnung mit dem poetischen Objekt entsteht. Durch den folgenden Dialog, den Merton mit den Mönchen über das Gedicht führt, sind diese dann in der Lage, die erlebte Erfahrung aus der Verbindung Rilkes mit dem Panther in ihrem eigenen Klosterleben umzusetzen.

Anhand weiterer Rilke-Gedichte (zum Beispiel »Die Erblindende«[20]) erläutert er Rilkes Konzept des »Ein-Sehens« (»inseeing«). Er zitiert aus einen Brief Rilkes vom 14.1.1919 an Adelheid von der Marwitz[21], wo dieses »Ein-Sehen« am Beispiel eines Hundes detailliert beschrieben wird. Für Rilke, so Merton, ist »Ein-Sehen« nicht »examinieren« oder »untersuchen«, sondern »Begegnung«. »Ein-Sehen« öffnet in die Perspektive Gottes, denn es geht an den Ort, »wo Gott im Zentrum des

Hundes sitzt und weiß, dass es (eigene Anmerkung: Seine Schöpfung) so gut ist«. »Ein-Sehen« ist demgemäß ein inneres Ereignis in der Person, die sieht. Es findet in der Begegnung mit etwas anderem statt und enthüllt dennoch etwas von unserem eigenen Da-Sein und der Bedeutung unseres eigenen Lebens.

Paul Pearson untersucht in seinem Essay »Inseeing and Outgazing: The Shared Vision of Thomas Merton and Rainer Maria Rilke«[22] den tiefen Eindruck, den Rilke bei Merton hinterließ. Er schreibt: »Im Verlauf von Mertons Tagebucheintragungen gibt es eine wachsende Bewusstheit für die Natur um ihn herum und damit verbunden für die größere Welt außerhalb der Klostermauern«[23]. Neben Mertons Essay »Rain and the Rhinoceros«[24] verweist er auf Mertons Tagebucheintragungen in den Jahren 1964 und 1965. »Hier«, schreibt er, »ist vermehrt die Beschreibung von Rehen in den Wäldern rund um seine ›Hermitage‹ zu finden.«[25] Merton, so Pearson, »reflektiert über die Rehe in einer Sprache und Weise, die sehr an die Sprache erinnert, die er in seinen Vorlesungen an die Mönche über Rilke benutzt«[26]. Er zitiert dann Merton: »Das Reh offenbart mir etwas Wesentliches, nicht nur in ihm, sondern auch in mir. Etwas, das über die Trivialitäten meines Alltags-Daseins hinausgeht, meine individuelle Existenz. Etwas profundes, etwas von dem, das sowohl im Reh als auch in mir selbst ist«.[27] Pearson ergänzt: »Hier spricht Merton von dem Reh in genau der gleichen Weise wie in dem Beispiel, das er den Mönchen von der Beschreibung des Hundes durch Rilke gegeben hatte.«[28] Pearson verweist auch auf George Kilcourse, der glaubt, dass das Reh für Merton zu einem Metapher für sein »wahres Selbst« (»true self«) wird[29].

In den folgenden vier Lesungen greift Merton auf eine Vielzahl von frühzeitlichen und modernen, christlichen und nicht-christlichen Denkern wie Philoxenos von Mabbug, Epiktet, Jean Paul Sartre und Gabriel Marcel zurück, um in den größeren theologisch-philosophischen Kontext einzuführen und ein breiteres Verständnis und die bessere Würdigung von Rilkes Poesie und Denken zu ermöglichen.

Ein ganz zentrales Thema dabei ist für Merton der Begriff der Freiheit, den er anhand verschiedener Denkschulen erläutert. Er ermutigt die Mönche, offen zu sein für die unterschiedlichen Ideen von Freiheit und sich bewusst zu machen, wie ihr christlicher Glaube davon nicht nur herausgefordert, sondern auch bereichert werden kann. Wieder und wieder erinnert er sie daran, dass es gut sei, schockiert zu werden, anstatt immer nur ihren christlichen Glauben als selbstverständlich hinzunehmen.

Merton erzählt von einer Frau, die ihm geschrieben hatte, dass sie verärgert darüber sei, dass Religion sie nicht glücklich mache, wo sie doch überzeugt sei, dass das der Sinn von Religion sein müsste. Er widerspricht dem jedoch auf ganz entschiedene Weise und mit Verweis auf die damals gängigen Werbeslogans kritisiert er die amerikanische Konsumgesellschaft, die nur auf die Erlangung und Erfüllung von »Happiness« ausgerichtet sei. Er macht klar, dass Religion nicht dafür da ist, uns glücklich, sondern uns frei zu machen (Merton: »The real question is not ›am I happy?‹, but ›am I free?‹").

Im Folgenden erläutert Merton den Zusammenhang zwischen Freiheit und Askese. Askese, sagt er, sollte nur dem einen Zweck dienen, uns frei zu machen für das, was wir in unserem tiefsten Herzens wirklich tun wollen: nämlich frei und unbehindert lieben zu können und aus freien Stücken Gottes Willen zu tun. Daher sollte Askese nicht zwanghaft sein und nicht so ausgeführt werden, als ob man sich dafür Verdienste erwerben könnte. Stattdessen soll sie uns von unseren inneren Zwängen befreien um ganz gegenwärtig und hellwach in Kontakt mit der Realität sein zu können und den Ruf zu hören, den Gott an jeden von uns ganz persönlich in unserer Einzigartigkeit richtet.

In einer weiteren Vorlesung (die Herausgeber der CDs haben sie mit »Rilke's Search for God« betitelt) plädiert Merton für eine vollständige Offenheit gegenüber der »Welt«, was heißt, sich nicht gegenüber dem zu verschließen, was vermeintlich schon im Voraus von anderen für uns als abträglich entschieden worden ist. Er nutzt Rilkes Persönlichkeit und Werk um diese Botschaft enthusiastisch den Mönchen zu vermitteln.

Merton bereitet die Mönche darauf vor, dass bestimmte Aspekte von Rilke sie schockieren werde, zum Beispiel dass er einen heroischen Tod starb, aber es bis zum Schluss abgelehnt hatte, einen Priester zu sehen. Er ermahnt die Mönche, eine Person, von der sie schockiert sind, nicht sofort fallen zu lassen, weil auch diese Person tiefe und gültige Einsichten über Leben und Tod haben kann. Er verweist auf andere Zeitgenossen wie Eugene O'Neil, Charles Péguy, Léon Bloy und Simone Weil, die wertvolle religiöse Gedanken hatten, obwohl sie sich am Rande oder gar außerhalb der katholischen Kirche befanden.

Merton argumentiert, dass, obwohl Rilke neurotisch war, – resultierend hauptsächlich aus dem Ringen mit der Vorstellung von dem »verzerrten und entstellten« Gottesbild seiner Mutter[30] – das nicht bedeuten würde, dass mit seiner Poesie irgendetwas falsch war. Im Gegenteil, sagt er, schuldet Rilkes Poesie gerade dieser Neurose und ist aus diesem Kampf, den er fruchtbringend angenommen hat, entstanden.

Jetzt bekommen wir auch einige Hinweise auf Mertons eigenes Ringen in Bezug auf das, was er für sich selbst aus Rilke machen kann. Er verweist auf Guardinis Kritik[31] hinsichtlich Rilkes Einstellung zur christlichen Religion und der zwischenmenschlichen Beziehung[32]. Während Merton zunächst mit Guardinis Kritik übereinzustimmen scheint, fügt er doch gleich einschränkend hinzu: »aber nur, wenn man es von einem idealen Standpunkt aus beurteilt«. Man kann aus Mertons skeptischem Tonfall und den Worten, die er wählt, erkennen, dass er nicht vollständig überzeugt ist, ob er wirklich ganz und gar mit Guardini übereinstimmen soll.

Er beschließt die Vorlesung mit dem Hinweis, dass es für die Mönche und ihn von größerem Wert wäre, über fehlbare und zweifelnde menschliche Wesen anstatt über Idealbilder nachzudenken, »weil wir nämlich alle fehlbare und zweifelnde Wesen sind«. Er erinnert die Mönche daran, dass sie gerade in der heutigen Zeit mit einer Situation konfrontiert seien, wo alle diese Fragen offen und nichts entschieden sei. Und bezogen auf die katholische Kirche, die sich gerade inmitten des Zweiten Vatikanischen Konzils befand, ergänzt er: »Wir sind eine ungeschützte Kirche, die sich in das Offene gewendet hat und verwundbar ist.«

In den beiden letzten Rilke-Vorlesungen befasst sich Merton mit Rilkes *Duineser Elegien*[33]. Die *Duineser Elegien* setzen sich aus zehn längeren Gedichten, die zwischen 1912 und 1922 entstanden sind, zusammen. Der Name Duino verweist auf ein Schloss an der adriatischen Küste in Norditalien. Der Landstrich auf dem sich das Schloss befindet, gehörte vor dem ersten Weltkrieg zum Kaiserreich Österreich-Ungarn und war im Besitz der Fürstin Marie von Thurn und Taxis-Hohenlohe, die mit Rilke gut befreundet war. Auf diesem Schloss schrieb (oder besser: empfing[34]) er die ersten beiden Elegien. Die meisten der übrigen acht Elegien wurden erst im Februar 1922 innerhalb von wenigen Tagen auf dem Chateau Muzôt (oberhalb von Sierre im Schweizer Wallis) vollendet. Zusammen mit der Vollendung der Elegien entstanden die *Sonette an Orpheus*[35], bestehend aus zwei Teilen mit insgesamt 55 kürzeren Gedichten, »alles in ein paar Tagen, es war ein namenloser Sturm, ein Orkan im Geist (wie damals auf Duino), alles, was Faser in mir ist und Geweb, hat gekracht, – an Essen war nie zu denken, Gott weiß, wer mich genährt hat«.[36]

Die Elegien behandeln verschiedene existenzielle Themen. Es sind – um die wichtigsten zu nennen: die Liebe zwischen Menschen, unser Verhältnis zu den Engeln, den Tieren, der Natur, Leben und Tod, unser Verhältnis zu und die Begegnung mit den jung Verstorbenen, und vor allem auch unsere Einstellung zu menschlichem Leid und Freude. Besonders mit den Engeln ist Rilke im ständigen Dialog. Sie verkörpern für ihn eine Art Gradmesser der inneren Reifung zwischen der Eröffnung der erste Elegie[37]:

»Wer, wenn ich schriee, hörte mich denn aus der Engel
Ordnungen? und gesetzt selbst, es nähme
einer mich plötzlich ans Herz: ich verginge von seinem
stärkeren Dasein. Denn das Schöne ist nichts
als des Schrecklichen Anfang, den wir noch grade ertragen,
und wir bewundern es so, weil es gelassen verschmäht,
uns zu zerstören. Ein jeder Engel ist schrecklich [...]*«*

und dem Anfang der zehnten Elegie[38]:

»Daß ich dereinst, an dem Ausgang der grimmigen Einsicht,
Jubel und Ruhm aufsinge zustimmenden Engeln.

Daß von den klar geschlagenen Hämmern des Herzens
keiner versage an weichen, zweifelnden oder
reißenden Saiten. Daß mich mein strömendes Antlitz
glänzender mache; daß das unscheinbare Weinen blühe […]«

Was die Elegien zum Ausdruck bringen wollen ist diese Identität von »Glückseligkeit und Grauen«, die gemäß Rilke die zwei Seiten *einer* Medaille sind. Rilkes Sicht war nicht auf Religion, sondern auf Spiritualität gerichtet und vor allem auf das Leben, so wie es sich uns präsentiert. Das ist es, was Merton als Rilkes »Ringen« (»struggle«) bezeichnet, das, so Merton, dennoch immer mehr – sich wiederspiegelnd vor allem in den Elegien und den Sonetten an Orpheus – zu einem »kohärenten Ringen« wurde.

Entgegen seinen bisherigen Gepflogenheiten gab Rilke in einem Brief vom 13. November 1925 seinem polnischen Übersetzer Withold von Hulewicz einige Hinweise auf den Sinngehalt der Elegien. Er schreibt:

»*Lebens-* **und** *Todesbejahung erweist sich als Eines in den ›Elegien‹. Das eine zuzugeben ohne das andere, sei, so wird hier erfahren und gefeiert, eine schließlich alles Unendliche ausschließende Einschränkung. Der Tod ist die uns abgekehrte, von uns unbeschienene Seite des Lebens: wir müssen versuchen, das größeste Bewußtsein unseres Daseins zu leisten, das in beiden unabgegrenzten Bereichen zu Hause ist, aus beiden unerschöpflich genährt* […] *Die wahre Lebensgestalt reicht durch beide Gebiete, das Blut des größesten Kreislaufs treibt durch beide: es gibt weder ein Diesseits noch Jenseits, sondern die große Einheit, in der die uns übertreffenden Wesen, die ›Engel‹ zu Hause sind.*«[39]

Im gleichen Brief schreibt Rilke weiter:

»*Die Natur, die Dinge unseres Umgangs und Gebrauchs, sind Vorläufigkeiten und Hinfälligkeiten; aber sie sind, solange wir hier sind, unser Besitz und unsere Freundschaft, Mitwisser unserer Not und Freiheit, wie sie schon die Vertrauten unserer Vorfahren gewesen sind. So gilt es, alles Hiesige nicht nur nicht schlecht zu machen und herabzusetzen, sondern gerade, um seiner Vorläufigkeiten willen, die es mit uns teilt, sollen diese Erscheinungen und Dinge von uns in einem innigsten Verstande begriffen und verwandelt werden. Verwandelt? Ja, denn unsere Aufgabe ist es, diese vorläufige, hinfällige Erde uns so tief, so leidend und leidenschaftlich einzuprägen, daß ihr Wesen in uns ›unsichtbar‹ wieder aufersteht.«*[40]

Über die Engel schreibt er weiter:

»Der ›Engel‹ der Elegien ist dasjenige Geschöpf, in dem die Verwandlung des Sichtbaren in Unsichtbares, die wir leisten, schon vollzogen erscheint. Für den Engel der Elegien sind alle vergangenen Türme und Paläste existent, weil längst unsichtbar, und die noch bestehenden Türme und Brücken unseres Daseins schon unsichtbar, obwohl noch (für uns) körperhaft dauernd. Der Engel der Elegien ist dasjenige Wesen, das dafür einsteht, im Unsichtbaren einen höheren Rang der Realität zu erkennen. – Daher ›schrecklich‹ für uns, weil wir, seine Liebenden und Verwandler, doch noch am Sichtbaren hängen.«[41]

Und über uns, die Lebenden, sagt er:

»Wir sind, noch einmal sei's betont, im Sinne der Elegien, sind wir diese Verwandler der Erde, unser ganzes Dasein, die Flüge und Stürze unserer Liebe, alles befähigt uns zu dieser **Aufgabe** *(neben der keine andere, wesentlich, besteht).«*[42]

In seiner vorletzten Rilke-Vorlesung beschreibt Merton ihn als einen Menschen, der ringt, der nach den finalen Antworten sucht und schließlich einen Durchbruch schafft, der in den Duineser Elegien zum Ausdruck kommt. Für Merton ist Rilke jemand, der die wirklich bedeutsamen Fragen über das Leben stellt. Er fragt sie als Poet und er sucht nach einer poetischen Intuition für den Sinn des Lebens. Merton hebt hervor, dass Rilke eine Annäherung an das »Sein« unternimmt und daher die

Bedeutung der Engel in den Vordergrund stellt, die für Rilke »höhere« (»superior«: im Sinne von »überlegen« oder »souverän«) Wesen sind, weil sie mehr »Sein« und mehr Wirklichkeit (»actuality«) als wir haben. Was Rilke nachgeht, so Merton, ist der relative Mangel an »Wirklichkeit« im menschlichen Leben und hier zeige sich Rilkes existenzialistischer Ansatz. Die menschliche Existenz ist kraftlos (»feeble«) – und das nicht nur vom metaphysischen Standpunkt aus gesehen – weil der Mensch es nicht fertig bringt, aus seinem Dasein das zu machen, was es sein sollte. Die Antwort, auf die Rilke zusteuerte, war, so Merton, nicht eine Antwort, wie man sie etwa auf eine Rätselfrage erwartet, sondern sie beinhaltete eine Veränderung. Die Frage und damit auch die Antwort musste insofern direkter, nämlich unmittelbar auf die jeweilige Person bezogen sein: »Was gibt meinem Leben jetzt und hier einen Sinn? Wie kann ich mein Leben sinnvoll gestalten?« Die Antwort kann, so Merton, eben gerade keine vollständige Lösung aller Lebensprobleme sein, sondern ist eher die Art und Weise, wie ich aus meinem Leben ein kohärentes Ringen mache, statt einem inkohärenten. Wie wichtig das ist, zeigt sich gemäß Merton daran, dass man zwar den Kopf mit korrekten Antworten auf theologische Fragen voll haben kann und dennoch das eigene Leben in äußerst inkohärenten Bahnen verläuft. Daher, sagt er, ist es so wichtig, nicht nur fertige Antworten parat zu haben, sondern sich kohärent abzumühen.

Merton nennt die menschlichen Erfahrungen, die Rilke in den Elegien poetisch darzustellen versucht, Erfahrungen, die uns ansprechen, weil sie uns anvertraut werden. Unsere Aufgabe (»the task we were given«) ist daher, ihnen gerecht zu werden. McCort zitiert aus Mertons Notizbuch, wo er über die folgende Passage aus der ersten Elegie reflektiert:

»oder da du vorüberkamst am geöffneten Fenster, gab eine Geige sich hin. Das alles war Auftrag. Aber bewältigtest du's?«[43]

Merton schreibt (wo er Rilke zitiert, zitiert er ihn auf deutsch!): »›Das alles war Auftrag‹ – Die Geige gibt sich hin: ›hingeben‹ (eine Bewegung vom Spieler zum Hörer). Beim Vorübergehen am offenen Fenster hörst du eine Geige sich hingeben [...] Dieses sich Hingeben zu hören ist ›Auftrag‹, (An)-Vertrauen (›trust‹), Auftrag (›commission‹), Mandat (›mandate‹), Botschaft (›message‹), Mission (›mission‹) – prophetische Implikationen – fast ein Ruf oder eine Aufforderung (›calling‹), eine Berufung (›vocation‹).«[44] In der Vorlesung an die Mönche sagt Merton dann, dass wir zu der inneren Bedeutung der Erfahrung erwachen müssen, denn nur so können diese Erfahrungen ermöglichen, dass wir uns für das ganze Universum öffnen. Der Schlüssel zu diesen Erfahrungen, sagt Merton, ist der Grundgedanke der Offenheit: »Being Open!«

Wir haben jetzt einen kleinen Eindruck davon bekommen, wie Merton – wie er das in dem oben erwähnten Tagebuch-Eintrag beschrieben hat – in diese Tür der Duineser Elegien eingetreten ist und was das zeitweilige dortige Verbleiben bei ihm bewirkte.

Aufgrund der Einsicht, die McCort in Mertons Notizbücher über Rilke genommen hat, kann er die offensichtlich fühlbare Spannung und Ambivalenz beschreiben, die dieses Eintauchen in die Elegien bei Merton hervorrief.

McCort schildert wie Merton immer wieder hin- und hergerissen war über das, was er aus Rilke – angestoßen auch durch Guardinis pauschale Kritik der Elegien – wirklich machen sollte. Während Guardini selbst auch fasziniert war von der Schönheit der Poesie in den Elegien, verurteilte er jedoch vor allem die antichristliche Haltung und Rilkes Auffassung über die »Ich-Du (›I-Thou‹) -Beziehung«, die er darin vorzufinden glaubte. Merton ließ sich jedoch nicht so schnell auf Guardinis Seite ziehen. Zwar teilte er Guardinis Vorbehalte, was einzelne Aussagen in poetischer Form betraf, dennoch blieb Merton – wenn auch mit großem innerem Ringen – ganz offen für Rilkes existenzielle Erfahrungen, ungeachtet der philosophischen oder gar religiösen Implikationen, die sich daraus (auch für ihn) ergeben konnten. Gemäß McCort schwankte Merton zwischen dem Bedürfnis, seine makellose Definition eines katholischen Priesters und Mönches, spirituellen Lehrers und Kontemplativen aufrechtzuerhalten und seinem »alter ego Rilke«, der gemäß Merton ein Poet und kein Mystiker war[45]. McCort führt weiter aus, dass Merton sich dieses Konflikts, den er auf Rilke übertrug, bewusst war: »Ist es nicht möglich«, vermerkt Merton in seinem Notizbuch über Rilke, »dass seine poetische Authentizität einen religiösen Wert hat, die hinzeigt, wo er selbst nicht hingegangen ist«[46]. Die Folgerung, die McCort schließlich zieht (und jeder, der einigermaßen mit Mertons Leben und Schriften von den späten 1950ern bis zu seinem Tod im Dezember 1968 vertraut ist, wird dem sicherlich zustimmen) ist, dass »Merton des ehrfurchtsvollen Staunens (›awe‹) im Angesicht von spiritueller Größe, ungeachtet ihrer Herkunft, fähig ist«[47].

In der letzten Rilke-Vorlesung spricht Merton über Rilkes *Briefe an einen jungen Dichter*[48]. Ein junger Mann, der in der Armee dient, schreibt Rilke über seine offensichtliche Berufung zum Dichten, die er verspürt. Der »junge Dichter« schickt nicht nur seine eigenen Gedichte und bittet Rilke um ein Urteil, sondern er scheint auch in seinem jungen Erwachsenenleben mit einigen Problemen konfrontiert zu sein, zu denen er gerne Rilkes Rat einholen würde.

In einem dieser Briefe geht es um die menschliche Liebe. Rilke schreibt dem jungen Dichter – und Merton schließt sich dem an – dass Menschen oft nur noch nach sozialen Konventionen leben, statt sich an das Leben zu halten, so wie es sich ihnen präsentiert und was es wirklich von ihnen abverlangt. Dadurch würde ein Leben unter diesen Konventionen zu einer Flucht vor der Realität. Dies, so fährt Merton mit Rilke fort, träfe insbesondere auf den Umgang mit der menschlichen (sexuellen) Liebe zu. Für Rilke ist das Leben eine kohärente Einheit, bei der die menschliche (sexuelle) Liebe eine zentrale Rolle spielt. Der Mensch muss es zu würdigen wissen, wie schrecklich schwierig diese Liebe ist, anstatt sie auf die leichte Schulter zu nehmen.

Als ich zum ersten Mal hörte, wie und was Merton in dieser Lektion zu den Mönchen über die Liebe sprach, erinnerte mich das sehr stark an seinen Aufsatz »Love and Need: Is Love a Package or a Message?«, wo er zum Beispiel sagt, dass Liebe unsere wahre Bestimmung sei und wir die Bedeutung unseres Lebens nicht nur mit uns selbst sondern mit dem/der anderen finden könnten[49]. Merton stimmt Rilke zu, wenn er sagt, dass die menschliche Liebe von großem Wert sei. Auch wenn der sexuelle Instinkt sehr oft diskreditiert würde, sei er doch von großem kreativen Wert und die kreativste Kraft in der Welt – denn wo wären wir, wenn dem nicht so wäre? Für Merton muss demnach auch unsere Fruchtbarkeit als eine *untrennbare* kohärente Einheit gehandhabt werden. Er fügt aber sogleich hinzu, dass das nicht heißt, dass man damit keine Schwierigkeiten und kein Leid verbunden wäre, aber – und hier gibt es auch die Anknüpfung an Rilkes zehnte Elegie – diese Fruchtbarkeit entstehe auch gerade aus jedem echtem Leiden unter der Bedingung, dass wir uns darin ganz Gott überlassen.

Merton zitiert aus einem der Briefe an den jungen Dichter: »Auch zu lieben ist gut: denn Liebe ist schwer. Liebhaben von Mensch zu Mensch: das ist vielleicht das Schwerste, was uns aufgegeben ist, das Äußerste, die letzte Probe und Prüfung, die Arbeit, für die alle andere Arbeit nur Vorbereitung ist.«[50] Merton fügt hinzu, dass diese Aussage Rilkes nicht direkt auf ihn und die Mönche zutreffe, da Rilke über die Ehe spricht. Er ergänzt jedoch, dass es dennoch analog auf das monastische Leben anzuwenden sei, denn auch das Leben unter den abgegebenen Gelübden sei ebenso wenig einfach und bedürfe einer angemessenen Vorbereitung. Abschließend stimmt er mit Rilke darin überein, dass es erst *etwas* geben müsse, das man aufgibt, denn wenn man nichts zu geben habe, dann könne man auch nichts aufgeben.

Abschließend lässt sich sagen, dass es eine wirkliche Bereicherung ist, Merton einmal – wie auf diesen CDs – »live« zu erleben. Die Vorlesungen sind lebendig und kurzweilig und er ist im ständigen Dialog mit seiner Zuhörerschaft. Es wird gescherzt und von Herzen gelacht. Merton reißt einen Kalauer nach dem anderen – oft auch mit selbstironischem Hintergrund – und nicht selten kann er sich selbst oft am meisten darüber freuen. Ein Novize und späterer Mönch von Gethsemani sagte einmal, dass Merton immer sehr gut vorbereitet und mit vielen Notizen zu den Vorlesungen kam, vieles dann aber seiner Spontanität zum Opfer viel.

Verwandlung als Auftrag

»Die Kontemplation ist auch die Antwort auf einen Ruf: auf einen Ruf von Gott, der keine Stimme hat und der doch aus allem spricht, was ist, und der vor allem in den Tiefen unseres eigenen Wesens spricht [...] *Es ist, als stelle Gott, indem er uns erschafft, eine Frage und wenn wir*

dann zur Kontemplation erwachen, beantwortet der diese Frage, sodass der kontemplative Mensch Frage und Antwort in einem ist«.[51]

Wie wir gesehen haben, ist das Streben nach Kohärenz im eigenen Leben, oder wie Merton später auch sagt die »Stufe der höchsten Integration« (»final integration«), die Annäherung an das »wahre Selbst (»true self«) für ihn *der Auftrag* und ein fester Bestandteil seines lebenslangen Strebens. Sein Verhältnis zu Gott, zu der Welt und den Menschen spielt dabei eine zentrale Rolle.

Im Laufe unserer Anfragen für Beiträge für dieses Buch sind wir bisweilen mit zwei scheinbar entgegengesetzten Vorwürfen gegenüber Merton konfrontiert worden. Einerseits wird er dafür kritisiert, dass er – nach »großartigen Anfangsschriften« wie *The Seven Story Mountain* (*Der Berg der sieben Stufen*) und *The Sign of Jonas* – zum Ende seines Lebens synkretistisches Gedankengut verbreitet habe. Teilweise wird sogar unterstellt, dass er gänzlich zum Buddhismus übergetreten sei. Von der scheinbar aber entgegengesetzten Seite wird ihm demgegenüber vorgehalten, dass er, auch bei aller Annäherung an ein nicht-dualistisches Denken, weiterhin am personalen Gott festgehalten habe. Beide Positionen haben, so meine ich, nicht wirklich erkannt, was Merton in seinem Kern tatsächlich umtreibt und ausmacht. Ich gehe sogar soweit, zu behaupten, dass diejenigen, die ihm Dualismus vorwerfen, ihn selbst aus einer dualistischen Perspektive beurteilen.

Sich einem Verständnis für den »wirklichen Merton« anzunähern, kann man nach meiner Erfahrung nur, wenn man versucht, ihn in seiner »Ganzheit« zu verstehen, anstatt ihn in einzelne Aussagen und Einzelteile zu zerlegen.

Der derzeitige Vice-President der Internationalen Thomas Merton Gesellschaft (ITMS), Dr. Michael W. Higgins, hat in seiner Eröffnungsrede auf der Internationalen Merton-Konferenz in Fairfield, Connecticut im Juni 2013 Merton als einen »Suchenden« bezeichnet. Dabei hat er dies nicht wertend gemeint, sondern sich damit auf die grundsätzlich verschiedenen Persönlichkeitsmerkmale von »seekers« (Sucher) und »dwellers« (»Bewohner«, die Übersetzung ist unglücklich, aber ich finde keine bessere) bezogen. Nach Jackson W. Carroll und Wade Clark Roof leben »›dweller‹ an festen Plätzen und fühlen sich innerhalb ihres Terrains sicher, für sie ist das ›Heilige‹ feststehend und ihre Spiritualität und ihre Religionsausübung bewegt sich in Form einer gewohnheitsmäßigen Praxis innerhalb einer bestimmten Tradition. Es ist nicht so, dass sie sich von Veränderungen nicht berühren lassen, dennoch bleiben sie auch in der Veränderung gut verankert. Im Gegensatz dazu erkunden ›seekers‹ neue Perspektiven und bewegen sich innerhalb alternativer und zuweilen unübersichtlicher Systeme des Glaubens und der Praxis. Für sie ist das ›Heilige‹ fließend und übertragbar, und Spiritualität ist vergleichbar einem Prozess oder einem Zustand des Werdens. Die Sprache passt sich ihrer Erfahrung an.«[52]

Das Fragen, das aus dem Suchen entstand, war für Merton essenziell. Schon in seinem langen Tagebucheintrag vom 4. Juli 1952 »Fire Watch«, wo er seine Gedanken und Gebete auf einer nächtlichen Feuerwache im Kloster beschreibt:

> *»Während ich meine Fragen stelle, die Du* [d. h. Gott; Anm. d. Verf.] *nicht beantwortest, stellst Du mir eine Frage, die so einfach ist, dass ich nicht antworten kann. Ich verstehe nicht einmal die Frage«*[53]

> *»Alle Dinge ändern sich, und sterben und verschwinden. Fragen entstehen, maßen sich Wirklichkeit an und verschwinden wieder. Zu dieser Stunde werde ich aufhören zu fragen und die Stille wird meine Antwort sein«*[54]

Viele Jahre später schreibt er in *Conjectures of a Guilty Bystander*:

> *»Die schlimmste Versuchung, der viele Mönche schon früh unterliegen, ist, das Fragen und Suchen aufzugeben.«*[55]

Dieses »Fragen«, das Merton meint, ist sicherlich keines, wo man die passende Antwort in einem Lexikon oder heute vielleicht bei Wikipedia finden kann. Mit diesem »Fragen« aber bleibt Merton in einer Tradition und geht auf einem Weg, den vor ihm schon viele christliche und nichtchristliche Mystiker gegangen sind. Aber auch die zeitgenössische Existenzphilosophie in ihren unterschiedlichen Facetten, die Merton immer wieder angeregt hatte, kommt ohne das unaufhörliche Fragen und Hinterfragen nicht aus. In seinen Vorlesungen im Sommersemester 1935 zu den Grundfragen der Metaphysik stellt Heidegger zu Anfang die Frage »Warum ist überhaupt Seiendes und nicht vielmehr nichts?« und sagt, dass dies »offensichtlich die erste aller Fragen«[56] ist, um am Ende die Vorlesung damit zu beschließen: »Fragen können heißt: warten zu können, sogar ein Leben lang. Ein Zeitalter jedoch, dem nur das wirklich ist, was schnell geht und sich mit beiden Händen greifen lässt, hält das Fragen für ‚wirklichkeitsfremd', für solches, was sich nicht bezahlt macht. Aber nicht die Zahl ist das Wesentliche, sondern die rechte Zeit, das heißt der rechte Augenblick und das rechte Ausdauern. ›Denn es hasset/ Der sinnende Gott/Unzeitiges Wachstum.‹ Hölderlin, Aus dem Motivkreis der ›Titanen‹, (IV,218)«[57]. Und Rilke schreibt an den jungen Dichter: »Leben Sie jetzt die Fragen. Vielleicht leben Sie dann allmählich, ohne es zu merken, eines fernen Tages in die Antworten hinein.«[58]

Wie auch Rilke brauchte Merton für das Fragen Zeiten des langen Alleinseins und der Stille. In der Kontemplation konnte er dann auch erfahren, dass die Fragen eine andere Qualität und Dimension erhielten:

> *»Eines der eigenartigen Gesetze des kontemplativen Lebens ist, dass Du nicht dasitzt und Probleme löst: du hältst sie aus, bis sie sich von selbst lösen oder bis das Leben sie für dich löst. Gewöhnlich besteht die Lösung in der Entdeckung, dass die Probleme nur insoweit existierten, als sie untrennbar verbunden waren mit deinem eigenen illusorischen äußeren Selbst. Die Lösung der meisten dieser Probleme geschieht mit der Auflösung von diesem falschen Selbst. Und folglich ein anderes Gesetz des kontemplativen Lebens ist, dass, wenn du es in der festen Absicht nach Kontemplation beginnst, oder schlimmer noch, nach Glücksgefühlen, Du keines davon erlangen wirst. Denn keines von beiden kann gefunden werden, wenn du zuvor nicht aufgegeben hast, danach zu suchen. Und noch einmal: das bedeutet, das illusorische Selbst aufzugeben, das*

danach trachtet, glücklich zu sein und in der Kontemplation Erfüllung zu finden (was auch immer das bedeutet). Denn das kontemplative und spirituelle Selbst, das schlummernde, mysteriöse und verborgene Selbst, das immerzu verdeckt wird durch die Aktivität des äußeren Selbst, strebt nicht nach Erfüllung. Es ist damit zufrieden zu sein und in seinem (Da) Sein ist es erfüllt, weil sein Sein in Gott verankert ist.«[59]

Die Fragen, auf die es Merton vor allem ankam, waren die Identitätsfragen: »Wer bin ich? Was ist mein wahres Selbst? Wer ist Gott und was will er, dass ich tue?« Merton wusste, dass er Antworten hierauf – wenn es überhaupt welche gäbe – letztendlich nur aus sich selbst heraus würde finden können (was natürlich nicht heißt, dass er nicht bereit gewesen wäre, Anregungen dafür auch von außen aufzunehmen). Er wusste auch und hat es oft zum Ausdruck gebracht, dass er Frieden mit seinen Mitmenschen nur finden könne, wenn er mit sich selbst Frieden mache und dazu musste er vor allem auch mit Gott seinen Frieden schaffen. Um aber in die Tiefe dieser Fragen wirklich einzudringen, bedurfte es Zeiten des langen Allein-Seins (»solitude«) und des kontemplativen Gebets. Aber es waren oft auch Zeiten, in denen es nicht möglich war, zu beten oder gar zu hoffen. In sein Tagebuch schreibt er am 21. Dezember 1965:

»Eines ist sicher – Ich habe keine fertigen Antworten in mir selbst [...] *Aber ich kann sie auch nicht einfach bei anderen suchen. Man muss lernen für einige Zeit ohne Antworten auszukommen, vielleicht für lange Zeit* **ohne eine Antwort***!!«*[60]

Es ist genau die Zeit, in der sich Merton intensiv mit Rilke beschäftigt. Eine Woche später, am 30. Dezember 1965, schreibt er:

»Ich fahre mit Rilke fort und sehe seine Größe und seine Grenzen. Seine poetische Einsamkeit ist nicht das, wofür ich hier bin, aber doch spricht es mich auch an. Also, er ist kein Mystiker. Aber er ist ein Poet. Ist das etwa nichts?«[61]

Diese Zeiten des Allein-Seins und des Ringens in der Einsamkeit sind, wie Merton sagt, keine Zeiten der »süßen Passivität, die die Bücher so rühmen, sondern ein bitteres und trockenes Sich-Abmühen, um voranzukommen in einem blind machenden Sandsturm.«[62] Die Zweifel, die dann aufkommen, sind nicht so sehr intellektuelle Zweifel:

> *»Es ist nicht eine Frage des intellektuellen Zweifels oder eine analytische Untersuchung der theologischen, philosophischen oder anderer Wahrheiten. Es ist etwas anderes, eine Art Unwissenheit über das eigene Selbst, eine Art Zweifel, das die Wurzeln der eigenen Existenz hinterfragt. Ein Zweifel, der die bisher gemeinten Gründe für die eigene Existenz und das, was man tut, untergräbt. In diesem Zweifel, in dem man schließlich auf die Stille zurückgeführt wird, in der man aufhört Fragen zu stellen, erkennt man die einzige Gewissheit: Die Präsens Gottes inmitten von Ungewissheit und dem Nichts, als die einzige Realität, aber eine Realität die nicht identifiziert oder vermittelt werden kann.«*[63]

Im Grunde, so sagt Merton in existenzphilosophischer Manier, muss man sich erst ganz auf die Absurdität des Lebens eingelassen haben, bevor man wirklich ernsthaft glauben kann. »Im Übrigen«, sagt er

> *»ist es so, dass nur dann, wenn man der anscheinenden Absurdität wahrhaftig ins Auge geschaut hat, Glaube wirklich möglich wird. Ansonsten tendiert der Glauben dazu, eine Art von Ablenkung oder spirituelle Unterhaltung zu sein, bei welcher man allgemein akzeptierte, konventionelle Formeln ansammelt und sie in anerkannten mentalen Mustern arrangiert, ohne sich aber über ihre Bedeutung klar zu werden oder zu fragen, ob sie irgend eine praktische Konsequenz für das Leben haben.«*[64]

Dies ist eine »Fragen-und-Antworten-Wahrheit«, die auch Etty Hillesum, die niederländisch-jüdische Lehrerin und Tagebuchschreiberin kurz vor ihrer Ermordung im KZ Auschwitz-Birkenau erfahren hat. In ihrem Tagebuch vom 5. September 1942 betet sie:

»Du stellst mich vor deine letzten Rätsel, mein Gott. Ich bin dankbar, dass du das tust, ich habe auch die Kraft, mich den Rätseln zu stellen und zu wissen, dass es keine Antwort gibt. Man muss deine Rätsel ertragen können.«[65]

Und dann drei Wochen später am 24. September 1942:

»Und dennoch bin ich so dankbar dafür, mein Gott, ich bin sogar fast stolz darauf, dass du mir deine letzten und größten Rätsel nicht versagst.«[66]

Für Merton bedeutete Fragen auch »In-Frage-stellen«, vor allem auch das Bild, das er sich selbst oder seine Leserschaft sich von ihm gemacht hatten. Dies tat er auf seine eigene humorvolle und dennoch ernsthafte Weise, indem er fragt: »Was ist das: ›Die Welt‹?« und dann ausführt:

»Vielleicht bin ich, was meine Person betrifft, selber in das Ungereimte der Frage verwickelt: Wegen eines Buches, das ich vor dreißig Jahren geschrieben habe, bin ich selbst zu einer Art Modellfigur des weltverachtenden Kontemplativen geworden – der Mann, der New York verschmäht, auf Chicago spuckt und Louisville mit Füßen getreten hat; der in die Wälder geeilt ist, in der einen Tasche Thoreau, in der anderen Johannes vom Kreuz, in der Hand die aufgeschlagene Bibel mit dem Finger auf der Apokalypse. An dieser Modellfigur eines Kontemplativen bin ich wahrscheinlich selber schuld. Ich muss versuchen, sie bei Gelegenheit zu zerstören.«[67]

Und weiter:

»Hier spricht nicht der stets verdrießlich dreinschauende moderne Hieronymus, der niemals heilig gesprochen wird, weil er nicht darüber hinwegkommt, dass er seine Finger nicht vom Bier lassen kann. (Ich trinke Bier, wo immer ich seiner habhaft werden kann. Ich liebe Bier und allein schon deshalb die Welt.) Nein, dies ist einfach die Stimme eines Men-

schen, der sich selbst zur Frage geworden ist, weil er wie alle seine Brüder damit zu kämpfen hat, seiner unruhigen, geheimnisvollen, herausfordernden, aufregenden, frustrierenden und verwirrten Existenz Herr zu werden; einer Existenz, in der nahezu nichts vorhersagbar ist und die meisten Definitionen, Erklärungen und Rechtfertigungen unglaubwürdig werden, noch bevor man sie ausspricht; einer Existenz, in der die Menschen mit- und aneinander leiden und manchmal eine geradezu großartige, manchmal aber auch eine unvorstellbar jämmerliche Figur machen; einer Existenz, in der es vieles gibt, was schrecklich ist, in der nahezu alles Öffentliche in falscher Aufmachung daherkommt, in der es gleichzeitig aber einen unauslotbaren Grund an persönlicher Echtheit gibt, der nicht wegzuleugnen ist, obwohl kaum jemand darüber zu sprechen vermag und die meisten nicht glauben können, dass es ihn gibt. Mit anderen Worten: Ich bin ein Mensch in der modernen Welt. Tatsächlich bin ich Welt, genau wie Sie! Wohin soll ich gehen, um nach der Welt Ausschau zu halten, wenn nicht zuerst in mich selbst?«[68]

Das Bemerkenswerte bei Merton ist, dass je mehr er sich in die Einsamkeit zurückzog (seit Ende der 1950er Jahre hatte ihm sein Abt gestattet, nach und nach immer längere Zeit in der »Hermitage« zuzubringen, bis Merton 1964 dann vollständig dort eingezogen ist), desto mehr hat er sich der »Welt« geöffnet. Seine gesammelte Korrespondenz im Merton Center in Louisville umfasst mehr als 15.000 Briefe mit 2.100 verschiedenen Adressaten. Seine »Community« reichte weit über die Klostermauern von Gethsemani hinaus. Auch die vermehrte Betätigung im interreligiösen Dialog und in der Friedensbewegung bedeutete vor allem, im Dialog zu sein mit leibhaftigen Menschen. Wie sehr es Merton dabei auf den ganz individuellen Menschen ankam, zeigt sein Zusammentreffen mit Daisetz T. Zuzuki, dem japanischen Zen-Philosophen. Er schreibt:

»Ich sah Dr. Zuzuki nur in zwei kurzen Besuchen und glaubte, die Zeit nicht damit verschwenden zu müssen, abstrakte, dogmatische Erklärungen seiner Tradition mit ihm erörtern zu müssen. Aber ich spürte, dass ich mit jemandem sprach, der in einer Tradition, die von der mei-

nen grundverschieden ist, gereift und vollständig geworden ist und der seinen Weg gefunden hat. Man kann den Buddhismus nicht verstehen, bevor man ihn nicht in dieser existenziellen Weise antrifft, in einem Menschen, in dem er lebendig ist. Dann gibt es nicht länger das Problem Dogmen zu verstehen, die manchmal ein wenig exotisch für einen Westler sind, sondern nur noch die Frage nach der Würdigung eines Wertes, der ganz offensichtlich ist. Ich bin sicher, dass kein wachsamer und intelligenter Westler jemals Dr. Zuzuki getroffen hat, ohne dass er die gleiche Erfahrung gemacht hat.«[69]

Auch wenn Merton ganz in der apophatischen, mystischen Tradition stand, die Gott nur als den Unnennbaren, Unerkennbaren beschreiben konnte, so brauchte er doch diese ganz persönliche Beziehung zu Gott und Christus. Er schreibt am 26. Juni 1965 in sein Tagebuch:

»Ich mag an östlichen Religionen interessiert sein, usw. Doch die grundlegende Differenz kann nicht verdeckt werden – die persönliche Kommunion mit Christus im Mittelpunkt und Herzen aller Wirklichkeit als Quelle der Gnade und des Lebens. ›Gott ist Liebe‹ mag vielleicht geklärt werden, wenn man sagt ›Gott ist Leere‹ und wenn man in der Leere völlige Unbestimmtheit und daher völlige Freiheit findet. (Durch die Freiheit wird die Leere zur Fülle und $0 = \infty$.) *All das ist ›interessant‹, aber nichts davon rührt an das Geheimnis der Persönlichkeit in Gott, seine persönliche Liebe zu mir. Noch einmal: ich bin auch leer – und ich habe die Freiheit, oder ich bin eine Art Freiheit, bedeutungslos, wenn nicht auf ihn ausgerichtet.«*[70]

Christopher Pramuk schreibt, dass es »niemanden, der im christlich-buddhistischen Dialog engagiert ist, überraschen wird, dass es dies genau ist, wo Merton und Suzuki übereinstimmend nicht einer Meinung waren (»agree to disagree«), nämlich, bei der Frage, ob die tiefere Struktur und Dynamik der Realität – Sunyata (Leerheit), Gott, wahres Selbst – erfahren und so wahrgenommen wird in einer persönlichen (biblischen, theistischen) Dimension als Geschenk der Gnade.«[71]

Als Bruder David-Steindl Merton kurz vor seiner Asienreise bei einem Treffen von Ordensleuten im Trappisten Kloster »Our Lady of the Redwoods« in Kalifornien, wo viel über das Gebet gesprochen wurde, fragte, ob hinter seinen Vorstellungen vom Beten nicht noch ein nicht eingestandener Dualismus stehe, antworte Merton:

»Eigentlich nein und doch ja. Man muss den eigenen Willen und Gottes Willen lange Zeit dualistisch betrachten. Man muss Dualität lange Zeit erfahren, bis man sieht, sie ist nicht da. In dieser Hinsicht bin ich ein Hindu. Ramakrishna hat die Lösung: ›Schätzt dualistisches Gebet nicht als eine niedrigere Stufe des Gebetes ein; das Niedrigere ist höher.‹ Es gibt überhaupt keine Stufen. Jeden Augenblick können wir zur tiefsten Einheit durchbrechen. Das ist Gottes Geschenk in Christus. Am Ende wird uns klar: Der Lobpreis lobpreist; die Dankbarkeit dankt. Es ist Christus, der in uns betet. Bereitschaft ist alles.«[72]

Der Kommunikationsweg zu Gott führte für Merton über das kontemplative Gebet. Wenn Gott es mit seiner Gnade so will, kann aus Kommunikation Kommunion entstehen. Auch wenn die höchste Ebene des kontemplativen Gebets, die Kommunion, ein Geschenk Gottes an uns ist, auf das wir geduldig warten müssen, so ist nach Merton das kontemplative Gebet auch »eine tiefe innere Aktivität auf dem Grunde unseres Seins als Antwort auf Gott, von dem die Initiative ausgeht, der uns gerade deshalb aber auch unserseits auf eine sehr subtile, nämlich gehorsame Weise initiativ werden lässt.«[73]

Obwohl Merton äußerst zurückhaltend mit der Erörterung von Meditations- beziehungsweise Kontemplationstechniken war, da er glaubte, dass dies ganz von der individuellen Person abhängig sei, äußerte er sich einmal in einem Brief an Abdul Aziz, einem pakistanisch-muslimischen Zollbeamten, der der Sufi-Praxis nahestand, zu seiner eigenen Gebets- beziehungsweise Kontemplationspraxis. Dieser Brief zeigt auch wieder sehr deutlich, in welcher Offenheit er eine tiefe spirituelle Freundschaft mit anderen Menschen, ungeachtet ihrer religiösen Herkunft, eingehen konnte. Merton schreibt:

»Jetzt fragst Du nach meiner Meditationsmethode. Eigentlich praktiziere ich eine sehr einfache Art des Betens. Sie ist ganz ausgerichtet auf die Achtsamkeit für die Präsenz Gottes, Seinen Willen und Seine Liebe. Das heißt, sie ruht auf dem Glauben (im Sinne von Vertrauen: ›faith‹, eigene Anmerkung), durch den allein wir die Präsenz Gottes erfahren können. Man könnte sagen, dass meine Meditation den Charakter hat, den der Prophet als ›vor Gott zu sein, als wenn man Ihn sehe‹ beschreibt. Aber das heißt nicht, dass man sich etwas einbildet oder sich ein präzises Bild von Gott vorstellt, denn das wäre für mich eine Art von Götzenverehrung. Im Gegenteil ist es gerade so, dass wir ihn als unsichtbar und unendlich über unsere Vorstellungskraft hinausgehend verehren und Ihn als das Alles sehen. Mein Gebet strebt sehr nach dem, was Du ›Fana‹ nennst. Es gibt in meinem Herzen einen großen Durst, ganz das Nichts von all dem zu erkennen, was nicht Gott ist. Mein Gebet ist also eine Art von Lobpreis, der aufsteigt aus dem Zentrum des Nichts und der Stille. Wenn ich ›selbst‹ immer noch präsent bin, dann erkenne ich das als ein Hindernis, das ich aber nicht beeinflussen kann, ohne dass Er Selbst (Gott) dieses Hindernis beseitigt. Wenn er es will, kann er aus diesem Nichts völlige Klarheit schaffen. Wenn Er es nicht will, dann erscheint das Nichts selbst als ein Objekt und bleibt ein Hindernis. Ganz so ist mein gewöhnlicher Weg des Gebets oder der Meditation. Es geht nicht darum ›über irgendetwas zu denken‹, sondern um das unmittelbare Streben nach dem ›Gesicht des Unsichtbaren‹, das nicht gefunden werden kann, außer wenn wir uns in Ihm verlieren, der unsichtbar ist. Gewöhnlich schreibe ich nicht über diese Dinge und ich bitte Dich daher, damit diskret umzugehen. Aber ich schreibe dies dennoch als ein Zeugnis des Vertrauens und der Freundschaft. Es wird Dir zeigen, wie sehr ich die Tradition des Sufismus zu würdigen weiß. Lass uns daher Gott verehren und ihn lobpreisen und zu Ihm für die Welt beten, die sich in großen Schwierigkeiten und Verwirrtheit befindet. Ich bleibe mit Dir vereint im Gebet in diesem Ramadan-Monat und werde an Dich denken in der ›Nacht der Bestimmung‹. Ich wertschätze Dein Gebet für mich. Möge der Höchste Gott Dir Segen spenden und Dir Frieden geben.«[74]

Transzendenz und Immanenz waren jedoch für Rilke (»es gibt weder ein Diesseits noch Jenseits, sondern die große Einheit«) und Merton keine Gegensätze, sondern ergänzen sich. Das »In-der-Welt-Sein« war für beide Bestimmung und auch Auftrag. Die Art und Weise des Bezugs, den sie zu den Dingen der Welt und den Elementen hatten, führte zur Verwandlung der Dinge und von ihnen selbst. Am deutlichsten wird das bei Rilke in der Neunten Duineser Elegie. Er sagt darin:

»Aber weil Hiersein viel ist, und weil uns scheinbar
alles das Hiesige braucht, dieses Schwindende, das
seltsam uns angeht. Uns, die Schwindendsten.
[...]
Erde, ist es nicht dies, was du willst: **unsichtbar**
in uns erstehn? – Ist es dein Traum nicht,
einmal unsichtbar zu sein? – Erde! unsichtbar!
Was, wenn Verwandlung nicht, ist dein drängender Auftrag?«[75]

Und Merton könnte darauf geantwortet haben:

»I am earth, earth

My heart's love
Bursts with hay and flowers.
I am a lake of blue air
In which my own appointed place
Field and valley
Stand reflected.

I am earth, earth

Out of my grass heart
Rises the bobwhite.

Out of my nameless weeds
His foolish worship.«[76]

Das Leben in und mit der Natur und den Elementen war für Merton ein fester Bestandteil seines Lifestyles, er konnte ohne diesen Bezug nicht sein. In sein Tagebuch schrieb er am 27. Februar 1963:

> *»Unsere Reden über das Wetter – unsere oberflächliche Wahrnehmung was für ein Tag es ist – vielleicht sind sie nicht nutzlos. Vielleicht haben wir ein tiefes und legitimes Bedürfnis, mit unserem ganzen Dasein zu wissen, wie der Tag beschaffen ist, es zu* **sehen** *und zu* **fühlen**, *zu wissen wie grau der Himmel ist, blasser im Süden, mit Flecken von Blau im Südwesten, mit Schnee auf dem Boden, das Thermometer bei 18 Grad Fahrenheit und der kalte Wind, der unsere Ohren schmerzt. Ich habe ein wirkliches Bedürfnis, diese Dinge zu wissen, weil ich selbst ein Teil dieses Wetters bin und ein Teil des Klimas und zu diesem Ort gehöre. Ein Tag, an dem ich nicht an diesem allen teilgenommen habe, ist überhaupt kein Tag. Es ist ganz gewiss ein Teil meines Gebetslebens.«*[77]

Gott zeigt sich in Sophia

> *»You fool, it is life that makes you dance: have you forgotten? Come out of the smoke, the world is tossing in it's sleep, the sun is up, the land is bursting in the silence of dawn.«*[78]

> *»His rebellion is the rebellion of life against inertia, of mercy and love against tyranny, of humanity against cruelty and arbitrary violence. And he calls upon the feminine, the wordless, the timelessly moving elements to witness his sufferings. Earth hears him.«*[79]

Das Kostbarste, was Merton uns hinterlassen hat, sind für mich seine Tagebuchaufzeichnungen. Hier können wir – zuweilen zumindest – den ungeschminkten Merton erfahren, mit allen seinen Zweifeln und Selbstzweifeln. Aber immer auch wieder in seinen tiefen Bemühungen nach Einheit, nach Frieden mit sich, Gott und der Welt, ja nach der »Heiligkeit«, wie er sie versteht: kohärent zu sein mit dem zuerst von Gott erhaltenen An-Ruf und dem, was Er für ihn vorgesehen hat und die daraus erkannte eigene Berufung, die er daraus macht, also das von ihm selbst gewählte Streben und Leben. In diesen Tagebüchern lässt sich alles wiederfinden, was in einer menschlichen Seele vonstatten geht: Verzweiflung und Wut (besonders auch auf seinen Abt, der Merton nicht immer so gewähren lässt, wie er dies will), Eitelkeit und Demut, seine Ängste, fruchtbare Einsamkeit und menschliche Sehnsucht, aber auch die Reue darüber, was er sich und anderen in seinem Egoismus und seiner Egozentrik angetan hat.

Anthony Padavano sagt: »Er (Merton, der Verfasser) schreibt in seinen Tagebüchern über seine Geringfügigkeit, seinen Neid, seine sexuellen Versuchungen und seine Zweifel. Er wollte, dass jeder wusste, dass der mystische Weg zutiefst menschlich und nicht exotisch oder künstlich ist.«[80] Die Tagebücher dokumentieren eindringlich, wie jemand ringt: mit sich selbst und dem, was Gott von ihm will und nicht von ungefähr war Jonas der Prophet, der Merton viel zu sagen hatte. Aber sie sind auch voll des Lobpreises und der Dankbarkeit für das Leben, das er gewählt hat und wie es ihn beschenkt, über die Natur, die ihn umgibt, die Menschen, die ihm begegnen und die Welt, in der er lebt und zu der er sich zunehmend mitfühlend öffnen kann.

Geist und Seele gehörten für Merton zusammen und bildeten eine Einheit. Er konnte sehr aufgebracht sein, wenn Religion in ihrer dogmatischen Ausprägung der Seele keinen Raum ließ und sich leblos gab. Seine Träume waren ihm genauso wichtig, wie das christliche Dogma. Im Traum begegnete er auch seiner »anima« in mannigfaltigen Erscheinungen. Einmal war es seine »schwarze Mutter«, die er an einem Ort seiner Kindheit, zu dem er im Traum zurückkehrt war, als seine Pflegemutter, die er in seiner Kindheit geliebt hatte, erkennt:

> *»Ich verdankte, so schien es, mein Leben ihrer Liebe, sodass es eigentlich sie und nicht meine wirkliche Mutter war, die mir das Leben geschenkt hatte* [man muss wissen, dass Merton's Mutter Ruth starb als er erst sechs Jahre alt war, Anm. d. Verf.]. *So als ob aus ihrer Hand ein*

neues **Leben** *gekommen wäre – und da war sie. Ihr Gesicht war hässlich und streng, dennoch kam eine große Liebe von ihr zu mir und wir umarmten uns mit viel Liebe (und ich mit viel Dankbarkeit). Was mir auffiel, war nicht ihr Gesicht, sondern die Wärme ihrer Umarmung und ihres Herzens, wenn man es so nennen kann. Wir tanzten ein wenig zusammen, ich und meine schwarze Mutter, und dann musste ich die Reise fortsetzen, auf der ich gerade war.«*[81]

Eine immer wiederkehrende feminine Gestalt, die ihm in seinen Träumen begegnet, ist »Proverb«, eine Anspielung auf die Sprüche Salomos Kapitel 8: »Ruft nicht die Weisheit (Sophia) [...] Der Herr hat mich gehabt im Anfang seiner Wege, ehe er etwas schuf, von Anbeginn her [...] ich spielte auf seinem Erdkreis und hatte meine Lust an den Menschenkindern.« Zum ersten Mal taucht sie in Mertons Tagebuch am 4. März 1958 auf, also ungefähr zwei Wochen vor seiner berühmten Epiphanie in »Louisville – 4th and Walnut«.[82] Er schreibt ihr einen imaginären Brief:

»Wie dankbar bin ich dir dafür, dass du in mir etwas liebst, von dem ich dachte, ich hätte es schon ganz verloren und jemanden, der ich dachte, ich schon lange aufgehört habe zu sein. In dir, meine Liebe, obwohl manche wohl versucht sind zu sagen, dass du gar nicht existierst, ist eine Wirklichkeit, die so wirklich, wunderbar und kostbar ist wie das Leben selbst. Ich muss vorsichtig sein bei dem, was ist sage, denn Worte können meine Liebe zu dir nicht erklären. Ich möchte nicht durch meine Worte verletzen, was wirklicher und reiner ist als irgend etwas anderes in der Welt – deine wunderbare Spontanität, deine Einfachheit und die Freizügigkeit deiner Liebe«[83]

Auch noch viele Jahre später wie zum Beispiel am 19. November 1964 träumte er von »Proverb«

»Diese liebenswerte und vertraute archetypische Person (kein Objekt! Wie nahe und wirklich und doch so schwer fassbar!), die auf mannig-

faltige mysteriöse Art in meinen Träumen erscheint! Sie kam mit ihren ›Brüdern‹ und ich war überwältigt von der Frische, der Jugend, dem Wunder, der Wahrheit von ihr – ihre vollständige Wirklichkeit, wirklicher als alles andere und doch unerreichbar. Und dennoch das Gefühl, dass sie mich versteht, dass sie mich ›kennt‹ und liebt, jedoch nicht bloß in meiner Individualität und meinem Alltags-Selbst, so als ob dieses Selbst für sie völlig irrelevant wäre – nicht zurückgewiesen aber auch nicht akzeptiert.«[84]

Diese Träume von »Proverb« gehen zeitlich einher mit Mertons eingehender Beschäftigung mit der Sophiologie, einer Theologie, die insbesondere mit den russischen Theologen Vladimir Soloviev (1853–1900) und Sergueï Bulgakov (1871–1944) verbunden ist. Für Merton ist Sophia das Mit-Leid ohne Vorbehalt und die Armut im Geiste. Sie ist in einem Wort die liebende »kenosis« (Entäußerung) Gottes, die in allen Dingen zum Leben kommt, aber vollendet in Jesus Christus und den inneren Bewegungen der menschlichen Freiheit.[85] In »Hagia Sophia« (»Die heilige Weisheit«) einem längeren Prosa-Gedicht beschreibt Merton sie als die feminine Manifestation Gottes:

»Sophia ist Gottes Teilen von Sich Selbst mit allen Kreaturen. Sein Ausströmen und seine Liebe, durch welche Er gegeben, gewusst, gehalten und geliebt ist [...]

Das feminine Prinzip in der Welt ist die unerschöpfliche Quelle der kreativen Verwirklichung der Herrlichkeit des Vaters. Sie ist die Manifestation in strahlendem Glanz! Aber sie bleibt ungesehen, flüchtig erblickt von nur wenigen. Manchmal gibt es niemand, der sie kennt [...]

Also tut sie in uns ein größeres Werk als die Schöpfung: das Werk des neuen Seins in der Gnade, das Werk der Vergebung, das Werk der Verwandlung von Glanz zu Glanz **tamquam a Domini Spiritu**. *Sie ist in uns die nachgiebige und mitfühlende Entsprechung der Macht, Gerechtigkeit und kreativen Dynamik des Vaters* [...] *«*[86]

Nach Bernice Rosenthal ist die Sophiologie nach Bulgakov auch aus der gefühlten Situation des ersten Weltkriegs entstanden: »Er ruft die Mutter Russland gegen das Vaterland Deutschland auf, die femininen Qualitäten gegen die männlichen, Liebe anstatt Gewalt, Vermittlung anstatt Konflikt und Selbstlosigkeit anstatt Selbst-Behauptung, Aggression und Krieg.«[87] Vor allem geht es aber in der Sophiologie um die dynamische Verbindung von Göttlichem und Menschlichem und den Aufruf an die Menschheit zur Mitwirkung an der Schöpfung. Merton schreibt: »Christus hat die Samen von etwas völlig Neuem in die Welt gepflanzt, aber sie wachsen nicht von selbst [...] Denn damit die Welt sich ändert, muss der Mensch selbst damit beginnen, sie zu ändern, er muss die Initiative ergreifen, er muss nach vorne treten und Geschichte auf eine neue Art machen. Die Veränderung beginnt bei ihm selbst.«[88] Gleichzeitig wendet sich Merton jedoch gegen eine falsch verstandene Art von »Erlösung« oder Seelenheil, nämlich diejenige, die nur auf »sturer Konformität« beruht. Er schreibt am 24. Juni 1966 in sein »A Midsummer Diary for M.«[89]:

> *»Letzten Endes ist das, was ich in der Einsamkeit suche, nicht Freude oder Erfüllung, sondern Erlösung. Nicht ›meine eigene‹ Erlösung, sondern die aller, und hier ist es, wo das Spiel ernst wird. Ich habe das Wort* **Revolte** *im Zusammenhang mit Einsamkeit benutzt. Revolte gegen was? Gegen eine Vorstellung von Erlösung, bei der Menschen verloren gehen. Eine Vorstellung von Erlösung, die ganz rechtgemäß und von außen wirkend ist und die man erreichen kann, egal wie falsch, wie vertrocknet und fruchtlos das Leben ist. Dies ist die schlimmste Ambiguität, der Eindruck, dass man völlig untreu zum Leben, der Erfahrung, der Liebe, anderen Menschen, seinem eigenen tiefsten Selbst sein kann und dennoch durch einen Akt der sturen Konformität, durch den Willen korrekt zu sein, gerettet werden kann [...] Ich bin hier nur aus einem Grund: um offen zu sein, nicht auf eine einzige Wahl fixiert und damit alles andere ausschließend: um offen zu sein für Gottes Wille und Freiheit, für Seine Liebe, die kommt, um mich von allem in mir selbst zu retten, das Ihm widersteht und nein zu Ihm sagt.«*[90]

Das sich Einlassen auf Sophia, die Weisheit Gottes, so sagt Rowan Williams, »kann bewirken, dass sich die grellen Widersprüche zwischen Geist und Körper auflösen und uns erlauben eine Welt vorzustellen, die sich nicht nur selbst bewusst ist, sondern sich auch *sinnlich* ihrer selbst bewusst ist.« »Bulgakov«, sagt Williams weiter »sieht die Grundlage der Ethik in dem Ruf zur aktiven Mitwirkung bei der sophianischen Umgestaltung der Welt.«[91]

Es ist keineswegs so, dass im theologischen Sinne mit Sophia der Trinität eine vierte Person hinzugefügt würde. Sophia wird vielmehr in ihrer eigenen Dynamik – eher aber auf poetische als auf dogmatische Weise – mit allen drei Personen der Trinität in Verbindung gebracht, vor allem aber mit dem ewigen Jesus Christus (»Ehe Abraham wurde, bin ich«, Joh 8,58 und »Der Herr hat mich schon gehabt im Anfang seiner Wege, ehe er etwas schuf, von Anbeginn her«, Spr 8,22). Nach Pramuk ist »Christus/Sophia die Gegenwart Gottes, die im gegenwärtigen Augenblick in die Geschichte einbricht und Menschen aufruft mit der Vergangenheit zu brechen, die Welt zu erneuern mit menschlichen Herzen und Händen«[92] »Die russische Sophiologie beginnt und endet mit der Ekstase der Liebe, der grundlosen Liebe Gottes, die überfließt in eine tiefgreifende Wahrnehmung der Einheit mit allen Dingen, dem Sich-Zuhause-Fühlen in der Welt, auch inmitten abgrundtiefer Zerrissenheit, Sünden und Leid. In einem Jahrhundert von unaussprechlicher Gewalt und Zersplitterung, beabsichtigt die Sophiologie nicht nur die Rettung traditioneller Christologie, sondern ihre Transformation in eine positive Theologie von Gottes ganzheitlichem und uranfänglichem Verhältnis zu der Welt, der Natur, menschlichem Leben und Kultur.«[93] Ganz sicher wird allerdings nicht jedermann, wie Pramuk sagt, Mertons »Hagia Sophia«, »das mit reichhaltigen Affirmationen, der Beschwörung der Einheit-im-Verschieden-Sein und der Einladung zu einer mosaischen Gotteserfahrung im positiven Sinne die traditionellen theologischen und dogmatischen Behälter zum überlaufen bringt, gutheißen können.«[94]

Könnte es nicht auch sein, dass die sanfte Sprache der Sophia eine mögliche Antwort auf eine allzu maskuline Welt und eine Religion, die eher gebieterisch und kämpferisch daherkommt, ist? Sophia ist die

Sprache Gottes, die nicht aus dem Streitwagen, sondern aus dem sanften Säuseln (1 Kön 19,20: »Und nach Feuer kam ein stilles, sanftes Säuseln.«) zu hören ist. Eine solche Sprache – eher poetisch als prosaisch, nicht verführerisch, rechthaberisch und manipulativ, sondern einfühlsam und mitfühlend, ausgleichend und vergebend statt polarisierend und zerstörend, gewaltfrei statt gewalttätig – würde nicht nur aus dem »gesunden Menschenverstand« sprechen können, sondern die menschliche Seele in all ihren Facetten zum Ausdruck kommen lassen.

Als Poet und Schriftsteller hat Thomas Merton nicht nur die Macht, mit der Sprache die Wahrheit zum Ausdruck bringen kann, gewürdigt. Er erkannte auch, wie Sprache oft als Mittel der Täuschung und Manipulation und für Propaganda-Zwecke missbraucht wurde. Propaganda bedeutet dabei nicht notwendigerweise, dass Unwahres gesagt wird, sondern eher, dass Tatsachen zum Zwecke der Manipulation verdreht und unvollständig wiedergegeben werden.[95] Dies trifft nicht nur auf den Propaganda-Apparat totalitärer Regime zu, sondern wir können es täglich in den modernen Massenmedien beobachten.

Wenn Sophia »das Bindeglied zwischen Gott und der Welt ist, weder reduzierbar auf das eine noch das andere, etwas, das sowohl Gott und die Welt vereint und doch auch trennt«[96], dann brauchen wir uns nicht mehr ausschließlich auf unseren »gesunden Menschenverstand« zu verlassen. Vielleicht finden wir die Verbindung zu Gott dann mehr in der Seele und im Herzen, in der Schönheit der Natur, der Poesie, der Musik und in der Kunst, als nur in den harten Fakten.

Ich denke, dass der Aspekt der Menschlichkeit, der in der Sophiologie so stark zum Ausdruck kommt, für Merton auch eine Antwort war, die er dem »Unaussprechlichen« (*The Unspeakable*[97]), entgegensetzen wollte. Das »Unaussprechliche« waren für ihn vor allem das Grauen des Holocaust, Hiroshima und Nagasaki, Rassenhass und soziale Ungerechtigkeit, die Attentate auf die Kennedy Brüder, Malcolm X, Martin Luther King Jr., der eskalierende Vietnamkrieg und ganz besonders das nukleare Wettrüsten. Sicherlich ließe sich diese Aufzählung für die Zeit nach Mertons Tod bis heute beliebig fortsetzen: 11. September, Afghanistan, Irak, Syrien, Abu Ghraib, Guantanamo Bay, Darfur, Kosovo, Bosnien,

Ukraine und so weiter. Aber auch Ereignisse wie Tschernobyl oder Fukushima, die die ganze Schöpfung zu vernichten drohten. Was es nicht besser macht, ist, dass dieses »Unaussprechliche« oft in einer euphemistischen (Propaganda-)Sprache daherkommt. Dieses »Unaussprechliche« war für Merton besonders erschreckend, wenn es mit »Ratio« und dem vermeintlich »gesunden« Menschenverstand bekleidet ist.

Hannah Arendt beobachtete 1961 für den »New Yorker« den Eichmann-Prozess in Jerusalem und berichtet und schlussfolgert darüber in ihrem Buch »Eichmann in Jerusalem: Ein Bericht von der Banalität des Bösen«.[98] Vor dem Beginn des Prozesses wurde Eichmann von insgesamt sechs Psychologen untersucht. Das Erstaunliche war, dass bei Eichmann keinerlei Spuren geistiger Krankheit oder einer abnormalen Persönlichkeitsstruktur festgestellt werden konnten. Im Gegenteil kamen die Psychologen sogar zu dem Ergebnis, dass er in dieser Hinsicht mehr »normal« wäre als der Durchschnitt und dass er in seiner Einstellung gegenüber anderen Menschen, der Familie und Freunden sogar höchst wünschenswerte Eigenschaften hätte. Merton hatte dieses Geschehen eingehend beobachtet und daraus in dem Essay »A Devout Meditation in Memory of Adolf Eichmann«[99] Schlussfolgerungen gezogen. Er sagt:

> *»Die geistige Gesundheit von Eichmann ist erschreckend. Wir setzten geistige Gesundheit gleich mit einem Sinn für Gerechtigkeit, Menschlichkeit, Besonnenheit und der Fähigkeit, andere Menschen zu lieben und zu verstehen. Wir verlassen uns darauf, dass die geistig gesunden Menschen der Welt uns vor Barbarei, Wahnsinn und Zerstörung bewahren. Und jetzt beginnt es uns zu dämmern, dass es gerade diese ›geistig Gesunden‹ sind, die die Gefährlichsten sind.«*[100]

Am Ende des Essays zieht er dann für sich die Schlussfolgerung:

> *»Ich fange an zu begreifen, dass ›geistige Gesundheit‹ nicht länger einen Wert oder ein Ziel in sich selbst darstellt. Die ›geistige Gesundheit‹ des modernen Menschen ist so nützlich wie die gewaltige Masse und die Muskelkraft des Dinosauriers. Wenn er vielleicht weniger geistig ge-*

sund wäre, ein wenig mehr zweifelnd, sich etwas mehr den Absurditäten und Widersprüchen bewusst, dann gäbe es vielleicht die Möglichkeit des Überlebens. Aber wenn er geistig gesund ist, zu gesund [...] müssen wir dann vielleicht sagen, dass der schlimmste Irrsinn in einer Gesellschaft wie der unseren etwa der ist, ganz ohne Angst und unbesorgt, also ganz ›geistig gesund‹ zu sein.«[101]

Wir erinnern uns daran, was Merton den Mönchen über Rilke gesagt hat, nämlich, dass der Umstand, dass Rilke neurotisch war, nicht von vornherein bedeutet, dass mit seiner Poesie irgendetwas falsch ist. Im Gegenteil, so sagt er, schuldet Rilkes Poesie gerade dieser Neurose und ist aus diesem Kampf, den er fruchtbringend angenommen hat, entstanden.

Merton stellt seinem Buch *Raids on the Unspeakable* die Worte Gabriel Marcels voran: »Heute ist es die vorrangige und vielleicht sogar einzige Pflicht des Philosophen, den Menschen gegen sich selbst zu verteidigen: ihn zu verteidigen gegen diese außerordentliche Versuchung zur Unmenschlichkeit, der sich – fast ohne sich dessen bewusst zu sein – so viele Menschen heute hingegeben haben.«[102] Für Merton ist dieses »Unaussprechliche, Unsägliche, Entsetzliche« (alles mögliche deutsche Übersetzungen für das Wort »Unspeakable«, das Merton benutzt) ein eschatologisches Bild:

»Es ist die Leere, der wir begegnen, du und ich, die den verkündeten Programmen zugrunde liegt, den guten Absichten, das beispielslose und universelle Bestreben für die beste aller möglichen Welten. Es ist die Leere, die allem widerspricht, was gesprochen wird bevor die Worte gesagt sind; das Nichts, das in die Sprache öffentlicher und offizieller Erklärungen gelangt in dem Moment, wenn sie verkündet werden und sie tot und wie die Hohlheit des Abgrunds klingen lassen. Es ist die Leere, aus der Eichmann die absolute Genauigkeit seines Gehorsams zog [...] Es ist die Leere »des Endes«. Nicht notwendigerweise das Ende der Welt, aber ein Punkt, von dem aus es aus theologischer Sicht kein zurück mehr gibt, eine Klimax von absoluter Finalität in der Verweigerung, Mehrdeutigkeit, Chaos und Absurdität.«[103]

Und jetzt, wo dieser Punkt der Finalität erreicht ist, kommt das ganz Erstaunliche: »Diese« (gemeint ist diese Finalität in der Verweigerung, etc.) »kann nur durch ein Wunder wieder in die Wahrheit aufgebrochen werden, durch das Erscheinen Gottes. Jedoch solltest du«, Merton spricht gewissermaßen mit dem Buch, das er hier schreibt, also mit sich selbst, »nirgendwo an diesem Wunder zweifeln. Du scheinst zu sagen, dass es für dich genau dies ist, was es bedeutet Christ zu sein; denn christliche Hoffnung beginnt genau da, wo alle andere Hoffnung im Angesicht des Unaussprechlichen gefriert. Ich bin froh, dass du das sagst, aber du wirst nicht allzu viele finden, die mit dir übereinstimmen werden, nicht einmal unter den Christen.«[104] Und zum Schluss dieses Prologs für sein Buch *Raids on the Unspeakable* sagt er:

> *»Du bist nicht groß genug, um dieses ganze Zeitalter wirkungsvoll anzuklagen, aber lass uns sagen, dass du widersprichst. Du bist nicht in der Position um Befehle zu erteilen, aber du kannst Worte der Hoffnung sprechen. Soll das der Inhalt deiner Botschaft sein: Sei menschlich in dieser höchst unmenschlichen Zeit; schütze das Menschenbild, denn es ist das Bild Gottes. Stimmst Du mir zu? Gut. Dann gehe mit meinem Segen. Aber ich warne dich, erwarte nicht, dass du dir viele Freunde machen wirst. Denn das Unaussprechliche – seine unerbittliche Präsens – wird sich von einem kleinen Kerl wie dir nicht stören lassen«.*[105]

Der Ruf zur Stufe der höchsten Integration

Wir wissen, dass Merton kein systematischer Theologe war und das wollte er auch nicht sein. Er hat sich, wie er selbst oft sagte, getraut Fehler zu machen, um etwas Großes und Wertvolles über Gott sagen zu können. Inkonsistent zu sein war für Merton kein Vorwurf. Für ihn war die tägliche Erfahrung, das lebendige Leben im Glauben, immer ein unfertiges Projekt (»work in progress«), begriffen in der steten Annährung an den schon immer präsenten Gott und sein eigenes »wahres Selbst« (»true self«). Am 25. Januar 1964 schreibt er in sein Tagebuch:

»Ich brauche diese ständige Selbst-Berichtigung, das Wachsen, das Hinter-mir-Lassen, die Abkehr von gestern und doch in Kontinuität mit allen Gestern (an der Vergangenheit zu hängen heißt, die Kontinuität damit zu verlieren, denn das hieße, an etwas zu hängen, was nicht da war). Meine Gedanken ändern sich ständig, immer sich drehend um eine Mitte, immer die Mitte von woanders betrachtend. Ich werde immer der Inkonsistenz bezichtigt werden. Ich werde nicht länger da sein, um diese Anklage zu hören.«[106]

Um Merton angemessen verstehen und würdigen zu können, macht es wenig Sinn, ihn in seine einzelnen Teile zu zerlegen. In einem Referat, das David Golemboski im April 2008 auf einer Merton-Tagung in England hielt, zeigte er auf, dass es gerade nicht darum geht, sich zu fragen, wie Merton alle diese scheinbar widerstrebenden Elemente von »Innerlichkeit« (Kontemplation, solitude, Gebet) auf der einen Seite und »Äußerlichkeit« (soziales Gewissen, politisches Engagement, Protest) auf der anderen Seite miteinander zum Ausgleich bringen konnte, etwa indem er Kompromisse in die eine oder andere Richtung gemacht hätte. Im Gegenteil ist es gerade so, dass sein Hang zur Einsamkeit (solitude) überhaupt nicht in Konkurrenz zu seinem Impuls zum Dialog und Protest stand. Golemboski sagt: »Mertons Stimme des Fremden (the »stranger's voice«) ist nicht nur valide *trotz* seiner Wahl zur Einsamkeit, sondern gerade *aufgrund* dieser Wahl.«[107]

Wie wichtig Kontemplation und Gebet in diesem Zusammenhang sind, wird deutlich in einer Ansprache, die Rowan Williams, der ehemalige Erzbischof von Canterbury, im Oktober 2012 auf einer Synode von Bischöfen in Rom gehalten hat. Er sagt:

»Kontemplation ist ein wesentliches Element in diesem Transformationsprozess. Zu lernen, auf Gott zu schauen, ungeachtet meiner eigenen unmittelbaren Befriedigung; zu lernen, die Begierden und Fantasien, die in mir aufkommen, zu hinterfragen und zu relativieren – bedeutet, Gott zu erlauben, Gott zu sein und das Gebet, das Jesus uns gelehrt hat, Gottes eigene Beziehung zu Gott, in mir lebendig werden zu las-

sen. Den heiligen Geist anzurufen bedeutet, die dritte Person der Trinität zu bitten, in meinen Geist einzudringen und mir die Klarheit zu gewähren, die ich brauche, um zu sehen, wo ich Sklave meiner Begierden und Fantasien bin und mir die Geduld und Stille zu geben, damit Gottes Licht und Liebe mein Inneres durchdringen kann. Nur wenn dies anfängt, sich zu ereignen, werde ich davon entbunden sein, die Geschenke Gottes wie weitere Dinge zu behandeln, die ich mir erworben habe, um mich glücklich zu machen oder um andere Menschen zu dominieren. Und wenn sich dieser Prozess entfaltet, werde ich freier – um auf einen Ausdruck des heiligen Augustinus (Bekenntnisse IV,7) zurückzugreifen – Menschen auf menschliche Art zu lieben, sie nicht für das zu lieben, was sie mir zu versprechen vermögen oder als ob sie da wären, um mir dauerhafte Sicherheit und Komfort zu gewährleisten, sondern als fragile Mit-Kreaturen, die in Gottes Liebe gehalten sind. Ich entdecke dann, wie ich andere Menschen und Dinge im Verhältnis zu Gott sehen kann und nicht zu mir. Und hier ist es, wo wahre Gerechtigkeit und wahre Liebe ihre Wurzeln hat.«[108]

In seinem Aufsatz »Das Ziel: Die Stufe der höchsten Integration« beschäftigt sich Merton auch mit den Erkenntnissen des persischen Psychoanalytikers Reza Arasteh. Merton schreibt:

»*Was er* [gemeint ist Arasteh; Anm. d. Verf.] **Integration auf höchster Ebene** *nennt und zum Gegenstand seiner Untersuchung gemacht hat, ist nicht einfach schon mit der Heilung von Neurosen durch Anpassung an die Gesellschaft erreicht. Im Gegenteil, Arasteh geht davon aus, daß jede psychoanalytische Theorie, die es bei bloßer Anpassung bewenden lässt, notwendig unangemessen sein muss. Arastehs Interesse beschränkt sich daher nicht auf jene teilweise und begrenzte ›Gesundheit‹, die sich bei zufriedener Annahme einer nützlichen gesellschaftlichen Rolle einstellt. Ihn beschäftigt vor allem die endgültige, umfassende Reife der menschlichen Psyche auf einer transkulturellen Ebene.«*[109]

Für Merton bedeutet diese Integration auf höchster Ebene, dass dann der Mensch »ganz geboren« ist,

> *»er weiß aus eigener innerer Erfahrung um das Geheimnis des Lebens. Er erfasst es zutiefst von seinem inneren Grund her, der zugleich ganz ihm gehört und doch sein empirisches Ich überschreitet* [...] *Er hat eine tiefere Identität und Ganzheit erreicht als diejenige auf der Ebene seines begrenzten Ichs, die nur ein Bruchstück seines Seins darstellt. Er ist in gewissem Sinne mit allen eins geworden, oder wie es das Neue Testament in einer uns vertrauten Sprache sagt: er ist ›allen alles‹ geworden. Er ist fähig geworden, die Freuden und Leiden der anderen als seine eigenen zu erfahren, ohne sich jedoch von ihnen beherrschen zu lassen. Er hat eine tiefe innere Freiheit erlangt – die Freiheit des Geistes, von der das Neue Testament spricht.«*[110]

Im kontemplativen Gebet kommt es zu der

> *»Vereinigung unserer Freiheit mit seiner* [d. h. Gottes; Anm. d. Verf.] *unbegrenzten Freiheit. Im Gebet erhebt sich unsere begrenzte Freiheit auf die Stufe der unendlichen Freiheit des göttlichen Geistes und der göttlichen Liebe.«*[111]

> *»Ich bin nicht nur berufen, über den Namen Gottes zu meditieren. Ich bin berufen,* **Ihm** *in seinem Namen zu begegnen* [...] *Indem ich in der Gegenwart dieses großen Namens lebe, reife ich allmählich zu dem heran, der zu sein Er mich gewollt hat.«*[112]

Vorausgesetzt, wir bringen diese Bereitschaft zum kontemplativen Gebet auf, das heißt in Gottes Gegenwart zu leben, so wird es aber doch immer ein Geschenk Gottes bleiben, weil *Er* uns dann diese Stufe der höchsten Integration ermöglicht.

Auch auf seiner Reise nach Asien blieb Merton ganz dem Ruf nach Transformation verpflichtet. Auf dem Flug von San Francisco nach Bangkok schreibt er am 15. Oktober 1968 in sein Tagebuch:

»Der Augenblick als das Flugzeug abhob, war ekstatisch. Der taufeuchte Flügel war plötzlich mit Flüssen von kaltem Schweiß, die nach hinten flossen, bedeckt. Das Fenster ergoss sich in zackig scheinenden Bächen von Tränen. Freude. Wir hoben ab – ich mit meinen christlichen Mantras und einem starken Gefühl der Bestimmung, nun endlich auf meinem wahren Weg zu sein nach Jahren des Wartens, Fragens und Herumalberns. Möge ich nicht zurückkommen ohne diese Sache von großer Tragweite geregelt zu haben. Ohne das große Mitgefühl, **mahakaruna**.*«*[113]

Während der Asienreise besuchte Merton dreimal den Dalai Lama. Es sollen sehr herzliche und lange Gespräche gewesen sein, die viele Fragen des spirituellen Lebens aus buddhistischer und christlicher Perspektive behandelten. Natürlich ging es auch um die Frage des inneren Wachstums und der Erleuchtung. Wie Merton in seinem Tagebuch schreibt, war das, was den Dalai Lama vor allem interessierte, weniger die Frage nach den äußeren, formalen Aspekten der religiösen Gebräuche und Gelübde, die ein christlicher Mönch abgibt und die ihn nur nach außen verpflichten, sondern vor allem die Frage, welche Verpflichtungen zum inneren Wachstum (Transformation) damit verbunden sind.

Am 4. Dezember 1968, sechs Tage vor seinem plötzlichen Unfalltod, besuchte Merton die kolossalen Fels-Buddha-Figuren in Polonnaruwa/Sri Lanka. Allem Anschein nach hatte er dort ein Erlebnis, das ihm – zumindest für diesen Augenblick – ermöglicht hat, mit großer Klarheit zu erkennen:

»Beim Betrachten dieser Figuren wurde ich ganz plötzlich, fast gewaltsam, herausgerissen aus der gewohnheitsmäßigen, halbmüden Sicht der Dinge und eine innere Klarheit und Reinheit, als ob sie aus den Felsen selbst herausgeborsten wäre, ereignete sich. Der schiere Beweis der ruhenden Figuren, das Lächeln, das traurige Lächeln Anandas mit verschränkten Armen dastehend (viel gebieterischer als Da Vincis Mona Lisa, weil völlig schlicht und unkompliziert). In all dem gibt es keine Ungereimtheiten, kein Problem, kein ›Geheimnis‹. Alle Probleme sind

gelöst und alles ist klar, einfach, weil das, was zählt, klar ist. Der Fels, alle Materie, alles Leben ist erfüllt mit dharmakaya[114] *– alles ist Leere und alles ist Mit-Leiden. Ich weiß nicht, wann ich in meinem Leben jemals so ein Gefühl von Schönheit und spiritueller Lebenskraft, in einer solchen ästhetischen Intensität zusammenlaufend, gehabt habe. Sicherlich, mit Mahabalipuram und Polonnaruwa hat meine asiatische Pilgerschaft Klarheit gewonnen und sich selbst geläutert. Ich meine damit, dass ich jetzt weiß und gesehen habe, nach was ich vorher undeutlich geschaut habe. Ich weiß nicht, was noch verbleibt, aber ich habe jetzt gesehen und bin durch die Oberfläche gedrungen und über den Schatten und die Verschleierung hinaus gekommen. Das ist Asien in seiner Reinheit, nicht mit Müll bedeckt, ob asiatisch oder europäisch oder amerikanisch. Es ist klar, rein, vollständig. Es sagt alles. Es braucht nichts. Weil es nichts braucht, kann es sich leisten, still zu sein, unbemerkt, unentdeckt. Es braucht nicht entdeckt zu werden. Es sind wir, die Asiaten eingeschlossen, die es entdecken müssen.«*[115]

Mertons Berufung lag nirgends so sehr, wie im Schreiben. Eine Merton-Gelehrte brachte es einmal so auf den Punkt: »er konnte nicht nicht schreiben«. Schreiben war seine Art, mit der Welt in Austausch zu kommen. Schreibend hat er mit Gott und vor allem mit sich selbst kommuniziert. Schreiben war für ihn Beten, »weil Schreiben für mich Denken und Leben und bis zu einem gewissen Grad auch Beten heißt.«[116]

Kehren wir noch einmal zu unser Eingangsfrage zurück: Was spricht mich bei einem Autor an und was kann er bei mir bewirken? Lassen wir Merton zum Schluss noch einmal selbst antworten:

»Wenn ich aber zu all diesen irdischen Gewalten mein NEIN sage, so sage ich gleichzeitig ein JA zu allem, was gut ist in der Welt und im Menschen. Ich sage JA zur Schönheit aller Natur. Und damit dies ein JA der Freiheit und nicht der Knechtschaft ist, weigere ich mich, irgendetwas in dieser Welt nur als meinen Besitz, als mein Eigentum zu haben. Ich sage mein Ja zu allen Männern und Frauen dieser Welt, sie sind meine Brüder und Schwestern. Doch damit dies Ja ein Ja aus Freiheit

und nicht aus Zwang ist, muss ich so leben, dass keiner von ihnen glauben darf, er sei mein Eigentum und auch ich niemandes Eigentum werde. Weil ich ihnen mehr als Freund sein will, muss ich ihnen allen ein Fremder werden. Und deshalb, verehrter Leser, möchte ich nicht als Autor zu Ihnen sprechen, nicht als Geschichtenerzähler, nicht als Philosoph, und auch nicht als Freund. Ich möchte gewissermaßen als Ihr eigenes Ich zu Ihnen sprechen. Was das wirklich bedeutet? Ich weiß es selbst nicht. Doch wenn Sie genau zuhören, begegnen Ihnen vielleicht Dinge, die gar nicht in diesem Buch stehen. Und das ist dann nicht mein Verdienst, sondern ist bewirkt von EINEM, der in uns beiden lebt und spricht.«[117]

Detlev Cuntz arbeitete bis zu seiner Pensionierung im Juni 2012 als Direktor im Finanzbereich eines internationalen Sportartikelunternehmens. Als deutscher Vertreter gehört er als beratendes Mitglied (International Advisor) dem Vorstand der Internationalen Thomas Merton Gesellschaft (ITMS) an.

---

1 Thomas Merton, The Hidden Ground of Love – Letters of Thomas Merton on Religious Experience and Social Concerns selected and edited by William H. Shannon, New York 1985, 320, im Folgenden zitiert mit HGL und Seitenangabe.

2 Thomas Merton, The Behavior of Titans, New York 1961, 13–14.

3 Rainer Maria Rilke, Die Gedichte, Frankfurt am Main 1986, 664, im Folgenden zitiert mit »Rilke Gedichte« und Seitenangabe.

4 Paul Wilkes and Audrey L. Glynn, Merton: A Film Biography, DVD, New York 1984.

5 Thomas Merton, Contemplation in a World of Action, Notre Dame, Indiana, 1998.

6 Dieses Zitat von Shunryu Suzuki (in eigener Übersetzung) habe ich einem Vortrag auf einem Thomas-Merton-Retreat von Dr. James Finley in Norwich/England im November 2008 entnommen. Dr. Finley konnte mir das Zitat später bestätigen, war aber nicht in der Lage eine exakte Quellenangabe zu machen. Dr. Finley war Novize unter Thomas Merton.

7 Thomas Merton, Conjectures of a Guilty Bystander, New York 1966, 188, im Folgenden zitiert mit »CGB« und Seitenangabe.

8 Thomas Merton, A Search for Solitude, The Journals of Thomas Merton, Vol. 3, 1952–1960, Edited by Lawrence S. Cunninham, New York 1996, 45, im Folgenden zitiert mit »SFS« und Seitenangabe.

9 Der Aufsatz »Merton's ›Rilke‹, Rilke's ›Merton‹: From an Unpublished Notebook« ist erschienen in Dennis McCort, Going beyond the Pairs, The Coincidence of Opposites in German Romanticism, Zen, and Deconstruction, New York 2001, 37–73, im Folgenden zitiert mit »MRRM« und Seitenangabe.

10 Thomas Merton, Dancing in the Water of Life, The Journals of Thomas Merton, Vol. 5, 1963–1965, Edited by Robert E. Daggy, New York 1997, 319, im Folgenden zitiert mit »DWL« und Seitenangabe.

11 Thomas Merton »God speaks to Each of US«, The Poetry and Letters of Rainer Maria Rilke, Introduction by Dr. Michael W. Higgins, 12 Lectures on 5 CDs, Rockville/Maryland 2012.

12 Siehe Anm. 9.

13 SFS, 181.

14 Thomas Merton, The Way of Chuang Tzu, New York 1965.

15 Thomas Merton, Zen and the Birds of Appetite, New York 1968, im Folgenden zitiert mit »ZBA« und Seitenangabe.

16 MRRM, 50.

17 CGB, 144.

18 HGL, 321.

19 Rilke Gedichte, 451.

20 Ebd., 462.

21 Dieser Rilke-Brief war in der originalen deutschen Fassung trotz umfangreicher Recherchen nicht auffindbar. Ich kann daher auch nicht zweifelsfrei sagen, ob Rilke wirklich das Wort »Ein-sehen« entsprechend der englischen Übersetzung »Inseeing« und wenn ja, in welcher Schreibweise benutzt hat. Zu einer englischen Übersetzung des Briefes verweise ich auf: http://after-so-muchthinking.blogspot.de/2005/10/inseeing.html

22 Paul M. Pearson, Inseeing and Outgazing: The Shared Vision of Thomas Merton and Rainer Maria Rilke, The Merton Seasonal, Vol. 24, No. 2, 1999: 10–17; im Folgenden zitiert mit »Pearson« und Seitenangabe.

23 Pearson, 14.

24 Rain and the Rhinoceros ist eine Meditation über die »Nützlichkeit« des Regens, siehe Thomas Merton, Raids on the Unspeakable, New York 1964, 9–23.

25 Pearson, 14.

26 Ebd., 15.

27 Ebd., 15.

28 Ebd., 15.

29 Ebd., 15.

30 In einem Brief vom 15. April 1904 an Lou Andreas-Salomé schrieb Rilke über seine Mutter: »dann graut mir vor ihrer zerstreuten Frömmigkeit, vor ihrem eigensinnigen Glauben, vor allem diesen Verzerrten und Entstellten, daran sie sich gehängt hat, selber leer wie ein Kleid, gespenstisch und schrecklich«, siehe Rainer Maria Rilke, Lou Andreas Salomé Briefwechsel, herausgegeben von Ernst Pfeiffer, Frankfurt am Main 1989, 146 .

31 Siehe Romano Guardini, Rainer Maria Rilkes Deutung des Daseins – Eine Interpretation der Duineser Elegien, München 1953, im Folgenden zitiert mit »Guardini« und Seitenangabe.

32 Es geht vor allem darum, dass Rilke die seiner Meinung nach bestehende Mittlerrolle von Jesus kritisiert. Hinsichtlich der Liebe strebt Rilke einen Liebesakt an, der über die reine zwischenmenschliche Beziehung hinausgeht und sich davon letztlich befreit. In der ersten Elegie heißt es: »ist es nicht Zeit, dass wir liebend uns vom Geliebten befrein und es bebend bestehn«.

33 Rilke Gedichte, 629–670.

34 Die Fürstin Marie von Thurn und Taxis-Hohenlohe berichtet in ihren Erinnerungen: »Rilke ging ganz in Gedanken versunken auf und ab [...] Da, auf einmal, mitten in seinem Grübeln, blieb er stehen, plötzlich, denn es war ihm, als ob im Brausen des Sturmes eine Stimme ihm zugerufen hätte: ›Wer, wenn ich schriee, hörte mich denn aus der Engel Ordnungen?‹«, siehe Guardini, 23.

35 Rilke Gedichte, 675–715.

36 Brief vom 11. Februar 1922 von Rilke an Fürstin Marie von Thurn und Taxis-Hohenlohe, siehe Rainer Maria Rilke Briefe aus Muzot 1921 bis 1926 (im Folgenden zitiert mit »Briefe aus Muzot«), Leipzig 1935, 100 .

37 Rilke Gedichte, 629–632.

38 Rilke Gedichte, 665–670.

39 Briefe aus Muzot, 330–338.

40 Ebd.

41 Ebd.

42 Ebd.

43 MRRM, 64.

44 Ebd., 65.

45 Ebd., 48.

46 Ebd., 49.

47 Ebd., 56.

48 Rainer Maria Rilke, Briefe an einen jungen Dichter, Leipzig 1929.

49 Thomas Merton, Love and Living, Orlando, Florida 1985, 27. Merton schreibt: »Love is our true destiny. We do not find the meaning of life by ourselves alone – we find it with one another.«

50 Rainer Maria Rilke, Briefe an einen jungen Dichter, Leipzig 1929, 35.

51 Thomas Merton, Christliche Kontemplation (New Seeds of Contemplation), aus dem Amerikanischen übersetzt von Bernadin Schellenberger, München 2010, 25f.

52 Jackson W. Carroll and Wade Clark Roof, Bridging Divided Worlds; Generational Cultures in Congregations, San Francisco 2002, 39.

53 Thomas Merton, The Sign of Jonas, Orlando, Florida, 353.

54 Ebd., 361.

55 CGB, 184.

56 Martin Heidegger, Einführung in die Metaphysik, Tübingen 1987, 1.

57 Ebd., 157.

58 Rainer Maria Rilke, Briefe an einen jungen Dichter, Leipzig 1929, 21.

59 Thomas Merton, The Inner Experience, Notes on Contemplation, edited and with an Introduction by William H. Shannon, 2–3.

60 Thomas Merton, The Intimate Merton, His Life from His Journals, edited by Patrick Hart and Jonathan Montaldo, San Franciso 1999, 266f.

61 Ebd., 267.

62 Thomas Merton, Notes for a Philosophy of Solitude, erschienen in Disputed Questions, Orlando/Florida 1985, 202, im Folgenden zitiert mit »DQ« und Seitenangabe.

63 Ebd.

64 Ebd., 180.

65 Das denkende Herz, Die Tagebücher von Etty Hillesum 1941–1943, herausgegeben und eingeleitet von J. G. Gaarlandt, aus dem Niederländischen von Maria Scollány, Reinbek bei Hamburg 1985, 170.

66 Ebd., 186.

67 Thomas Merton, Im Einklang mit sich und der Welt – Contemplation in a World of Action, aus dem Amerikanischen und mit einer Einführung von Georg Tepe, Zürich 1992, 58, im Folgenden zitiert mit »CWA« und Seitenangabe.

68 Ebd., 59f.

69 ZBA, 62.

70 DWL, 259.

71 Christopher Pramuk, Sophia – The Hidden Christ of Thomas Merton, Collegeville/ Minnesota, 170, im Folgenden zitiert mit »Sophia« und Seitenangabe.

72 David Steindl-Rast OSB, Gedanken über das Gebet – aus Thomas Mertons Todesjahr, in diesem Buch.

73 CWA, 198.

74 HGL, 63f.

75 Rilke Gedichte, 664.

76 aus »O Sweet Irrational Worship«, The Collected Poems of Thomas Merton, New York 1977, 344f, im Folgenden zitiert mit »Merton Poems« und Seitenangabe.

77 Thomas Merton, Turning Toward the World, The Journals of Thomas Merton, Volume Four 1960-1963, Edited by Victor A. Kramer, New York 1997, 299f, im Folgenden zitiert mit »TTW« und Seitenangabe.

78 Thomas Merton, Raids on the Unspeakable, New York 1964, 107.

79 Thomas Merton, The Behavior of Titans, New York 1961, 13–14.

80 Soul Searching, The Journey of Thomas Merton, edited by Morgan C. Atkinson with Jonathan Montaldo, Collegeville, Minnesota 2008, 23.

81 DWL, 202 .

82 SFS, 181ff.

83 Ebd., 176.

84 DWL, 167f.

85 Sophia, 132.

86 Merton Poems, 368f.

87 Sophia, 247.

88 DQ, 68.

89 Das »A Midsummer Diary for M.« schrieb Merton in einer Woche im Juni 1966 für M., die Krankenschwesternschülerin, in die er sich während eines Krankenhausaufenthalts verliebte, siehe: Thomas Merton, Learning to Love, The Journals of Thomas Merton, Vol. 6, 1966–1967, edited by Christine M. Bochen, New York 1997, 304–348, im Folgenden zitiert mit »LTL« und Seitenangabe.

90 LTL, 345.

91 Sophia, 246f.

92 Sophia, 216f .

93 Ebd., 219f.

94 Ebd., 285.

95 CGB, 236f.

96 Sophia, 243.

97 Siehe Thomas Merton, Raids on the Unspeakable, New York 1964, im Folgenden zitiert mit »Raids« und Seitenangabe.

98 Hannah Arendt, Eichmann in Jerusalem: Ein Bericht von der Banalität des Bösen, München 1964.

99 Raids, 45–49.

100 Ebd., 46.

101 Ebd., 49.

102 Ebd., Vorspann.

103 Ebd., 4.

104 Ebd., 4f.

105 Ebd., 6.

106 DWL, 67.

107 David Golemboski, Life of a Stranger: How Thomas Merton Pitched In By Dropping Out, veröffentlicht in The Merton Journal Advent 2008: Vol. 15, No. 2, Journal of the Thomas Merton Society of Great Britain & Ireland, 20.

108 http://rowanwilliams.archbishopofcanterbury.org/articles.php/2645/archbishops-address-to-the-synod-of-bishops-in-rome.

109 CWA, 118.

110 Ebd., 123.

111 Ebd., 188.

112 Ebd., 178.

113 The Asian Journal of Thomas Merton, New York 1975, 4, im Folgenden zitiert mit »The Asian Journal« und Seitenangabe.

114 Dharmakaya: the Sanskrit term for »the cosmical body of Buddha, the essence of all beings« (Murti), The Asian Journal, 372.

115 The Asian Journal, 233–236.

116 SFS, 219.

117 Thomas Merton, Reflexionen und Meditationen – Gedanken über meine Bücher, herausgegeben und mit einer Einführung von Robert E. Daggy, aus dem Amerikanischen übertragen und mit einem Nachwort von Hansmartin Buchmann, Langwaden 2001, 71f.

Alle Übertragungen der amerikanisch-sprachigen Originaltexte ins Deutsche – soweit nicht anders vermerkt – vom Autor dieses Beitrags.

HILDEGARD GOSS-MAYR

Gesegnet sind die Sanftmütigen. Ein Gespräch

Hildegard Goss Mayr, die am 22. Januar 1930 in Wien geboren wurde und auch heute noch dort lebt, ist eine österreichische Friedensaktivistin und Schriftstellerin. Sie war früh beeinflusst von ihrem Vater Kaspar Mayr, der sich schon im Vorfeld des Zweiten Weltkrieges nachhaltig für Gewaltlosigkeit einsetzte. Sie studierte in Wien und New Haven (USA) Philosophie, Philologie und Geschichte und promovierte als erste Frau an der Wiener Universität mit der Höchstnote. Seit 1958 war sie mit dem französischen Friedensaktivisten Jean Goss (1912–1991) verheiratet, zu dessen 100. Geburtstag sie am 20. November 2012 gemeinsam mit Jo Hanssens die Festschrift »Jean Goss, Mystiker und Zeuge der Gewaltfreiheit«, erschienen im Patmos Verlag, verfasste.

Seit 1953 widmete sie ihr Leben im Auftrag des Internationalen Versöhnungsbundes (International Fellowship of Reconciliation or IFOR) der gewaltfreien Konfliktlösung. Heute ist sie Ehrenpräsidentin des Internationalen Versöhnungsbundes.

Ihr Engagement für die Gewaltfreiheit führte sie in den 60er-Jahren mit ihrem Gatten nach Lateinamerika und Ende der 80er-Jahre sowie zu Beginn der 90er-Jahre auf die Philippinen, wo sie bei dem Aufbau gewaltfreier Befreiungsgruppen halfen. In Lateinamerika kamen sie auch in Kontakt mit Adolfo Pérez Esquivel und Dom Hélder Câmara, die sich beide vom Ehepaar Goss-Mayr beraten ließen.

In dem folgenden Interview erwähnt sie auch, wie sie und ihr Mann mit ihren Vorschlägen zur Gewaltlosigkeit Einfluss auf das 2. Vatikanische Konzil nehmen konnten und dass diese Vorschläge mit der Unterstützung der Theologen Bernhard Häring und Karl Rahner Niederschlag in der Pastoralkonstitution *Gaudium et spes* fanden.

In den Jahren 1962 bis 1967 kam es zu einem lebhaften Briefwechsel zwischen Thomas Merton und dem Ehepaar Goss-Mayr. Im Oktober 1965 fand auch eine längere Begegnung zwischen Hildegard Goss-Mayr und Thomas Merton im Kloster Gethsemani in Kentucky statt. Sie berichtet darüber in dem folgenden Gespräch. In einem Brief von Merton aus dem Jahr 1966 an William Robert Miller, den Herausgeber von »Fellowship«, das Organ der American Fellowship of Reconciliation, erwähnte er Hildegard Goss-Mayr als seine Kandidatin für eine Heiligsprechung.

Auf Bitte von Hildegard Goss-Mayr verfasste Merton einen Artikel mit der Überschrift »Blessed are the Meek«, der im May 1967 in einer Publikation des Internationalen Versöhnungsbundes erschien. Aus diesem Artikel wird in dem folgenden Gespräch mehrmals zitiert.

Das Gespräch fand am 21. Februar 2013 in Wien zwischen Hildegard Goss-Mayr (HGM) und Detlev Cuntz (DC) statt.

DC: Wie ist der Kontakt mit Merton zustande gekommen?

HGM: Ich war als Field Secretary angestellt beim Internationalen Versöhnungsbund (IFOR – International Fellowship of Reconcilliation). Ich musste öfters in die USA reisen um das Geld für die Arbeit aufzubringen und auch viele Vorträge halten. Es dürfte Ende 1958/59 gewesen sein, als ich eine längere Vortragsreise durch die USA unternahm und dabei auch in Kontakt mit den verschiedenen Friedensgruppen und mit Jim Douglas, der mit seiner Frau eine Community des Catholic Worker gegründet hatte, gekommen bin. Diese haben Demonstrationen und Protestaktionen gegen den Transport der Atomabfälle von den Atombomben veranstaltet. Wenn der »Wild Train« gekommen ist, hat man eine Protestaktion durchgeführt.

Mit Jim Douglas haben wir auch später während des Konzils in Rom zusammengearbeitet, als er in Rom sein Theologiestudium abgeschlossen hatte. Das war während der Vorbereitungsperiode und der ersten Sitzungsperiode des Zweiten Vatikanischen Konzils.

Jim Douglas hatte Merton bereits gut gekannt und mich eingeladen mit ihm zusammen Merton im Kloster Gethsemani zu besuchen. Merton wohnte damals wohl schon in seiner Einsiedelei auf dem Klostergelände, die er mir gezeigt hat. Anschließend sind wir für etwa drei Stunden im Wald spazieren gegangen und haben sehr intensiv miteinander gesprochen. Das ist mir unvergesslich geblieben in einer Weise, dass mir seine tiefe Weisheit und Spiritualität doch sehr bewusst geworden sind. Die Gespräche waren überhaupt nicht oberflächlich. Hauptsächlich ging es in einer großen Tiefe um die Friedensarbeit und um die Gewaltfreiheit Jesu. Das war für mich ein bleibendes Erlebnis.

Die Briefe und die Korrespondenz, die wir danach führten, haben gezeigt, dass eine tiefe Bindung zwischen uns entstanden ist. Wir haben uns offen und vertrauensvoll geschrieben, auch über die Schwierigkeiten, die es gab. Merton hat uns auch berichtet, welche Schwierigkeiten er mit der Veröffentlichung seiner Schriften hatte, die sich mit dem Thema Krieg und Frieden sowie der Frage der Gewaltlosigkeit beschäftigten. Man darf ja nicht vergessen in welcher Zeit sich das damals abgespielt hat. Es war der Höhepunkt des kalten Krieges. Die Leute, die in der amerikanischen Friedensbewegung aktiv waren, waren ganz schlecht angeschrieben. Sie wurden zum Teil verfolgt und als pro-kommunistisch angesehen – das war also wirklich eine Hexenjagd. Ich erinnere mich besonders an die Berrigan Brüder und auch die Leute vom Versöhnungsbund, die alle in großen Schwierigkeiten waren.

Schon 1955 sind wir über den eisernen Vorhang gereist und haben versucht, eine Ost-West Tagung in Wien durchzuführen. Wir haben an den kommunistischen Jugendfestspielen teilgenommen. Das wurde immer mit großer Besorgnis wahrgenommen und es wurde befürchtet, wir könnten uns davon vereinnahmen lassen. Es war eine sehr schwierige Zeit. Deshalb mussten auch die Leute, die gegen den Krieg waren, das war später vor allem der Vietnam Krieg, sehr klar definieren, warum sie gegen den Krieg waren.

Es musste aus der Tiefe der Bergpredigt heraus gezeigt werden, welchen Weg Jesus uns vorgezeichnet hat und dass, wenn wir auf Jesus getauft sind, wir auch die Pflicht haben, seinen Weg zu gehen und ihn umzusetzen in der Welt. Diese tiefe Verwurzelung in der Bergpredigt war bei Merton ganz stark vorhanden.

DC: Welchen Eindruck und welche Ausstrahlung hat Merton in dem Gespräch auf Sie gemacht, gab es auch gewisse Überraschungsmomente für Sie?

HGM: Ich war sehr beeindruckt von seiner Demut, was im Deutschen ein schwaches Wort ist – ich würde es eher als Bescheidenheit und Offenheit bezeichnen. Es war nicht so wie bei manchen Theologen, mit denen wir diskutiert haben, die uns als Laien immer etwas von oben herab abgekanzelt haben. Merton hat auf gleicher Ebene als mit uns in Christus Verbundene geredet und so habe ich das von Anfang an bei ihm gespürt. Das war wirklich sehr schön und es war ein ermutigendes und tiefgreifendes Erlebnis. Er war bestimmt kein Mensch, der den Kopf hängen ließ, sondern der viel Freude ausgestrahlt hat.

DC: Was hatten Sie damals von Merton gelesen und was hat sie daran beeindruckt?

HGM: Vor allem Mertons frühe Autobiographie *Der Berg der sieben Stufen* hatte ich gelesen. Merton hat uns immer hektographierte Schriften geschickt, die er nicht veröffentlichen durfte. Das waren vor allem die Schriften über die Friedensarbeit und Gewaltfreiheit. Merton hatte damals große Schwierigkeiten, seine Friedensschriften zu veröffentlichen.

Wir hatten uns bereit erklärt, den Generalabt der Zisterzienser der strengen Observanz (Trappisten) Dom Gabriel Sortais in Rom zu besuchen. Er war natürlich, wie viele französische Geistliche, auch für die Verteidigung gegen den Osten. Aber ich glaube, wir konnten ihm dann doch die Bedeutung von Mertons Gedanken zur Gewaltlosigkeit deutlich machen. Er ist dann aber sehr bald krank geworden und durch einen anderen Generalabt ersetzt worden. Aber vielleicht hatte es ja doch etwas bewirkt.

DC: In einem der Briefe, die Merton an Sie geschrieben hatte, las ich, dass Sie Merton fragten, ob er bereit sei, mit Ihnen eine Missionsreise nach Brasilien zu unternehmen. Ich erinnere mich, dass Dorothy Day auch an dieser Missionsreise teilnehmen sollte. Können Sie mir sagen, was es mit dieser Reise auf sich hatte?

HGM: Es war so, dass der Versöhnungsbund alle drei Jahre eine internationale Ratssitzung abhielt, in der die Schwerpunkte für die nächste Zeit festgelegt wurden. Anfang der 1960er Jahre ging es vor allem um die Frage der sozialen Revolution in Lateinamerika. Mein Mann und ich hatten den Vorschlag gemacht, zunächst ein paar Monate durch Lateinamerika zu reisen um zu sehen, welche Erwartungen die Menschen dort haben. Ob es möglich wäre, in diese Spaltung zwischen Befreiungskrieg mit Guerillamethoden auf der einen Seite und dem Status Quo auf der anderen Seite, der die Masse der Armen wirklich in eine dramatische Situation versetzt hatte, dazwischen einen Weg zu bahnen.

So haben wir 1962 erstmals für vier Monate eine Reise durch ganz Lateinamerika gemacht und haben darüber einen Bericht geschrieben. 1964 sind wir dann für ein Jahr nach Brasilien und 1970 nach Mexiko gegangen, um dort Gewaltfreigruppen aufzubauen. Dafür hatte sich auch Dorothy Day interessiert, sie ist aber nur für eine kurze Zeit dort geblieben. 1966 wurde dann in Montevideo eine erste internationale ökumenische Tagung zu dem Thema »Gewalt oder Gewaltfreiheit als Befreiungsweg« abgehalten. Von der Zeit an wurden wir zu vielen Seminaren in fast alle Länder des Kontinents eingeladen.

Wir hatten gedacht, es wäre wichtig, dass Thomas Merton und Dr. Martin Luther King auch eine Zeit mit uns dort verbringen könnten. Die Korrespondenz mit Merton bezog sich also darauf, dass wir meinten, es wäre wichtig – auch für die Kirchen dort – dass ein geistbegabter Mensch Zeugnis gibt.

DC: In seinem Brief an Sie weist Merton darauf hin, dass er wohl einerseits von seinen Oberen nicht die Erlaubnis für eine solche Reise bekommen würde und andererseits auch nicht glaube, dass er als Trappistenmönch wirklich die Berufung dazu habe, apostolische Arbeit – abgesehen von seiner schriftstellerischen Tätigkeit – außerhalb der Klostermauern zu verrichten. Allerdings wollte er aber im Gebet und der Kontemplation sehr eng mit diesem Vorhaben verbunden bleiben.

HGM: Ich glaube, zwischen ihm und einigen der gewaltfreien Gruppen war es immer ein Diskussionspunkt. Er hat ganz stark die kontemplative und spirituelle Grundlage der Gewaltfreiheit betont und diese bezeugt. Aktionen waren für ihn immer mit der Gefahr verbunden, vorschnell zu handeln, um schnelle Erfolge vorweisen zu können. Das hat er sehr strikt abgelehnt. Er sagt dann auch in dem Artikel, den wir veröffentlicht hatten, dass wir mit Beharrlichkeit und mit Geduld dafür arbeiten müssten, dass auch die andere Seite zum Umdenken kommt und dass auch wir selbst umdenken müssen, um gemeinsam zu einer Lösung zu kommen. Das war sein Weg.

DC: Für Merton war das Engagement für Gewaltfreiheit und sozialen Frieden immer auch verbunden mit der kontemplativen Seite.

HGM: Für uns im Versöhnungsbund waren dies die zwei Pole, die wir immer miteinander verbunden haben. Es war Mertons Charisma, diese kontemplative Seite zu betonen. Damit hat er wirklich zu einer Vertiefung und Klärung der Gewaltfreiheit Jesu beigetragen, was sehr notwendig war. Das war gerade im katholischen Bereich noch eine große Aufgabe und da konnte man sich auf ihn berufen.

DC: Sie hatten ja auch schon auf den Artikel Mertons »Blessed are the meek« (»Selig sind die Sanftmütigen«) hingewiesen, den er ja für Sie zur Veröffentlichung in »Christ in der Welt« geschrieben hat.

HGM: In diesem Artikel, der sich ja auf die Bergpredigt bezieht, hat er als Zielsetzung die Gemeinschaft der Menschheit zum Ausdruck gebracht. Jesus ist für alle gestorben, gleichgültig, wer auch immer das ist und auch dafür, dass das Reich Gottes für alle gilt. Deshalb muss auch jedem Menschen Achtung vor seinem Leben und seinen Haltungen entgegengebracht werden. Dann sagt er, dass die Bergpredigt – die Seligpreisungen – die theologische Grundlage für die Gewaltfreiheit ist. Er sagt, dass die Gewaltfreiheit einerseits nicht passiv, nicht feige, nicht unterwürfig sein darf, denn so wäre sie eine Versuchung für den Menschen, einfach nur hinzunehmen, was da ist und nichts zu tun. Die andere Versuchung ist, mit Gewalt oder mit Macht den Gegner zu besiegen. Dazwischen, sagt er, liegt die Macht der menschlichen Armut, das heißt in unsere Armut die Kraft Gottes hineinzunehmen und aus dieser Kraft der Liebe, der Gerechtigkeit und der Wahrheit auf beide Seiten einzuwirken, auf uns und auf die andere Seite.

DC: In dem Artikel sagt Merton: »Christian non-violence is not built on a presupposed division, but on the basic unity of man. It is not out for the conversion of the wicked to the ideas of the good, but for the healing and reconciliation of man with himself, man the person and man the human family.«

HGM: Ja, er sagt hier ganz deutlich, dass die Zielsetzung die Versöhnung, die Einheit und die Heilung der Menschheit sein muss.

DC: Es geht doch Merton auch darum, dass Gewaltlosigkeit etwas mit meiner inneren Einstellung zu tun hat, und deswegen ist auch der kontemplative Aspekt so wichtig. Wie kann ich, wenn ich selbst soviel Gewaltpotenzial in mir habe, für die Gewaltlosigkeit bei den anderen eintreten?

HGM: Ich glaube, er meint schon, dass man sein eigenes Gewaltpotenzial und auch das des anderen erkennen muss, aber doch aus der Kraft Jesu, aus der Kraft der Liebe versucht, es aufzuschließen. Ich muss mich selbst bekehren, aber auch dem anderen helfen, aus seiner ungerechten Haltung herauszukommen, damit Versöhnung möglich wird.

DC: Wichtig ist für Merton wohl auch, dass es nicht um Rechthaben geht, sondern dass für beide das »Heilwerden« in der Gewaltlosigkeit im Vordergrund stehen sollte.

HGM: Ja, man darf nicht versuchen, dem anderen seine Meinung aufzuzwingen. Ich glaube ein ganz großes Problem für ihn war der Vietnamkrieg, weil er doch sehr viel erfahren hatte, was da an furchtbaren Dingen passiert ist und das hat ihn, glaube ich, ganz tief aufgewühlt.

DC: Ich möchte noch ein Zitat von Merton hier aufgreifen, da sagt er: »Without solitude of some sort there is and can be no maturity. Unless one becomes empty and alone, he cannot give himself in love because he does not possess the deep self, which is the only gift worthy of love. And this deep self, we immediately add, cannot be *possessed*. My deep self is not ›something‹ which I acquire, or to which I ›attain‹ after a long struggle. It is not mine, and cannot become mine. It is no ›thing‹ – no object. It is ›I‹.« Was Merton hier meines Erachtens anspricht, ist, dass jeder diesen Prozess bei sich selbst durchlaufen muss, das heißt das oberflächliche Selbst aufzugeben, um das wahre Selbst zu finden und sich so in Liebe an den Anderen hingeben zu können.

HGM: Ja, diesen Prozess muss jeder selbst durchlaufen. Aber Merton will auch, dass die Christen das Gottesreich an ihrem Ort und in ihrer Zeit verwirklichen und schließt somit auch die Wirksamkeit nach außen und die Umgestaltung der Welt nicht aus. Er sagt, die Liebe, die Demut, die Selbsthingabe und unsere fortschreitende Selbstumgestaltung hilft dann auch den anderen. Es ist dieser Zusammenhang zwischen den Menschen im Bösen und im Guten, das Böse strahlt auch aus. Ich habe gespürt, was Hitler ausstrahlte, aber bei Merton spürte man auch, was er ausstrahlte. Das heißt also, dass wir die Gewaltfreiheit nicht allein für uns erarbeiten, sondern um das Reich Gottes in uns und um uns aufzubauen. Wir müssen die Welt umgestalten und das Reich Gottes aufbauen in der Situation, in der wir leben. Man beginnt bei sich, aber man darf nicht warten bis man selber heilig ist, sonst wird sich nichts verändern. Dies ist eine Dynamik und ein Prozess, die ineinander greifen. Durch das Engagement wächst man auch selbst. Wenn es mir nicht gelingt, mich gewaltfrei zu verhalten, überlege ich, was bei mir noch falsch ist und dann wachse ich auch weiter in meinem Engagement.

DC: Wie sehen Sie es dann, dass es auf der einen Seite die kontemplativen Mönche gibt, zu denen Merton gehörte, deren Schwerpunkt mehr auf dem Gebet und der Kontemplation liegt und auf der anderen Seite die christlichen Friedensaktivisten. Können sich diese beiden Gruppen im Sinne der Bergpredigt gegenseitig ergänzen und befruchten?

HGM: Ich glaube wir brauchen einander, die einen haben ein stärkeres Charisma für die Kontemplation und die anderen für die Aktion. Aber wenn wir zum Beispiel in einer schwierigen Situation gearbeitet hatten, haben wir immer kontemplative Ordensgemeinschaften gebeten, dass sie das im Gebet mittragen, weil wir diese geistige Kraft brauchten, wenn wir nach außen wirken wollten. Wenn ich alleine in einer ganz schwierigen Situation bin, dann weiß ich, ich bin nicht allein, ich bin getragen vom Leib Christi und von den Menschen, die für uns beten und uns mittragen.

Merton hat sicher in erster Linie seine kontemplative Berufung gespürt. Aber mir war immer sehr wichtig, dass er ein Mensch war, der das 20. Jahrhundert kannte und in seinem Vorleben die Höhen und Tiefen dieses Jahrhunderts durchlebt hatte. Das war auch sehr überzeugend für die vielen jungen Menschen, die durch ihn den Appell gespürt haben, ins Kloster zu gehen. Denn er war nicht jemand, der abseits steht, sondern jemand, der die Welt mit ihren positiven und negativen Seiten kannte. Er hat sie selbst durchlebt, so wie wir. Aber er hat auch die Leere und das Negative dieser Haltungen gespürt und er hilft uns, einen Schritt zu einer neuen Lebensweise zu machen. Dazu war sein Vorleben ganz wichtig.

DC: Ich möchte noch einmal Merton zitieren: »And if the spirit dwells in us and works in us, our lives will be a continuous and progressive conversion and transformation in which we also, in some measure, help to transform others and allow ourselves to be transformed by and with others, in Christ.« Merton betont ja immer wieder, dass wir aus uns selbst heraus gar nichts erreichen können. Das bringt mich noch einmal zu der Frage, ob Gewaltfreiheit ohne eine religiöse Basis überhaupt möglich ist. Bin ich denn aus mir selbst heraus überhaupt fähig, Gewaltfreiheit zu üben, oder bedarf es hierzu vielmehr der Kraft Gottes beziehungsweise des Heiligen Geistes oder wie Paulus sagt: Nicht mehr ich lebe, sondern Christus lebt in mir?

HGM: Ja, das was Merton da sagt, war uns auch sehr wichtig als Hilfe für viele Gespräche beim Zweiten Vatikanischen Konzil, wo wir bei *Gaudium et Spes* in Kapitel 5 stärker auf die Gewaltfreiheit eingehen und diese Grundlagen hineinbringen wollten. Wir haben mit vielleicht 200 Bischöfen gesprochen. Die Mehrzahl der westlichen Bischöfe war für die Aufrüstung und sogar für die Atomrüstung gegen den Kommunismus. Das war die Zeit der Kuba Krise. Da war es ganz wichtig zu zeigen, wo die Basis der Gewaltfreiheit im Evangelium verwurzelt ist und da war sicher auch Thomas Merton eine große Hilfe. Er hat selbst auch Dokumente für das Konzil zur Verfügung gestellt.

DC: Können Sie noch etwas zu Ihrem Engagement beim Zweiten Vatikanischen Konzil sagen? Wie muss man sich den Ablauf vorstellen? Ich habe gelesen, dass Sie da auch mit Karl Rahner zusammengearbeitet haben?

HGM: Wir haben in der Vorbereitungszeit für das Konzil gesagt, wenn die Friedenstheologie nicht auf das Programm kommt, hat sie gar keine Chance. Der Versöhnungsbund war von Anfang an ökumenisch und hatte auch schon immer durch seine Leute bei den großen Tagungen des World Council of Churches (Weltkirchenrat) Vorschläge in Richtung der Friedenstheologie eingebracht. Mein Mann und ich wurden nun gebeten, dasselbe beim Konzil zu versuchen. Für uns war das selbstverständlich und wir sammelten bei ungefähr 200 Leuten, mit denen wir schon Kontakt hatten, Vorschläge ein. Daraufhin haben wir mit einem belgischen Theologen eine erste Formulierung verfasst, die auf die Theologie von der gerechtfertigten Gewaltanwendung aufbaute, die allen Bischöfen bekannt war und erklärte, warum diese heute nicht mehr möglich ist.

Wir haben vier Schritte vorgeschlagen, die stufenweise aufeinander aufgebaut waren. Erstens, dass der moderne Krieg im totalen Widerspruch steht zu der Lehre vom gerechten Krieg. Zweitens, dass die Drohung, die Lagerung und die Erzeugung von Massenvernichtungswaffen zu verurteilen ist. Drittens, die Kriegsdienstverweigerung anzuerkennen. Das vierte war unser Hauptanliegen und zwar, eine Theologie aus der Gewaltfreiheit Jesu zu entfalten und diese zur Grundhaltung der Theologie über den Frieden in der Kirche zu machen. Das musste dann offiziell eingereicht werden und dafür konnte der *Pax Christi* Bischof Rusch von Österreich nach langen Gesprächen gewonnen werden.

Es gab dann zwei Vorbereitungskommissionen, die beide von der Kurie dominiert waren. Diejenige, die für uns in Frage kam, war die theologische Vorbereitungskommission, die von Kardinal Ottaviani geleitet wurde, der der Pfeiler der konservativen Kräfte war, aber dennoch offen in der Friedensfrage. Es war uns möglich, mit Ottaviani zu sprechen und er bestätigte uns, dass unsere Vorschläge angekommen waren. Er hat uns dann geholfen, mit dem Vorsitzenden der theologischen Kommission zu sprechen, der ein erzkonservativer Jesuit war. Es wurde uns zwar versprochen, unsere Vorschläge für das Konzil aufzunehmen, dennoch waren diese aber zunächst nicht im offiziellen Programm zu finden. Jedoch sind während der ersten Sitzungsperiode Vorschläge von lateinamerikanischen, afrikanischen und französischen Bischöfen und Theologen über soziale Fragen, die Armut und auch zu Krieg und Frieden gekommen. Französische Bischöfe haben uns dann geholfen, ein Team von Bischöfen zu schaffen, die die Vorschläge auf das Programm bringen sollten. Diese wurden dann später in das Schema 13 (*Gaudium et Spes*) aufgenommen. Dafür mussten wir dann für die dritte Periode einen ganz kurzen Text mit unseren vier Punkten auf Lateinisch formulieren. Wir hatten dann Karl Rahner, Yves Congar und Bernhard Häring in unser kleines Büro eingeladen, um gemeinsam mit uns diesen Text zu verfassen. Dieser Text ist im Wesentlichen in Kapitel 5 enthalten. Trotzdem wurde unter ganz bestimmten Bedingungen die Möglichkeit zugelassen – aber nicht mehr die Pflicht – sich mit Waffen zu verteidigen. Ganz geschafft haben wir es also nicht. Aber es war auch die Frucht dessen, dass diese großen Theologen sich langsam bewusst geworden sind, welche Relevanz die Friedensfrage hat. Die Welt hatte erwartet, dass das Konzil etwas dazu sagt, denn die Menschen hatten Angst vor einem Atomkrieg. Polnische Freunde hatten mir gesagt, wir wollen keine Kinder, wir wollen sie nicht hineingebären in eine solche Situation. Die Menschen hatten sehr große Angst und die Kirche musste etwas dazu sagen. Darum sind auch *Gaudium et Spes* in vielerlei Hinsicht erst Ansätze, die weiterentwickelt werden müssen, weil noch nicht genügend Vorarbeit geleistet wurde.

DC: Würden Sie denn sagen, dass Gewaltfreiheit in jedem einzelnen Fall angebracht ist? Oder kann man sich durchaus auch Situationen vorstellen, wie beispielsweise im Hitlerfaschismus, dass Gewalt als letztes Mittel sogar angewendet werden sollte, um noch mehr Opfer zu vermeiden?

HGM: Ich glaube, die Hauptschwierigkeit ist, dass die Menschen die Gewaltfreiheit nicht kennen. Und wenn man sie nicht kennt und nicht feige sein will, dann muss man zur Gewalt greifen. Leider hat die Kirche, außer vielleicht Franziskus, die Mennoniten, die Quäker oder andere Friedenskirchen, es versäumt, den Menschen zu sagen: »Es gibt eine andere Kraft.« Ich erinnere mich, dass wir in Lateinamerika eine ganze Nacht mit dem kolumbianischen Priester, Camilo Torres gesprochen hatten und er uns sagte: »Niemand hat uns die Gewaltfreiheit gelehrt und eines Tages werden wir die Revolution machen müssen.« Darauf hat mein Mann Jean Goss zu ihm gesagt: »Wir Franzosen haben Erfahrung mit der Revolution. Wen willst du töten, wen werden sie gegen dich schicken? Das sind nicht die Generäle, nicht die Politiker, nicht die Kardinäle, das sind die kleinen Leute, für die die Uniform ein bisschen Geld und Sicherheit für die Familie ist. Das Volk wirst du töten.« Wir haben eine ganze Nacht miteinander diskutiert und Torres hat dann gesagt: »Bleibt bei uns und helft uns, diesen Weg zu finden.« Torres ist später zur Guerilla gegangen und kurz darauf erschossen worden. Eine Anzahl von Priestern folgte Camilo Torres.

Folgenden Zweifelsruf haben wir immer wieder gehört: »Wie können wir der Liebe Jesu und dem Einsatz für die Armen zur gleichen Zeit treu bleiben?« Wir haben dann Seminare durchgeführt mit Gruppen an der Basis, aber auch mit Bischöfen wie zum Beispiel Dom Hélder Câmara und einigen anderen ganz hervorragenden Bischöfen. Damit haben wir einen Beitrag geleistet, die Gewaltfreiheit mit in die Theologie der Befreiung hineinzunehmen. Die Gewaltfreiheit war anfangs einfach nicht bekannt. Das ist, glaube ich, die Hauptschwierigkeit. Wenn die Kirche die Menschen gelehrt hätte, wie man diese Kraft umsetzt, wäre einem schon ganz früh bewusst, wo die Schwierigkeiten und wo die Konflikte lägen. Man würde sich bemühen, sie ganz anders aufzubereiten.

DC: Aber ist es nicht so, dass viele weitere Menschenopfer hätten vermieden werden können, wenn das Attentat auf Hitler am 20. Juli 1944 geglückt wäre?

HGM: Vielleicht ja, vielleicht nein, das ist immer die Frage. Wenn ich einem Drachen mit sieben Köpfen einen Kopf abschlage, dann wächst immer ein neuer nach. Merton sagt, wenn es nicht zu einem Umdenkprozess kommt, kann es auch zu keiner Lösung kommen. Dann kommt in irgendeiner Weise ein neuer Diktator, weil das Umdenken nicht stattgefunden hat. Wenn man diese Spirale der Gewalt entlarvt, entdeckt man die Unfähigkeit, wirklich zu Lösungen zu kommen und das muss in das Bewusstsein dringen. Damit haben wir ja jetzt auch schon sehr viele Erfahrungen. Ich denke an Martin Luther King, Solidarność, Gandhi, die Philippinen. Diesen Weg müssen wir ausweiten. Aber das geht nur, wenn eine Gewissens- und Meinungsbildung entsteht und das verlangt auch, wie Merton sagt, ein tiefes Umdenken. Die Offiziere gegen Hitler haben sicher aus bester Überzeugung agiert, aber sie kannten keinen anderen Weg.

DC: Noch einmal möchte ich aus »Blessed are the meek« zitieren: »Christian non-violence is nothing if not first of all a formal profession of faith in the Gospel message that the Kingdom has been established and that the Lord of truth is indeed risen and reigning over his Kingdom, defending the deepest values of those who dwell in it.« Das bringt doch nochmal zum Ausdruck, wie wichtig für Merton die christliche Botschaft als Basis und Voraussetzung für gewaltfreies Handeln war, und dass es nicht nur aus einem ego-zentrierten Bedürfnis heraus erfolgen sollte ...

HGM: ... sonst schlägt das vielleicht um, wenn man Gewaltfreiheit nur als eine Methode oder Technik versteht und es gelingt nicht gleich, dann hat man nicht die Kraft, das auch durchzuhalten. Aber, ich glaube, man muss auch sehen, dass es auch Humanisten gibt, die Gott nicht kennen und doch eine so große Achtung vor dem Menschen haben, dass sie Durchhaltekraft gewinnen. Aber die meisten größeren Aktionen wurden entweder von buddhistischen Mönchen, von Christen wie Martin Luther King oder Hindus wie Gandhi durchgeführt, die sich auch immer wieder zum Gebet zurückgezogen haben.

DC: Noch einmal aus »Blessed are the meek« zitiert: »Here it must be remarked that a holy zeal for the cause of humanity in the abstract may sometimes be mere lovelessness and indifference for concrete and living human beings. When we appeal to the highest and most noble ideals we are more easily tempted to hate and condemn those, who, so we believe, are perversely standing in the way of their realiziation.« Ist die Aussage nicht auch gerade heute noch aktuell, wenn man den Eindruck gewinnt, dass es den Amtskirchen oft nur um das Festhalten an abstrakten Prinzipien geht und dabei oft Einzelschicksale vernachlässigt werden?

HGM: Ja, es ist dieser Fundamentalismus und Fanatismus, der auch heute wieder so stark ist, sei es im Islam oder auch zum Beispiel bei vielen fundamentalistischen Christen. Diese erkennen nicht, dass es auf den Einzelnen ankommt, wo doch jeder Mensch seine eigene Geschichte hat und seinen eigenen Weg geht.

DC: Ich möchte noch einmal Merton aus »Blessed are the meek« zitieren: »The temptation to get publicity and quick results by spectacular tricks or by forms of protest that are merely odd and provocative but whose human meaning is not clear may defeat this purpose [...] Conversely, our authentic interest in the common good above all will help us to be humble, and to distrust our own hidden drive to self-assertion.« Ich glaube, Merton spielt hier auch auf manche spektakuläre Aktionen (wie zum Beispiel die Selbstverbrennungen, die im Zusammenhang mit dem Vietnam Krieg vorkamen) an und wie wichtig es ist, gerade auch in der Verfolgung der Gewaltfreiheit bescheiden zu bleiben und sich nicht von seinem eigenen Streben nach Selbstbeweihräucherung leiten zu lassen.

HGM: Bei uns gab es zum Beispiel eine Diskussion in Frankreich über das »Fasten zum Tod« damit die Atomkraft endet, also über das Thema Selbstzerstörung. Darüber haben wir sehr lange gesprochen. Das Ergebnis war, dass wir glaubten, das Recht zu haben, wenn wir verfolgt werden und in Schwierigkeiten sind, unser Leben unter Umständen zu riskieren. Aber es selbst zu zerstören, das steht uns nicht zu. Daraus entstand dann eine »Fastenkette«, wo ohne Unterbrechung Gruppen gegen die Aufrüstung gefastet haben und die Gruppe, die bis zum Tod fasten wollte, akzeptierte das dann auch.

Aber, was Merton auch meint, ist, dass es nicht genügt, spektakuläre Aktionen durchzuführen, um eine wirkliche Umkehr zu erreichen. Andererseits, als die Brüder Berrigan Blut über die Militärakten gegossen hatten, brachte das sicher Leute zum Nachdenken und das hat auch keine schädigende Wirkung gehabt. Es ist schon wichtig, die Öffentlichkeit anzusprechen, aber entscheidend ist auch, wie ich das tue und dass ich den anderen nicht damit verurteile. Ich denke zum Beispiel an die Militärbasis in Stuttgart, wo Atomwaffen gelagert waren. Es gab dort immer Demonstrationen und die Leute, die dort wohnten, hatten das gar nicht mehr verstanden. Dann hat sich dort an einem Tag vor dem Eingang des Lagers eine Gruppe von Musikern hingesetzt und ein Konzert gegeben. Die Leute sind gekommen, haben zugehört und die Musiker haben ihnen erklärt warum sie spielen. Sie spielten dafür, dass nicht zerstört wird, sondern damit Frieden kommt und die heilende Kraft der Musik wirksam werden konnte. Man muss auch sehr viele kreative Ideen entwickeln. Ich erinnere mich auch, wie die philippinischen Frauen den Soldaten auf die Panzer Blumen, Zigaretten und Cola brachten und sagten, steigt doch zu uns herunter, fahrt nicht gegen das Volk, ihr gehört doch zu uns. Sie haben einfach Wege gefunden, das Herz und das Gewissen des anderen zu erreichen und dazu gehört schon auch eine Übung.

DC: Hier noch ein letztes Zitat aus »Blessed are the Meek«: »The mission of Christian humility in social life is not merely to edify, but to keep minds open to many alternatives. The rigidity of a certain type of Christian thought has seriously impaired the capacity, which non-violence must recover.«

HGM: Ja es geht um die Demut, zu wissen, dass ich nicht wichtig bin, wie Paulus sagt, nicht ich lebe, sondern Christus in mir lebt. Aus dieser Situation heraus muss man spüren, was hier notwendig ist. Was kann hier wirklich ein Anstoß sein zum Umdenken und dann muss man wirklich auch die andere Seite kennen. Merton sagt ja auch, dass wir uns in die andere Person wirklich hineinversetzen müssen. Warum verhält sich der andere so? Sicher ist es Egoismus und so weiter, aber denken wir auch an seine Erziehung, denken wir an die Tradition, in der er aufgewachsen ist oder das Leid, das er erlebt hat und das ihn bitter gemacht hat. Man muss sich in den anderen hineindenken, damit man auch den Zugang zu einer Wende finden kann.

DC: Ich danke Ihnen ganz herzlich, Frau Dr. Goss-Mayr, für das sehr interessante und inspirierende Gespräch.

MAGDALENA KÖNIG

Keiner ist eine Insel. Erfahrungen mit Schriften von Thomas Merton

»Ihr habt unseren Namen gestohlen!« sagte Dom Timothy Kelly, der frühere Abt des amerikanischen Klosters Gethsemani, als ich ihn das erste Mal traf. Ich war etwas verlegen, denn er hatte nicht ganz Unrecht. Zwar haben wir unser Kloster in erster Linie nach dem Garten Gethsemani benannt, dem Ort der Todesangst Jesu, aber es spielte auch der Gedanke an Gethsemani in Kentucky/USA mit, das Kloster, in dem Thomas Merton gelebt hatte. Schwester Praxedis und Schwester Josepha, die beiden Trappistinnen, die 1984 den Anfang machten für unsere Gründung hier in der Pfalz, schätzten seine Gedanken über das Mönchtum – ohne ihn freilich kritiklos zu bewundern (was Thomas Merton ohnehin niemals gewollt hätte!). Wenn sie über ihn sprachen, wenn sie Anekdoten aus seinem Leben berichteten, die man sich im Orden über ihn erzählte, so war es immer so, wie Schwestern über ihren Bruder reden, den sie gut kennen mit seinen Stärken und Schwächen und so mögen, wie er ist.

Als Bruder empfinde auch ich ihn, obwohl ich außer ihm viele andere geistliche Schriftsteller aufzählen könnte, die für mich wichtig sind. Aber Thomas Merton nimmt unter ihnen einen besonderen Platz ein, weil ich ihm meine Begeisterung für das monastische Leben verdanke. Die folgenden Zeilen sind deshalb auch keine wissenschaftliche Abhandlung, sondern persönliche Erinnerungen an meine Begegnung mit einigen seiner Bücher. »Wissenschaftlich« sind eigentlich nur die Endnoten, von denen ich mir erhoffe, dass sie die Leser dazu anregen, selbst einmal bei Merton zu »schmökern«.

»Keiner ist eine Insel«

»Keiner ist eine Insel« – dieses Wort von John Donne hat Thomas Merton als Titel für eines seiner Bücher gewählt. Es steht auch als Motto über meinem Artikel, weil ich denke, dass wir Menschen tatsächlich keine »Inseln« sind, die nichts miteinander zu tun haben. Denn auch wenn wir räumlich voneinander getrennt sind und sehr verschieden in dem, was wir denken, leben und erfahren – die eine große Frage verbindet uns alle, ob wir sie uns nun bewusst stellen oder nur unbewusst von ihr umgetrieben werden: Was ist der Sinn meines Lebens? Diese Frage war es auch, die am Anfang meiner Berufung zum Klosterleben stand, und auf der Suche nach der Antwort begegnete ich Thomas Merton.

Das war bei meinem ersten Aufenthalt in Gethsemani, 1985, in der Woche nach Pfingsten. Ich war damals mitten in meiner Ausbildung zur Lehrerin und hatte das Gefühl, zu ersticken unter all den Ansprüchen, die der Direktor, meine Ausbilder, die Kollegen und die Schüler an mich stellten. Ich fragte mich schließlich: »Was will *ich* eigentlich?« Um eine Antwort auf diese Frage zu finden, wollte ich mich für einige Tage in die Stille zurückziehen. Ein Freund empfahl mir dafür Gethsemani. Dort angekommen, drückte mir Schwester Praxedis ein Buch von Thomas Merton in die Hand: *Keiner ist eine Insel. Betrachtungen über die Liebe*. Der Titel machte mich neugierig. Aus dem Religionsunterricht hatte ich behalten, dass die Trappisten der »strengste« Orden in der Kirche seien – und da schrieb ein Trappistenmönch über die Liebe, noch dazu unter dem Motto »Keiner ist eine Insel«?!

Denn manchmal hatte ich das Gefühl, dass jeder Mensch eine unzugängliche, unverständliche »Insel« ist. Das empfand ich schon im Freundeskreis, wenn es im Gespräch um bestimmte Themen ging, aber noch mehr bei meiner Arbeit in einer Gruppe, die sich um Flüchtlinge kümmerte. Wie fremd können Menschen sein, die aus einem anderen Land, aus einer anderen Kultur und Religion kommen! Nie werde ich unseren Besuch bei kurdischen Flüchtlingen aus dem Irak vergessen. Wir kannten sie schon seit einigen Monaten, wir fühlten uns wohl bei ihnen und waren gute Freunde geworden. Aber eines Abends waren sie ungewohnt zurückhaltend, geradezu unhöflich abweisend, keine Spur von ihrer gewohnten Gastfreundschaft, sodass wir schnell wieder weggingen. Und als wir eine Woche später wiederkamen, sagten sie: »Ihr könnt uns nicht verstehen. Ihr wisst nicht, wie es ist, in so einem Lager zu leben!«

Und doch – wer nicht bei einer oberflächlichen Begegnung stehenbleibt, wer sich nicht abschrecken lässt von der scheinbaren Unverständlichkeit, wer den Mut und die Geduld aufbringt, den anderen wirklich kennenzulernen, der wird entdecken, dass doch kein Mensch eine »Insel« ist, dass uns bei aller Verschiedenheit vieles verbindet: Wir wollen sinnvoll leben (viele Flüchtlinge hatten dafür ihre Gesundheit, ihre Familie, ja ihr Leben aufs Spiel gesetzt), und wir sehnen uns danach, dass jemand sich für uns interessiert und uns so akzeptiert, wie wir sind. Meine Schwester verwechselte einmal die Zimmernummer eines Flüchtlings, den sie suchte. Sie klopfte an einer Tür, hörte »Come in«, doch als sie eintrat, saß da ein ihr unbekannter Afrikaner am Tisch. Sie wollte nicht einfach wieder weggehen, und so fragte sie etwas verlegen: »How are you?« – worauf der junge Mann in Tränen ausbrach. Auf die Nachfrage, was los sei, erklärte er schluchzend, er lebe seit einem Jahr in diesem Lager, und sie sei der erste deutsche Mensch, der ihn gefragt habe, wie es ihm gehe ...

Ich nahm das Buch also mit Spannung zur Hand und stellte fest, dass ich mich schon im Vorwort wiederfand. Thomas Merton sprach darin vom Sinn des Lebens, der nach ihm paradoxerweise darin besteht, »diesen Sinn zu entdecken und ihm gemäß zu leben.«[1] Ich hatte zu dieser Zeit eher das Gefühl, »gelebt zu werden«, den Sinn vorgeschrieben zu bekommen, als selbst zu entscheiden, was meiner Meinung nach sinnvoll war. Was aber war für mich der Sinn meines Lebens? Der hatte für mich immer darin bestanden, für andere da zu sein, etwas für andere zu tun. Das war auch der Grund, warum ich Lehrerin werden wollte und warum ich versuchte, Asylbewerbern zu helfen.

Thomas Merton betonte, dass jeder Mensch selbst herausfinden muss, was er will und wer er ist; die Verantwortung dafür kann kein anderer übernehmen als er selbst: »Du kannst mir nicht sagen, wer ich bin, und ich kann dir nicht sagen, wer du bist«[2]. Dennoch kann man seine Identität nicht im Alleingang finden; die Auseinandersetzung mit anderen ist dafür notwendig. Doch der »Mensch ist mit sich selbst und mit Gott entzweit, durch seine Selbstsucht, die ihn mit seinem Bruder entzweit. Diese Entzweiung lässt sich durch keine Liebe heilen, die sich nur auf eine Seite des Risses stellt. Liebe muss beide Seiten ergreifen und sie zusammenfügen. Wir können uns selbst nicht lieben, wenn wir den Mitmenschen nicht lieben, und wir können den Mitmenschen nicht lieben, wenn wir nicht uns selber lieben. Selbstsüchtige Liebe zum eigenen Ich aber macht uns unfähig, andere zu lieben«[3].

Das war eine Erfahrung, die mir nur zu vertraut war: Wie oft hatte ich mich über mich selbst geärgert, weil meine Eifersucht, meine Feigheit, mein Zorn mich daran gehindert hatten, einem Menschen gerecht zu werden oder in einer Situation richtig zu reagieren! Auch in der Ausbildung litt ich darunter, dass ich ständig mit meinen Grenzen konfrontiert wurde. Dabei war es mir noch nie leicht gefallen, Fehler und Schwächen vor anderen zuzugeben. Merton sagte nun, dass man die eigenen Grenzen annehmen kann, wenn man bereit ist, nicht nur für sich selbst zu leben. »Wenn wir aber für andere leben, werden wir allmählich entdecken, dass niemand von uns erwartet, ›wie Gott zu sein‹. Wir sehen ein, dass wir menschlich sind wie alle anderen, voller Schwächen und Fehler und dass diese Grenzen eine höchst wichtige Rolle in unser aller Leben spielen. Gerade ihretwegen brauchen wir andere, und andere brauchen uns«[4].

Ich dachte daran, wie viel ich in dieser Hinsicht von unseren Freunden unter den Flüchtlingen gelernt hatte. Wie oft war ich da aus Unkenntnis oder Dummheit »in Fettnäpfchen getreten« – und sie hatten mir mit Respekt und Humor geholfen, mit solch peinlichen Situationen fertig zu werden. Ähnliches erlebte ich auch in anderen Beziehungen: Wo jemand Fehler zugeben konnte, war plötzlich eine überraschende Nähe und Verbundenheit da. Mehr als unsere Stärken lassen unsere Schwächen uns spüren: »Jeder andere Mensch ist ein Stück von mir [...] Nichts hat Sinn, wenn wir nicht mit John Donne bekennen: *›Keiner ist eine Insel, in sich vollständig. Jeder ist ein Stück des Kontinents, ein Teil des Ganzen.‹*«[5]

»Mönch zwischen gestern und morgen«

Mein erster Aufenthalt in Gethsemani war nur kurz, ein paar Tage. Aber ich wollte unbedingt wiederkommen, weil ich spürte, wie sehr es mich nach Vertiefung meines Lebens, meiner Erfahrung drängte. Ich war nicht zufrieden mit dem Leben, das ich führte, und obwohl ich gern unterrichtete, fragte ich mich, ob ich wirklich Lehrerin werden wollte. War es das, was ich von ganzem Herzen tun konnte, ein Leben lang? Ein guter Freund antwortete mir auf diese Frage: »Ich hatte immer den Eindruck, dass du zu einer radikaleren Lebensform berufen bist ...« Also kam ich einige Monate später wieder nach Gethsemani, weil das Leben der Trappistinnen dort mich zu faszinieren begann. Ein Leben, das eine klare Ausrichtung hatte, in dem Gott ganz im Mittelpunkt stand, wo man die Zeit fürs Gebet nicht mühsam dem hektischen Alltag abringen musste ...

Doch eigentlich hatte ich für kontemplatives Leben nicht viel übrig. Sich zurückziehen von der »Welt«, um zu beten und zu meditieren, das war in meinen Augen eine »Flucht aus der Welt«, eine Flucht vor der Verantwortung für meine Mitmenschen. Ein Leben ohne soziales Engagement konnte ich mir nicht vorstellen und vor allem nicht vor meinem Gewissen verantworten. Aber das Thema »Mönchtum« ließ mich nicht los. Ich stöberte also in der Bibliothek des Klosters und fand ein Büchlein mit dem Titel »Mönch zwischen gestern und morgen«, einen Aufsatz von Thomas Merton[6]. Ich verschlang die 47 Seiten und begann nachzudenken:

Was Thomas Merton als falsches Verständnis eines kontemplativen Lebens kritisierte, entsprach meinen eigenen kritischen Anfragen; was er aber über seine eigene Sicht sagte, zog mich an. Das war Klosterleben, das ich akzeptieren konnte. Denn für ihn ging es im monastischen Leben darum, den eigentlichen Sinn des Lebens und damit die wahre Freiheit zu finden. Und für Merton war das etwas, was der Mönch für alle anderen Menschen, stellvertretend für sie tut. Das war für mich ein interessanter Gedanke: Sollte es möglich sein, den Mitmenschen auf dieser tieferen, der geistlichen Ebene, die wichtiger war als die mitmenschlich-soziale, einen Dienst zu leisten?

Ich konnte auch verstehen, dass man Selbstbeherrschung, Demut, Gehorsam braucht auf dem Weg in die »Freiheit eines Lebens, [...] das nicht durch Egoismus, Eigensinn, Leidenschaft, Aggression, Eifersucht und Gier beherrscht ist«[7]. Eine großartige Vision! – die aber ihren Preis hat: Trennung von der »Welt«, das heißt von der Gesellschaft. Der Grund dafür liegt für Merton in den Einschränkungen, die ein Leben in der Gesellschaft mit sich bringt: Man muss die Rolle spielen, die von einem erwartet wird; gehört man »dazu«, wird man mit Zuwendung »belohnt«; Außenseiter werden zumindest mit Missachtung »bestraft«. Das kam mir sehr bekannt vor, und das war etwas, was ich auf keinen Fall weiter mitmachen wollte. Dagegen fand ich Mertons Idee vom Mönchtum faszinierend: Der Mönch als »Grenzgänger«, als »Mensch, den es auf diese oder jene Weise zu den Grenzen menschlicher Erfahrung hinzieht, der sich bemüht, über sie hinauszugehen, um herauszufinden, was jenseits der normalen Daseinsebene liegt«. Die Grenzen zu überwinden, an die man immer wieder stößt – das klang verlockend!

Thomas Merton schrieb weiter: »Der Mönch ist sich bewusst, dass der Mensch irgendwie von einem tiefen Geheimnis des Schweigens und der Unbegreiflichkeit umfangen ist – von Gottes Willen und Gottes Liebe, und er fühlt, dass er persönlich gerufen ist, in engerer Verbindung mit diesem Geheimnis zu leben.«[8] Dann werden die Grenzen »aufgelöst, nicht von unserer, aber von seiner Seite [...] Am Ende gibt es wirklich keine Grenzen mehr. Wir würden Gott nicht suchen, wenn er nicht schon ›in uns‹ wäre, und ›über uns‹ hinausgehen heißt einfach, den inneren Grund unseres Seins finden, wo er uns gegenwärtig ist als unsere schöpferische Quelle, als Quell der Gnade und erlösenden Lichtes«[9]. Ja, das war es eigentlich, wohin es mich zog. »Du bist doch so ein aktiver Mensch«, sagten meine Freunde, aber in Wirklichkeit liebte ich es, still vor Gott in einer Kirche oder Kapelle zu sitzen. Dann spürte ich, dass ich dort war, wo mein Herz zur Ruhe kam. War meine Berufung also ein Leben im Kloster?

Aber ich blieb unentschlossen, und das belastete mich sehr. Ich wusste, dass ich in einem Alter war, in dem ich mich entscheiden musste, wofür ich mein Leben einsetzen würde. Mittlerweile war ich mir sicher, dass ich nicht Lehrerin werden wollte. Sollte ich mich besser weiterhin für Asylbewerber engagieren? Andererseits fragte ich mich immer öfter, wie ich ihnen wirklich helfen konnte. Was sie eigentlich brauchten, konnte ich ihnen nicht geben: eine neue Aufgabe für ihr Leben, neues Selbstvertrauen und Anerkennung. Dennoch überlegte ich, ob ich mich beruflich umorientieren und Sozialarbeiterin werden sollte. Konnte ich so meinem Leben einen Sinn geben? Oder war das vielleicht falsch gefragt? Sollte ich womöglich einfach fragen: Was will Gott von mir? Hatte Er mich zum Klosterleben berufen?

Dabei war die Sache für mein Herz eigentlich schon klar, denn es zog mich immer mehr zu Gott hin, und wenn ich in Gethsemani war, fühlte ich mich zuhause. Aber mein Kopf suchte noch nach Argumenten. Bei Thomas Merton las ich, dass wir nie absolute Gewissheit haben können, was Gott von uns will, denn dadurch »will Er, der uns liebt, uns Raum für unsere eigene Freiheit lassen, sodass wir den Mut zur eigenen Entscheidung haben«[10]. Denn Gott wird die Entscheidung annehmen, die wir aus Liebe zu Ihm treffen: »Unsere Berufung ist kein Sphinxrätsel, das wir durch einmaliges Raten zu lösen haben oder aber sterben müssen«[11]. Andererseits erinnerte ich mich, dass ich bei ihm gelesen hatte: Der Mensch »fühlt, dass er nicht glücklich sein kann, wenn er auf diesen Ruf nicht antwortet, weil er dann nicht ganz ehrlich mit sich selbst sein könnte«[12] ...

Schließlich wurde mir klar, dass es sinnlos war, mich auf jemand anderen zu verlassen. Es war *meine* Entscheidung, und ich kam nicht darum herum, sie zu treffen. Da bekam ich die Einladung, mit einer Gruppe in ein französisches Kloster zu fahren, und dort wurde mir sehr schnell klar: Wenn ich ins Kloster ging, dann nach Gethsemani! An einem der letzten Tage meines Aufenthalts fiel bei der Kommunion mein Blick auf die Novizin dort, und plötzlich dachte ich: »Herr, sie hat es gewagt – gib mir doch auch den Mut dazu!« Drei Monate später trat ich in Gethsemani ein, und es war eher meine Intuition, die das zuwege gebracht hatte, als mein Verstand ...

»Monastischer Friede«

Nun war ich also im Kloster und zunächst sehr froh über meine Entscheidung. Doch wie hatte ich bei Thomas Merton gelesen? »Tritt in ein Kloster ein und sieh das Leben aus der Nähe. Du wirst entdecken, dass alles, was von den Fenstern des Gästehauses so vollkommen erscheint, in Wirklichkeit voll ist von den Narben und Rissen menschlicher Unvollkommenheit«[13]. Wenn Ablenkung und Zerstreuung fehlen oder sogar bewusst ausgeschaltet werden, weil man nicht fernsieht oder weggeht, um Freunde zu treffen oder einzukaufen, dann bekommen Kleinigkeiten plötzlich ein ungeahntes Gewicht. Dann wird die sprichwörtliche Mücke zum Elefanten. Gewohnheiten der Mitschwestern, die ich jeden Tag erlebte, begannen mich auf einmal zu stören, und manche Ansichten brachten mich »auf die Palme«. Beim Beten war ich zerstreut, weil meine Gedanken mich ablenkten. Ich trauerte der Zeit nach, in der ich noch tun konnte, was ich wollte (jedenfalls bildete ich mir das ein); ich sehnte mich nach Familie und Freunden und fühlte mich den Flüchtlingen gegenüber schuldig. Ich wurde nervös und gereizt – und bekam dann auch noch zu hören, ich sei empfindlich – was mich noch mehr ärgerte.

Schwester Praxedis, die für meine geistliche Begleitung verantwortlich war, fand das allerdings ganz normal: Wenn für die Anfänger der Reiz des Neuen verblasst ist, wenn man sozusagen »im Alltag angekommen« ist, dann wird es ernst mit der Bekehrung, meinte sie, denn niemand wird allein dadurch heilig, dass er die Klosterschwelle überschreitet! An diesem Punkt gebe es zwei Möglichkeiten: Entweder der Anfänger gesteht sich ganz ehrlich ein, dass es die eigenen Schattenseiten sind, die einem Leben mit Gott im Weg stehen; dann bemüht er sich, seine Berufung zu vertiefen – oder er bleibt an der Oberfläche, träumt von der Vergangenheit und ärgert sich über die Fehler der anderen; dann hält er es nicht aus und geht wieder weg ...

Thomas Merton hatte schon Recht mit seiner lapidaren Feststellung: »Die Gnade, die einen Menschen ins Kloster führt, verlangt mehr als einen Wechsel der Umwelt. Es gibt keine echte mönchische Berufung, die nicht zugleich eine völlige innere Umkehr mit einschließt«[14]. Die Rede von der Umkehr gefiel mir zwar nicht, aber da ich so hart und lang um meine Entscheidung gerungen hatte, wollte ich nicht so schnell aufgeben. Ich hatte fest vor, zu bleiben und der Sache auf den Grund zu gehen.

Thomas Merton bezeichnete das Kloster als ein »Haus des Friedens« – aber nicht weil seine Bewohner so friedlich wären, sondern weil es ein »Haus Gottes« sei, der der »Gott allen Friedens«[15] ist. Was er damit meinte, fand ich in einem Artikel von John Albert über Mertons Schrift »Monastic Peace«, der damals in der Zeitschrift »Cistercian Studies« erschien[16] und den ich übersetzte. John Albert stellt darin Thomas Merton vor als jemanden, der uns den Weg weisen kann zum Frieden unseres Herzens, weil er selbst diesen Frieden fand, und zwar in Christus[17].

Wir alle sehnen uns nach Frieden – was aber ist Friede wirklich? Thomas Merton besteht darauf, dass wir unsere eigene, begrenzte Vorstellung von Frieden aufgeben müssen, denn Jesus selbst sagte, er sei nicht gekommen, den Frieden zu bringen, sondern das Schwert (Lk 12,51). Was wir unter Frieden verstehen, ist in Wirklichkeit kein Friede, denn er wird »erkauft um den Preis fortwährender Zerstreuung«[18].

Auch ein Leben im Kloster ist nicht dazu da, den Konflikten in uns und um uns herum auszuweichen, um so Frieden zu finden. Das hätte ich auch nicht gewollt; mir war klar, dass auch ich ein Teil der Welt bin und nicht nur meine Stärken, sondern auch meine Schwächen, meine Selbstzweifel und Komplexe mit ins Kloster genommen hatte. Und anstatt sich ihnen zu stellen, ist es natürlich leichter, die Mitschwestern oder die Umstände dafür verantwortlich zu machen, dass man nicht in Frieden leben kann. Letztlich kommt dieser Unfriede aber von der tiefen Unzufriedenheit mit uns selbst, die bis zum Selbsthass führen kann, so Merton. Zeichen einer echten Berufung aber ist es, so fährt er fort, dem Unfrieden, den jeder Mensch in sich trägt, ins Auge zu sehen und ihn auszukämpfen bis zum Ende, bis wir fähig sind zur Hingabe an Christus und unseren Bruder in Christus[19]. Wenn wir wirklich Frieden finden wollen, müssen wir bereit sein, die Opfer zu bringen, die der Friede fordert, nämlich »unserem kleinlichen Selbst abzusagen und unser wahres Selbst außerhalb von uns in anderen zu finden, und vor allem in Christus«[20]. »Denn unsere Bestimmung ist es, eins zu sein in Christus; und um die anderen wie uns selbst lieben zu können, müssen wir zuerst uns selbst lieben. Aber um uns selbst zu lieben, müssen wir in uns etwas finden, das wir lieben können. Das ist unmöglich, wenn wir nicht sowohl in uns selbst wie auch in anderen die Ähnlichkeit mit Christus finden«[21]. John Albert schrieb an dieser Stelle, dass wir ehrlich zugeben sollten, wie schwer es uns manchmal fällt, an uns etwas Liebenswertes zu finden[22]. Wie sollen wir dann etwas in uns finden, das Christus ähnlich ist?

Hier mahnt Thomas Merton, dass wir auch unsere eigene, begrenzte Vorstellung über Christus aufgeben müssen, denn »Er ist nicht, wer wir denken, dass Er ist. Er ist nicht [...] das idealisierte Abbild von uns selbst«. Christus hat sich nicht mit dem identifiziert, was wir an uns selbst großartig finden (eine solche Art von Erlösung hätten wir nicht gebraucht!), sondern mit unserer menschlichen Schwäche, mit dem, was wir an uns gerade nicht mögen. Und Thomas Merton fährt fort, dass wir nicht Frieden finden können, »wenn wir unser Elend zurückweisen und von uns stoßen, weil wir damit Christus von uns stoßen, der in uns nicht unseren menschlichen Ruhm, sondern unsere Schande liebt«[23]. An dieser Stelle musste ich erst einmal innehalten, denn diese Vorstellung fand ich sehr irritierend: Christus identifiziert sich mit mir, und er liebt genau das an mir, was ich am liebsten ignorieren und vergessen würde, die dunkelsten Winkel meines Herzens, in die ich niemanden hineinschauen lassen möchte, Christus schon gar nicht!

Wir können nicht singen »Herr, erbarme dich«, erinnert uns Thomas Merton, wenn uns nie die Augen dafür aufgegangen sind, wie sehr wir Gottes Barmherzigkeit nötig haben! Er geht sogar so weit, zu sagen, dass es Christus selbst ist, der in uns nach Erbarmen ruft, und dass Er nicht nur Seinen Vater bittet, uns zu vergeben, sondern uns selbst. An dieser Stelle fragte John Albert: »Hat jemand von Ihnen schon versucht, das zu tun? Fällt es uns nicht schwer, uns selbst zu vergeben ...?«[24]

Ja, es ist schwer, sich selbst zu vergeben, dass man nicht so ist, wie man gern wäre! Doch genau das ist der erste Schritt zum inneren Frieden, sagt Thomas Merton! Für mich war das zunächst einmal eine schwer verdauliche Wahrheit. Ich wollte nicht nur vor den Menschen, sondern auch vor Christus »gut dastehen«, Ihm etwas anzubieten haben.

Es ist nicht leicht, sich so lieben zu lassen, wie man ist. Aber je länger ich mit diesen Gedanken umging, umso befreiender waren sie: Wie wunderbar, dass ich nicht perfekt sein musste! Christus kam mir plötzlich viel näher – oder besser gesagt, ich erlaubte Ihm, mir näher zu kommen, weil ich nichts mehr vor Ihm verstecken brauchte. Die Kommunion wurde zu einer heil machenden Begegnung mit Ihm, der mich so liebt, wie ich bin. Und meine Liebe war keine Leistung mehr, um Seine Liebe zu »verdienen«, sondern die freie Antwort auf Seine Liebe.

Doch Vergebung im vollen Sinn bedeutet nicht nur, dass ich mir selbst vergebe, dass ich nicht so bin, wie ich es mir wünsche, sondern auch, dass ich anderen vergebe – dass *sie* nicht so sind, wie ich es gern hätte. Ich hatte damals eine Mitschwester, der ich aus dem Weg ging, weil sie mir überhaupt nicht »lag«. Eines Tages war ich so unhöflich zu ihr, dass mein Gewissen mir keine Ruhe ließ, bis ich mich schließlich dazu überwand, mich bei ihr zu entschuldigen. Mit einem Mal kamen wir ins Gespräch, und es fiel mir wie Schuppen von den Augen: Da sehnte sich ein Mensch nach Zuneigung und Verständnis – und ich hatte alle Kontaktversuche einfach abgeblockt! Ich war erschüttert und tief beschämt, weil mir aufging: Wenn ich nicht in der Lage war, die Schwester neben mir zu akzeptieren, dann war meine Rede von der Liebe zu allen Menschen Heuchelei ... Das Jesusgebet, das mich durch den Tag begleitete, bekam nun einen ganz neuen Ernst: »Herr Jesus Christus, Sohn Gottes, erbarme dich meiner!«

Denn, wie Thomas Merton sagt, wahrer Friede entsteht nicht »auf dem oberflächlichen Niveau psychologischer Gelassenheit, sondern in dem unnennbar tiefen Abgrund, den wir Menschen göttliche Barmherzigkeit nennen«[25]. Und unser enges Herz wird weit, wenn es im Frieden ist mit sich und den Mitmenschen und letztlich mit Gott. Dann kann ein Kloster zu einer »Schule der Freiheit« werden, in der wir lernen, die Freiheit der anderen zu achten und sich dennoch füreinander verantwortlich zu fühlen. Das ist die Liebe, in der Thomas Merton den wahren Sinn christlicher Buße sieht, die für ihn »eine völlige Umwandlung unseres Herzens« ist, wodurch unsere Liebe stark und rein wird«. Diese Liebe ist kein unberechenbares Gefühl, sondern eine bewusste Entscheidung: »Love is learned by loving [...] Lieben lernt man, indem man liebt, und wir sind ins Kloster gekommen, um einander in der Liebe zu stärken, damit wir stark genug werden, uns der Wahrheit zu stellen und großmütig genug, unsere Freiheit zu nutzen«[26].

»Gewaltlosigkeit«

Als ich wegen einer Operation für ein paar Tage ins Krankenhaus musste, schaute ich mich in unserer Bibliothek um, was ich als Lektüre einpacken könnte. In der Hoffnung, viel Zeit zu haben, entschied ich mich für ein dickes Buch mit über 400 Seiten, das ich schon immer lesen wollte. Es war eine Sammlung von Aufsätzen Thomas Mertons unter der Überschrift »Gewaltlosigkeit«. Sobald die Narkose überstanden war, fing ich von vorn an zu lesen. Natürlich war ich noch nicht sehr weit gekommen, als ich wieder entlassen wurde, aber ich fand die Lektüre so packend, dass ich das Buch zuhause zu Ende las. Es bewegte mich sehr, dass sich Thomas Merton angesichts von Hiroshima und Vietnamkrieg so engagiert mit der Atombombe und der Frage um Krieg und Frieden auseinandergesetzt hatte. Ich war Studentin zur Zeit des »kalten Krieges«, und da waren diese Themen noch sehr aktuell. Nun stellte ich fest, dass Thomas Merton politisch unglaublich gut informiert war, was mich an einem kontemplativen Mönch in Erstaunen versetzte – und freute. Denn ein Leben im Kloster bedeutet ja nicht, sich abzuschotten; das wäre ein völliges Missverständnis!

Merton jedenfalls widerlegte das Vorurteil vom weltfremden Mönch sehr gründlich, wobei er sich selbst sogar in einer besonderen Verantwortung sah: »Wenn die Sprache in Gefahr ist zu verschwinden oder zu entarten im Geheul wilder Tiere, wird der Versuch zu reden dem Mönch vielleicht eine Pflicht«[27]. Er sah tiefer als viele andere Menschen, wenn er zum Beispiel schrieb: »Politische Entscheidungen, die nicht auf etwas gegründet sind, das besser und höher ist als Politik, können dem Menschen nie wirklich Gutes bringen«[28].

Was mich an dem Buch aber am meisten interessierte, waren Mertons Aussagen zum Thema »Gewaltlosigkeit«, denn ich bewunderte den gewaltlosen Widerstand von Mahatma Gandhi und Dr. Martin Luther King. Im Kloster war ich eines Tages auf einen Artikel über Jean Goss gestoßen, und es hatte mich tief beeindruckt, dass er es gewagt hatte, als Gefangener der Nazis gewaltlos für das Recht einzutreten. Seitdem war ich davon überzeugt, dass man als Christ gewaltlos leben sollte. Was bedeutete das aber?

Für Thomas Merton war die christliche Grundlage gewaltlosen Handelns die Botschaft Jesu vom Reich Gottes, in das alle Menschen gerufen sind. Das Reich Gottes ist aber nichts, was wir Menschen aus eigener Kraft aufbauen könnten oder müssten. Jesus selbst vergleicht es mit einem Senfkorn, um auf die besondere Dynamik der Macht Gottes hinzuweisen, die unscheinbar und verborgen, aber unaufhaltsam wirkt. Christen können es deshalb hinnehmen, machtlos und gewaltlos zu sein, »nicht aus Masochismus, Quietismus, Defätismus oder aus falscher Passivität, sondern im Vertrauen auf die Kraft des Herrn der Wahrheit«. Der Christ kann auf die Anwendung von Gewalt verzichten, denn er »kämpft für jene Wahrheit und für jenes Recht, das standhalten wird an dem Tag, an dem alles durch das Feuer geprüft wird (1 Kor 3,10–15)«[29].

Der Christ ist also durchaus ein Kämpfer; aber er bekämpft das Böse, nicht die Menschen. Thomas Merton fragt: »Wie können wir lernen, unseren Feind zu lieben?« Und er gibt zur Antwort: »Indem wir ihn als einen Bruder betrachten, der versucht wird wie wir auch und der angegriffen wird durch den gleichen wirklichen Feind, den Geist des Hasses, den Antichrist. Dieser gleiche Feind legt es darauf an, uns beide zu zerstören, indem er uns gegeneinander kämpfen lässt«[30]. Der Epheserbrief betont, dass der wirkliche Feind für einen Christen nie der andere Mensch ist (»wir haben nicht gegen Menschen aus Fleisch und Blut zu kämpfen«; Eph 6,12), sondern der Widersacher Gottes, den der Evangelist Johannes den »Vater der Lüge« und einen »Menschenmörder von Anfang an« (Joh 8,44) nennt.

So war für Thomas Merton Gewaltlosigkeit nicht die »passive Ergebenheit der Schwachen«, sondern eine Haltung der Starken[31]. Er verstand

Gewaltlosigkeit nicht als Taktik, mit der in manchen Situationen mehr zu erreichen wäre als mit Gewalt. Gewaltlosigkeit war für ihn unvereinbar mit egoistischen Interessen, denn dem Christen muss es bei seinem Widerstand gegen das Böse um die Wahrheit gehen, nicht darum, die eigene Position durchzusetzen. Die Wahrheit ist etwas, das beide Parteien übersteigt, mich ebenso wie meinen Gegner; beide Seiten sind der Wahrheit verpflichtet und müssen deshalb bereit sein, voneinander zu lernen[32]. Wahrhaftigkeit hat nichts zu tun mit der Rechthaberei von Fanatikern.

Das ist ebenso wichtig für den gewaltlosen politischen Kampf wie für das alltägliche Zusammenleben der Menschen. Gewaltanwendung meint da nicht nur eine Ohrfeige, sondern auch die sogenannte »verbale Gewalt«. Worte können eine sehr wirksame Waffe sein, um jemanden zu erniedrigen oder fertig zu machen. Das Wort vom »Rufmord«, zu dem üble Nachrede und Verleumdung führen können, spricht für sich, ebenso der Ausdruck, dass jemand »mundtot« gemacht wird. Es gibt auch sehr subtile Formen psychischer Gewalt, ob man nun andere mit seiner schlechten Laune terrorisiert, mit Hilfe einer »Leidensmiene« seinen Willen durchsetzt oder dafür sorgt, dass jemand vor anderen bloßgestellt wird.

Gewaltlos leben heißt, »die Wahrheit in Liebe tun« (Eph 4,15), egal, was das von mir verlangt. Mag sein, dass ich eine Kritik akzeptieren muss, ohne mich gleich herauszureden oder jemand anderen zu beschuldigen – mag sein, dass ich mutig den Mund aufmachen und einem Stärkeren gegenüber das Recht eines anderen verteidigen muss. Sicher, der »aufrechte Gang« fordert Mut und Demut, aber es macht einen Menschen auch froh, wenn er sich nicht verbiegen und niederdrücken lässt. Thomas Merton hat ein sehr wichtiges Kapitel seines Buches »Keiner ist eine Insel« dem Thema »Aufrichtigkeit« gewidmet; dort sagt er: »Wir verwirklichen uns selbst, wenn wir die Wahrheit sagen«[33]. Und er betont die entscheidende Rolle des Willens: »Es steht in unserer Macht und in unserem Willen, die Wahrheit zu achten oder nicht, sodass bis zu einem gewissen Grad die Wahrheit uns ausgeliefert ist. Das ist eine furchtbare Verantwortung, denn wenn wir die Wahrheit schänden, schänden wir unsere eigene Seele«[34]. Die Wahrhaftigkeit aber macht uns Christus ähnlich, der von sich gesagt hat: »Ich bin die Wahrheit« (Joh 14,6).

»Wahrhaftig beten«

Aufrichtigkeit ist für Thomas Merton auch »das Lebenswichtigste am echten Gebet«, denn: »Wie tief auch unsere Betrachtungen sein mögen, wie streng unsere Bußübungen, wie großartig unsere Liturgie, wie rein unser Gesang, wie erhaben unsere Gedanken über Gott – das alles ist zwecklos, wenn wir nicht meinen, was wir sagen«[35]. Ein aufrichtiges Gebet aber wird »niemals umsonst sein«. Denn das »Wichtigste am Gebet ist, dass wir so wie wir sind, vor Gott treten, wie Er ist«[36]. Das klingt wunderbar einfach, aber hinter diesem Satz stecken zwei schwierige Fragen: Wer bin ich? Und: Wer ist dieser Gott, zu dem ich bete?

»Wahrhaftig beten« – so lautet interessanterweise der Titel der deutschen Übersetzung von Mertons Buch »Contemplative Prayer«, erschienen1968, also im Jahr seines Todes. Douglas V. Steere, der Verfasser des Vorworts, schreibt über dieses Buch, dass es »ohne Absicht Thomas Mertons Vermächtnis an uns werden sollte«[37] und dass er sich darin vor allem mit dem befasst, »was die Deutschen *Entlarvung* nennen – dem Ausräuchern der falschen Innerlichkeit [...] der Anbetung selbstverfertigter Idole, den Götzenbildern, die wir uns von einem Gott machen, der uns nicht in die Quere kommt«[38]. Wir neigen ja immer dazu, uns ein Bild von Gott zu machen, das in unsere Vorstellungen passt. Aber Gott können wir nicht besitzen oder erkennen wie ein anderes Objekt; Ziel unseres Gebetes ist keine »Erkenntnis über Gott«, sondern vielmehr »erkennend zu erfahren, dass unser Wesen von seinem Wissen um uns und seiner Liebe für uns durchdrungen ist«[39]. Ein schönes Ziel – dem aber viel im Wege steht.

Das größte Hindernis auf dem Weg zu Gott ist für Thomas Merton das falsche Selbst, die schöne Fassade, die wir vor uns und vor den anderen und sogar vor Gott aufbauen: »Jeder von uns wird von einem illusorischen Ich verschattet: einem falschen ›Selbst‹. Das ist der Mensch, der ich von mir aus sein möchte, der aber nicht existieren kann, weil Gott von ihm nichts weiß. Dass Gott überhaupt nicht von einem wissen sollte, ist nun doch ein zu hoher Anspruch auf Privatsphäre. Mein falsches privates Selbst möchte außerhalb der Reichweite von Gottes Willen und

Liebe existieren – also außerhalb der Realität und des Lebens. Ein solches Selbst kann aber nichts anders sein als eine Illusion«[40]. Doch wie findet man sein wahres Selbst? Wie kommt man zu aufrichtiger Selbsterkenntnis? Natürlich erfährt man im alltäglichen Tun und im Zusammenleben mit anderen viel über sich selbst. Doch es braucht auch den Rückzug in die Stille, um das zu verarbeiten.

Für mich spielt dabei die »Nachtwache« eine wichtige Rolle, das gemeinsame stille Gebet in der Kapelle, die nur vom Schein der Kerzen erhellt ist. Draußen ist es noch dunkel und still, und Geist und Herz sind noch unberührt von den Eindrücken, die der Tag mit sich bringen wird. Diese Zeit faszinierte mich von Anfang an. Zuerst dachte ich zwar, ich würde es nicht aushalten, eine Stunde lang still zu sitzen und zu beten. Aber das war ein Irrtum. Die Zeit verging wie im Flug, und heute noch ist es so, dass sie viel zu schnell vorbei ist. Das heißt freilich nicht, dass sie immer leicht wäre. Im geistlichen Leben gibt es keine sicheren Methoden, »keine Tricks und Abkürzungswege«[41], und immer wieder habe ich den Eindruck, von vorn anfangen zu müssen. Doch für Thomas Merton ist das ganz normal: »Wir wollen keine Anfänger sein. Seien wir aber überzeugt davon, dass wir unser ganzes Leben lang nichts als Anfänger sein werden«[42] …

Wenn ich zurückblicke, hat sich in der »Nachtwache« immer mein monastisches Leben gespiegelt, das Auf und Ab, die Krisen und Durchbrüche, die Auseinandersetzungen und neuen Erfahrungen. Denn Stille und Dunkelheit führen in die Tiefe, zum Wesentlichen, zur Wahrheit. Gedanken und Gefühle steigen auf, nicht nur positive, sondern auch negative: »unverdaute« Kränkungen, Ärger, Schuldgefühle, Komplexe. Es hat keinen Sinn, das alles einfach zu verdrängen, weil es Wichtiges über den Zustand unserer Seele aussagt. Wenn wir nicht den Mut aufbringen, uns dem in aller Ehrlichkeit zu stellen, sinkt es ins Unbewusste ab und beeinflusst von dort aus unser Denken und Handeln, ohne dass wir es merken. Im Gegensatz dazu ist es heilsam, sich der Wahrheit des eigenen Lebens zu stellen. Dann bekommt unsere schöne Fassade plötzlich Risse. Das ist eine sehr unangenehme, aber wichtige Erfahrung, weil wir nur so in Berührung kommen mit unserem wahren Selbst und damit auch mit Gott. Denn die Fassade trennt uns nicht nur von den Mitmenschen, sondern auch von Gott, der nicht die Fassade liebt, sondern uns selbst, wie wir in Wahrheit sind. Thomas Merton mahnt uns: »Da der Mönch ein Mann des Gebetes und ein Mann Gottes ist, so ist Aufrichtigkeit seine wichtigste Verpflichtung. In der Regel des heiligen Benedikt werden wir ständig daran gemahnt [...] Das erste, wonach man einen Kandidaten für das klösterliche Leben fragen muss, ist Aufrichtigkeit in seiner Gottsuche«[43].

Unser Leben ist ein Weg, ein abenteuerlicher Weg, da wir unterwegs sind zu dem lebendigen Gott, der soviel größer ist als wir und dennoch unsere Liebe und Freundschaft will, und zwar auf ewig. Immer suchen wir, wo wir Ihn finden können, und die Suche selbst macht uns immer sensibler, bis wir Ihn schließlich auch dort finden, wo wir Ihn früher nie vermutet hätten: im Unangenehmen, Lästigen, ja im Leidvollen, im Widerspruch und im Schmerz. Letztlich kann alles uns helfen, Ihn zu entdecken, weil Er die eigentliche Wirklichkeit ist, wie Thomas Merton oft betont[44]. Gott ist wirklicher als alles andere um mich herum, wirklicher als ich selbst, denn ohne Ihn würde ich nicht existieren. Irgendwann fing ich an, die konkrete Wirklichkeit zu akzeptieren, und zwar ganz, nicht nur die Teile daraus, die mir gefielen. Das ist etwas, das für Thomas Merton sehr wichtig ist; für ihn können die Trägheit und der Widerwille, die so gefährlich sind im geistlichen Leben, geheilt werden »durch die einfache Achtung vor den konkreten Realitäten des irdischen Lebens – vor der Natur, vor dem Leib, vor der Arbeit, vor den Freunden, vor der Umgebung«[45].

Das ist eine Einübung in die wahre Kontemplation, die Liebe. Da Gott die Liebe *ist*, führt die Liebe am sichersten zu Ihm – aber nur, wenn sie wahr ist. Nur wenn die Liebe der Wirklichkeit standhält, wenn sie den anderen Menschen annimmt, wie er ist, ist sie echt, und dann ist sie ein Weg zu Gott: Wir lösen uns ja nicht von den Menschen und Dingen, um uns stattdessen an Gott zu hängen, sondern wir lösen uns von uns selbst, um alles in Gott und auf ihn hin zu sehen. Für Thomas Merton setzen die Liebe Gottes und unsere liebende Antwort »einen Prozess der Umwandlung in Gang«[46]. Ganz konkret heißt das: Nicht mehr fragen: Was brauche ich? Sondern: Was brauchen die Mitschwestern? Nicht zu fragen: Was denken die anderen von mir? Sondern: Was will Gott in dieser Situation von mir? Nicht: Wie komme ich voran? Sondern: Was dient unserem gemeinsamen Ziel? In seinem Buch »Keiner ist eine Insel« hatte Merton geschrieben: »Das ganze Problem unserer Zeit ist nicht Mangel an Wissen, sondern Mangel an Liebe«[47] – und das gilt heute mehr denn je.

Ich könnte noch viele Bücher und Aussagen von Thomas Merton anführen, um zu zeigen, wie aktuell seine Gedanken sind. Doch am Ende möchte ich nur noch auf das Vorwort Mertons zur vietnamesischen Übersetzung seines Buches »Keiner ist eine Insel« zurückkommen. Am liebsten würde ich es ganz zitieren, aber als Schlusswort sollen ein paar Zeilen genügen. Merton erklärt zunächst, dass der englische Dichter John Donne dieses Zitat prägte, um auszudrücken, dass es eine Illusion sei, wenn der Mensch sich für autonom halte, »als ob er fähig wäre, unabhängig von anderen Menschen und Lebewesen zu existieren. Die Realität des Todes brachte den Dichter zu dieser Erkenntnis. Als er einmal die Glocke für ein Begräbnis läuten hörte, sagte er sich, dass es für alle nur *einen* Tod gibt, und wenn die Totenglocke läutet, ›läutet sie für dich‹«.

Und Merton erklärt: »Der Tod kann ohne *Mitleid* nicht verstanden werden. Mitleid lehrt mich, dass, wenn mein Bruder stirbt, auch ich sterbe. Mitleid lehrt mich, dass mein Bruder und ich eins sind. Die Liebe zu meinem Bruder bereichert ebenso mein eigenes Leben, und wenn ich ihn hasse, ihn zerstören will, zerstöre ich auch mich [...] Ein rein individualistisches Innenleben, ohne sich von den Leiden der anderen berühren zu lassen, ist nicht wirklich [...] Ein Mensch, der ganz für sich allein zu leben versucht, wird eine kleine ›Insel‹ voll Hass, Gier, Argwohn, Angst und Verlangen«. Thomas Merton hält dagegen daran fest: »Aber eben ›keiner ist eine Insel‹ [...] Die Verantwortung wird so zu einem großen Problem in einer Welt, die zu einer riesigen Einheit geworden ist, in der jeder Einzelne am Leben der anderen, an deren Freud und Leid beteiligt ist«[48].

Das gilt auch für uns, die wir im Kloster leben: Der Mönch »sucht nicht nur sein eigenes Herz; er taucht tief in das Herz der Welt ein, deren Teil er bleibt, obwohl er sie ›verlassen‹ zu haben scheint. In Wirklichkeit verlässt der Mönch die Welt nur, um aufmerksamer auf die eindringlichsten und unbeachteten Stimmen ihres tiefen Innern zu horchen«[49]. Keiner ist eine Insel ...

Schwester Magdalena König OCSO ist Priorin des Trappistinnenklosters Gethsemani, das 1984 am Donnersberg bei Dannenfels (Rheinland-Pfalz) gegründet wurde.

---

1 Thomas Merton, Keiner ist eine Insel, Einsiedeln: Benziger 2. Aufl. 1958, 7.

2 Ebd., 8.

3 Ebd., 15.

4 Ebd., 16.

5 Ebd., 17.

6 Ursprünglich veröffentlicht in »Contemplation in a World of Action« (»Im Einklang mit sich und der Welt«, Zürich 1986, 132–157).

7 Thomas Merton, Mönch zwischen gestern und morgen, Frankfurt/M. 1977, 43.

9 Ebd., 18.

10 Ebd., 19.

11 Merton, Keiner ist eine Insel, 131.

12 Ebd., 129.

13 Merton, Mönch zwischen gestern und morgen, 18.

14 Merton, Keiner ist eine Insel, 143.

15 Ebd., 141.

16 Ebd., 142.

17 John Albert, The Christ of Thomas Merton's Monastic Peace: Cisterciensian Studies 24 (1989), 264–274.

18 Ebd., 265.

19 Thomas Merton, Monastic Peace, 101; zit. n. Albert, 270.

20 Albert, The Christ of Thomas Merton's Monastic Peace, 270.

21 Merton, Monastic Peace, 64; zit. n. Albert, 266.

22 Ebd., 270.

23 Albert, The Christ of Thomas Merton's Monastic Peace, 270f.

24 Merton, Monastic Peace, 101 f.; zit. n. Albert, 271.

25 Ebd., 272.

26 Merton, Monastic Peace, 103; zit. n. Albert, 273.

27 Ebd., 273.

28 Thomas Merton in einem Brief an Alceu Amorosa Lima; zit. in: Gewaltlosigkeit. Eine Alternative, hrsg. v. Gordon C. Zahn, 416.

29 Vorwort zur vietnamesischen Ausgabe von »Keiner ist eine Insel«, in: Gewaltlosigkeit. Eine Alternative, hrsg. v. Gordon C. Zahn, 92.

30 Thomas Merton, Selig sind die Sanftmütigen: Die christlichen Wurzeln der Gewaltlosigkeit, in: Gewaltlosigkeit. Eine Alternative, hrsg. v. Gordon C. Zahn, 295.

31 Thomas Merton, Maximus Confessor über Gewaltlosigkeit, in: Gewaltlosigkeit. Eine Alternative, hrsg. v. Gordon C. Zahn, 247.

32 Gordon C. Zahn, Ein Mönch, arglos wie ein Kind: eine Würdigung, in: Gewaltlosigkeit. Eine Alternative, hrsg. v. Gordon C. Zahn, 399.

32 Thomas Merton, Selig sind die Sanftmütigen: Die christlichen Wurzeln der Gewaltlosigkeit, in: Gewaltlosigkeit. Eine Alternative, hrsg. v. Gordon C. Zahn, 301.

33 Merton, Keiner ist eine Insel, 179.

34 Ebd., 182.

35 Ebd., 194.

36 Ebd., 195.

37 Thomas Merton, Wahrhaftig beten, Freiburg 1971, 5.

38 Ebd., 6 f.

39 Ebd., 95.

40 Thomas Merton, New Seeds of Contemplation, 25; zit. n. John Eudes Bamberger, Th. Merton, Mönch und Kontemplativer: Geist und Leben 83/2010, 335.

41 Merton, Wahrhaftig beten, 35.

42 Ebd., 36.

43 Merton, Keiner ist eine Insel, 194.

44 Merton, Monastic Peace, 63; zit. n. Albert, 265.

45 Merton, Wahrhaftig beten, 1971, 38.

46 Bamberger, Thomas Merton, Mönch und Kontemplativer, 329.

47 Merton, Keiner ist eine Insel, 188.

48 Vorwort zur vietnamesischen Ausgabe von »Keiner ist eine Insel«, in: Gewaltlosigkeit. Eine Alternative, hrsg. v. Gordon C. Zahn, 90–94.

49 Merton, Wahrhaftig beten, 17.

IRIS MANDL-SCHMIDT

Warum »Don Draper« mehr interessieren könnte als Thomas Merton

Wer ist »Don Draper«?

Thomas Merton ist den Leser/innen hinlänglich bekannt, »Donald Draper« vielleicht nicht, dieser ist eine fiktive Person, ein von Drehbuchautor Matthew Weimer erfundener erfolgreicher Creative Director einer Werbeagentur in New York in den 1960er Jahren. Gespielt wird diese Person von Schauspieler Jon Hamm in der US-amerikanischen Fernsehserie »Mad Men«.[1] Thomas Merton und »Don Draper« nun miteinander zu vergleichen und dabei die Frage zu stellen, ob der eine dem anderen den Rang abgelaufen hat, ist etwas verwegen und bedarf der Erklärung. Die dahinter sich verbergende Frage ist die nach der bleibenden Aktualität von Thomas Merton und nach der möglichen Attraktivität von christlicher Spiritualität überhaupt.

Parallelen

Der Vergleich ist auch insofern reizvoll, da beide Männer in der gleichen Zeit leben (spielen) und manches an Schicksal teilen. Geteilt wird auch ein großes Publikum, das dem Leben dieses Menschen zusehen kann. Thomas Merton beschrieb bekanntlich sein Leben in seiner Autobiographie *Der Berg der sieben Stufen* und war damit seit 1949 auf den Bestsellerlisten in den USA. Von da ab fand er eine ansehnliche Leserschaft aller seiner spirituellen Schriften, auch über den nationalen Markt hinaus. Weitere Gemeinsamkeiten zwischen Merton und Draper sind Eigenschaften wie hohe Intelligenz, Begabung, Kreativität und Attraktivität.

Eine wichtige Gemeinsamkeit des Schicksals ist, dass beide in der Kindheit zu Waisen wurden und ihre Jugend elternlos bestehen mussten. Der Zuschauer von »Mad Men« erfährt erst im Lauf der Sendungen, dass der gefragte Mann in bestem Anzug in Armut und Einsamkeit aufgewachsen ist. Die Leser der Autobiographie oder der Biographie von Michael Mott erfahren, dass Thomas Merton im Alter von sechs Jahren alleine einen Brief von seiner Mutter entziffern musste, in dem sie ihren baldigen Tod ankündigte.[2] Mit der Waisenschaft gehen Ersatzeltern einher, deren Geduld schnell am Ende ist. Bei den Betroffenen kann ein Defizit an Liebe vermutet und ein damit einhergehendes Gefühl der Heimatlosigkeit oder der Leere beobachtet werden, für das sie unterschiedliche Lösungen finden.

Lösungswege gegen innere Leere

Die beiden Leben sollen also an dieser Stelle unter dem Aspekt der »Lösungssuche« betrachtet werden, dies ist eine eher religionspsychologische Perspektive. Es sei dies betont, da man Mertons Leben unter ganz unterschiedlichen Perspektiven betrachten kann und eine Perspektive alleine ihm nicht gerecht wird. Die unter diesem Aspekt befundenen Lösungen sollen nun beschrieben werden.

Bei Donald Draper scheint die Lösung aufs erste darin zu bestehen, seine Talente auszuleben, gesellschaftlich anzukommen und eine Familie zu gründen. Er schafft es auch zu Karriere, Vorzeigefrau und Familie, allerdings wird der Zuschauer schnell irritiert nicht nur durch die Unmengen Alkohol und Nikotin, die er konsumiert (eine weitere Parallelität zu Mertons Jugend), was aber noch mit damaligen Gewohnheiten zu erklären wäre, sondern durch ein exzessives Fremdgehen. Dies ist insofern störend, als er auch viele gute Seiten aufweist, denn er liebt seine Frau und seine Kinder, er ist respektvoll, freundlich, loyal, und hilft Leuten aus der Patsche. Beruflich ist er in der Werbebranche auch deshalb so erfolgreich, weil er sich in die Bedürfnisse von Menschen gut hineindenken kann. Dramatisch spannend ist, dass der Zuschauer um eine Lebenslüge weiß, die er einerseits peinlichst zu verbergen sucht, andererseits ausgewählten Freundinnen mitteilt. Eine Paradoxie von aufrichtigem Wunsch nach geordnetem und rechtschaffenem Leben auf der einen Seite und abgründigem Verhalten auf der anderen wird deutlich gezeichnet. Drapers Fremdgehen, bei dem er sich besonders Frauen zuwendet, die autark und fatalistisch wirken, ist langfristig unverträglich mit den geordneten Dingen seines Lebens, sodass die unterschiedlichen »Lösungen« zunehmend kollidieren.

Wie sieht nun der Lösungsweg von Thomas Merton aus angesichts des Schicksals eines »orphan who needed to be loved«?[3] Es waren jedenfalls Gefühle der Leere und Orientierungslosigkeit, die Merton Ende der dreißiger Jahre des zwanzigsten Jahrhunderts in die Arme der katholischen Kirche trieben, denn »diese Katholiken wussten, woran sie glaubten.«[4] Die Lösung war an dieser Stelle eine metaphysische: die Suche nach der transzendenten Wahrheit und dem ihr angemessenen Leben, in manifester Eindeutigkeit für ihn repräsentiert durch das katholisch monastische Leben. Er vollzog eine radikale Abkehr von den »normalen« menschlichen Bedürfnissen nach materieller und sozialer Befriedigung und fand eine radikale Alternative. War dies nun eine tragfähige und überzeugende Lösung? Zwei gegensätzliche Meinungen sollen hier zu Wort kommen.

John Eudes Bamberger: Der Weg von Thomas Merton war gelungen

Für John Eudes Bamberger steht fest, dass Thomas Mertons Leben in vielen Bereichen ein gelungenes war, in seinen Freundschaften, in seinen Gebetserfahrungen, in seiner Traditionsanknüpfung, in seiner prophetischen Sendung, in seiner Lebensform der Kontemplation und in seiner Transformation. Er teilt mit anderen Autoren die Bewertung von Mertons Entwicklung als »verblüffendes Reiferwerden«.[5] Merton hat danach die Balance gefunden zwischen Treue zur Tradition und neuen Zugängen zur Tradition, für sich selbst und für andere. Das Bekenntnis zum Mönchsleben und sein Versuch, diesen Lebensstil zu erklären, bleibt für Bamberger eines der Indizien. Beeindruckt zeigt sich Bamberger auch davon, dass Merton Kontemplation stark mit Liebe verbindet, aus einem posthum veröffentlichten Text Mertons zitiert er: »Kontemplation ist ein übernatürliches Lieben und Erkennen Gottes [...] und schenkt diesem einen direkten und erfahrungsmäßigen Kontakt mit Ihm [...] Die Kontemplation selbst ist eine Entwicklung und Vervollkommnung der reinen Liebe. [...] Einzig auf die Liebe kommt es an.«[6] Bamberger erkennt in Mertons Äußerungen auch Anschluss an die Ausführungen des Gründers der Zisterzienser, Bernhard von Clairvaux, der ausgiebig von Stufen der Liebe sprach und dazu aufforderte, einen Wandlungsprozess der Liebe anzustreben. Bernhard steht wiederum in jener biblischen Tradition, die vom Neugeboren-Werden spricht (Joh 3,1–13), Wandlung und nicht Anpassung an die Welt (Röm 12,1–2). Die Betonung der Neuschaffung des ganzen Menschen durch Stufenprozesse der Liebe hat danach bei Merton Niederschlag gefunden in seinen wiederholten Aufforderungen das »falsche Selbst« abzulegen, um zur Liebe zu gelangen. »Jeder von uns wird von einem illusorischen Ich verschattet: einem »falschen Selbst«. Das ist der Mensch, der ich von mir aus sein möchte, der aber nicht existieren kann, weil Gott von ihm überhaupt nichts weiß [...] Ein solches Selbst kann aber nichts anderes sein als eine Illusion.«[7] »Die einzig wahre Freude auf Erden ist die, dem Gefängnis unseres eigenen falschen Selbst zu entrinnen und durch die Liebe ins Einswerden mit dem Leben einzutreten, das im Wesen jedes Geschöpfs und im Kern unserer eigenen Seele wohnt und singt. In seiner Liebe besitzen wir alle Dinge und erfreuen uns ihres Genusses, finden Ihn in ihnen allen.«[8] Das eingegossene Gebet kann nach der Erfahrung Mertons die Kraft einer verborgenen Liebe spüren lassen, diese verwandelt dann das ganze Leben.[9]

Mary J. Weaver: Das Leben von Thomas Merton weist Egoismus und fehlende Selbsterkenntnis auf

Mary J. Weaver schreibt, dass sie sich nach einem Vierteljahrhundert erneut mit den Texten Mertons beschäftigt hat und nach einstigem Beeindrucktsein nun enttäuscht sei. Sie erklärt das zunächst mit der Feststellung einer Diskrepanz zwischen klassisch religiösen Autobiographien (Augustinus und Teresa von Ávila) und der Autobiographie Mertons. Erstere seien einem tief religiösen oder zumindest poetischen Erlebnis geschuldet, Mertons hingegen einer intellektuellen Suche vorrangig mittels Lektüre. Bereits seine Taufe war Höhepunkt seiner intellektuellen Suche. Sie vermisst ferner von Anfang an in Mertons Spiritualität sowohl das Element der Hingabe als auch das der Selbstaufgabe. Merton erweise sich in seiner Konversion und Spiritualität weniger gottbezogen als publikumsbezogen.

Mit dieser Schwäche erkennt ihn Weaver aber ebenfalls in der Gesellschaft des Bernhard von Clairvaux, der es zu seiner Zeit als hochaktiver Mönch auch leichter gefunden habe, über Mystik zu schreiben, als sich selbst ihren Ansprüchen der Selbstlosigkeit hinzugeben.[10] Jedenfalls findet sie es paradox, wenn Merton ständig über Sehnsucht nach Einsamkeit und Stille schreibt, aber keinen Gedanken unveröffentlicht lässt. Sie erkennt nur zwei wirklich tiefe religiöse Momente in seinem Leben, sein religiöses Erlebnis auf Kuba in Havanna und sein Erleben der liegenden Statuen in Polonaruwa.

Als Zeichen von Unreife im Sinne von fehlender Selbstannahme aber beurteilt sie besonders seine Abwertung der erlebten Beziehung mit einer Frau (»M.«), zwei Jahre nach dem Erlebten. Dies erkennt sie im posthum veröffentlichten Tagebuch von 1968, in dem Merton diese Phase als »stupidity in 1966« bewertet.[11] Sie hingegen glaubt, dass er dieser Beziehung mehr verdankt, als ihm bewusst war und er seinen besonderen Aufsatz »Openness and Cloister«[12] nur hatte schreiben können, weil er die Angst vor Emotionen verloren hatte. Er konnte nach der Beziehung leichter seine Bewegung weg vom triumphierenden Katholizismus fortsetzen und in jenem Aufsatz schreiben, dass Ordensleute mehr Vertrauen in die Welt setzen sollten. Weltzuwendung halte Ordensleute auf keinen Fall von Wachstum im kontemplativen Leben ab und Klausur sei ohnehin mehr eine innere Angelegenheit als eine sichtbare klösterliche.

Weaver überlegt aber auch, ob Merton gerade dank seiner Selbstbezogenheit und seiner Furchtlosigkeit Katholiken seiner Zeit eine »frische Vision« gegeben hat, nämlich die eigene Tradition ohne ängstlichen Traditionalismus zu leben und kontemplatives Leben aktiv und eigenständig zu gestalten.[13] Merton habe seinen eigenen Erfahrungen vertraut, und sie gesteht ihm zu, dass er immer wieder zu sich selbst humorvollen Abstand genommen hat. Vielleicht könnte die permanente Publikation seiner eigenen Erfahrungen sogar als neue theologische Methode betrachtet werden, Menschen anzusprechen, räsoniert sie weiter. Da der moderne Christ ohnehin nicht mehr glaube, dass es für kontemplative Momente einen heiligen Raum brauche, habe Merton auch schon vorweg genommen, was Karl Rahner später formulierte: Der moderne Christ wird Mystiker sein oder er wird nicht mehr sein.

Merton als erfüllter Transformierter

An den Überlegungen Bambergers und Weavers zeigt sich, welch schillernde Person Thomas Merton war und wie auch die Bewertungen schillernd ausfallen. Vielleicht übersieht Weaver, dass gerade die intellektuell motivierte Bekehrung zum katholischen Glauben nicht nur für den Betroffenen, sondern auch für Teilnehmende wichtig sein kann. Intellektuelle Erfahrungen können gleichermaßen echte Erfahrungen darstellen wie emotionale und brauchen nicht geringgeschätzt werden. Dass aber Merton in emotionaler Hinsicht möglicherweise mit seiner Liebesgeschichte ein Defizit therapierte, ohne dies angemessen anzuerkennen, braucht nicht in Abrede gestellt zu werden.

Die in dieser Beziehung erlebte emotionale Erfahrung, als Mensch ganz angenommen zu werden, war möglicherweise sehr wirksam. Auch sein Erleben der liegenden Buddha-Figuren in Polunaruwa könnte der Erfahrung entstammen, dass man als Mensch einfach nur *sein* darf. Er erfuhr hierbei ja tiefen Seelenfrieden. Es handelt sich in christlicher Terminologie um die Gnadenerfahrung des angenommenen Seins, wie sie in anthropologischer Perspektive Menschen verinnerlicht haben können, die als Kind geliebt wurden, in theologischer, dass sie von Gott angenommen sind. So könnte durchaus ein emotionaler Lernprozess beobachtet werden, der sowohl auf gelungenen menschlichen als auch auf metaphysischen Beziehungen beruhte und sich schließlich religiösen Ausdruck suchte.[14] Die Ursachen der Transformation waren Merton vielleicht nicht ganz bewusst.

Merton für den »Zuschauer«

Merton bot mit seiner publizierenden Reflexion Gelegenheit der Anteilnahme. Seine Art der Selbstdarstellung enthielt möglicherweise narzisstische Motive, möglicherweise aber auch soziale: die Erfahrung mitteilen, um dem anonymen Gegenüber Gelegenheit zu geben, einen Lernprozess mitzugehen.

Wie profitiert nun der Leser oder die Zuschauerin genau von Mertons »Performance«? An erster Stelle gewiss von Mertons Mut, neue Erfahrungen zu machen. Er ist eine eigenwillige und eigenständige Persönlichkeit. In einer nicht immer katholikenfreundlichen Umgebung wählt er als junger Mann gerade diese Richtung. Er will es genau wissen und studiert gewissenhaft die Tradition. Als Mönch schaut er über die Grenzen von Konfession und Religion, aber auch politischer Konvention hinaus. Unbefangen überspringt er vor dem Zweiten Vatikanischen Konzil die katholische Enge und nimmt in manchem das Aggiornamento vorweg. Er experimentiert mit dem monastischen Lebensstil und umkreist das unendliche Geheimnis auf seine Art. Mit seiner kraftvollen Suche nach der eigenen religiösen Erfahrung und mit dem Aufgreifen eines Bedürfnisses der Zeit trotz völlig verschiedener Kontexte liegt er auf einer ähnlichen Linie mit Bernhard von Clairvaux: die Dinge selbst ergründen zu wollen.

Im 11. Jahrhundert entsprach die mystische Bewegung dem Bedürfnis der Menschen damals, neben der kirchlichen Lehre, neben den Erfahrungen und Worten der geltenden Autoritäten das Wort Gottes und den Heiligen Geist selbst zu erspüren. Die religiöse Erfahrung wird durch Bernhard aufgewertet gegen die philosophisch orientierte Schultheologie. Zugunsten seiner Richtung schreckt Bernhard auch nicht davor zurück, einen intellektuellen Denker wie Petrus Abaelard in Klosterhaft setzen zu lassen. Trotz dieser und anderer fragwürdigen Seiten Bernhards blieb er jener Mann der Tat und Vorkämpfer der mystischen Bewegung, die etwas Neues wollte. Ein wenig ähnlich ist es Merton zu seiner Zeit, er bezeugt in seiner Person die Verbindung von Tradition und Neuformulierung und zeigt sich als der aufgeschlossene Denker, der immer noch in transnaturalen Antworten fündig wird. Nicht wenige junge Männer kamen in den fünfziger Jahren nach Gethsemani, mit der Autobiographie Mertons unter dem Arm. Merton ging also nicht nur entschlossen voran, sondern nahm auch ein häufig vorkommendes Bedürfnis jener Zeit auf, die Suche nach Halt nach zwei Weltkriegen, einer Weltwirtschaftskrise, der Shoah, einem Atombombenabwurf. Viele hatten in den eigenen Familien oder am eigenen Leib tiefe Verluste erfahren. Merton war mit seinem Oeuvre der richtige Mann in der richtigen Zeit, er bot Orientierung und auch deshalb fand er seinerzeit viele »Zuschauer«.

Mertons inhaltliches Angebot am Beispiel seines späteren Kontemplationsbegriffs

Nach seiner Autobiographie schrieb Merton über Kontemplation und Selbstfindung. Später folgten friedensethische und ökumenische Fragestellungen, neben der Exploration der Weltreligionen. Die Thematik der Selbstfindung verließ er nie ganz, wie oben zitiert, schrieb er noch Anfang der sechziger Jahre davon, dass jeder von einem »illusorischen Ich« überschattet werde, das es zu überwinden gelte.[15]

Auch das Kontemplationsthema blieb. Im erwähnten *Contemplation in a World of Action* schrieb er, dass es darum geht, die Achtsamkeit auf Gott nicht zu verlieren. Zwar ist auch ein gewisses Maß an Arbeit notwendig, um »physisch und psychisch in Schwung« zu bleiben und keinen Übertreibungen zum Opfer zu fallen.[16] Geistliche Gaben aber bedürfen der Stille und des Verborgenen. Damit ist seines Erachtens verbunden, auf die Segnungen der Welt zu verzichten, auf ein gutes weltliches Leben. Die unmittelbare »Unterwerfung unter Gott« geschieht im monastischen Klosterleben.[17] Für die meisten Menschen ist es »normal und fruchtbar und heiligend, Gott auf dem Weg der ehelichen Liebe und der Kindererziehung in einem aktiven Leben zu suchen. [...] Aber für uns gibt es eben diesen geheimnisvollen Ruf zu einem Leben unmittelbarer Verbundenheit und Abhängigkeit und Führung und Formung und Reinigung mit, von und durch Gott in Schweigen, Gebet, Einsamkeit, Loslösung und – Freiheit.«[18]

Eine ruhige und passive Einheit mit Gott ist nach Merton wiederum sehr verbreitet und viele im Kloster würden sie weniger praktizieren als manche »Hausfrauen«.[19] Kontemplation ist ohnehin in der Sprache des Neuen Testamentes ein Kennenlernen Jesu und das damit verbundene Erkennen, dass man mit Jesus bereits angekommen ist. »Das Leben in Christus umfaßt bereits alles. Was wir kontemplatives Leben genannt haben, ist ein Leben, das weiß, dass nur Eines notwendig ist. Jesus allein ist notwendig, und für ihn und in ihm zu leben enthält schon alles in sich.«[20]

»Nehmen Sie Tätigkeiten wie Hausputz, Geschirrspülen, Holzhacken, Grasschneiden oder dergleichen. Das sind durchaus keine Zerstreuungen. Wir werden von ihnen nicht derart in Anspruch genommen, dass unsere Aufmerksamkeit völlig abgelenkt wird. [...] Das ist durchaus eine Weise, still und ruhig in der Nähe Gottes zu verweilen. Was dieses Aufmerken auf Gott eigentlich meint, ist nicht einfach ein besonderer psychologischer Zustand oder eine besondere Art von Sammlung und Konzentration, sondern es ist ein Teil – ein kleiner oder großer, bedeutender oder geringfügiger – der Erfahrung der Liebe mitten im Alltag. [...] Die Liebe ist es auch, die uns zur Einheit in uns selbst führt. Die Liebe vereint uns mit der *Wirklichkeit*.«[21]

Ambivalenzen in Mertons Kontemplationsbegriff

Merton beschränkt hier Kontemplation nicht mehr auf die Praxis von Ordensleuten, sondern gesteht sie auch Berufstätigen und Familienmenschen zu. Das war in den sechziger Jahren innovativ, denn die katholische Tradition war über Jahrhunderte bis zur Mitte des zwanzigsten Jahrhunderts geprägt vom Gedanken der Trennung von »Weltchristen« und »geistlichem Stand«. Die Betonung des Unterschieds war häufig biblisch motiviert durch Aussagen wie: »gleicht euch nicht dieser Welt an«

(Röm 12,2). Bei genauem Hinsehen schwankt Merton aber selbst noch an diesem Punkt, da er die »unmittelbare Unterwerfung unter Gott« dann doch dem monastischen Leben zuordnet.[22] Seine Aussagen sind also nicht ganz stimmig, auch wenn er dann praktische Tätigkeiten des Lebens nennt, die ein »Aufmerken auf Gott« zulassen.[23] Dieses Verweilen in der Nähe Gottes ist für ihn nun »Erfahrung der Liebe«.[24] Im letzteren Punkt wären für die Leser konkrete Übergänge von »Aufmerken« hin zur »Liebe« interessant gewesen, er springt aber sehr schnell vom Konkreten wieder ins Grundsätzliche (hier: Jesus) und insgesamt bleiben die beschriebenen Möglichkeiten beschränkt auf sehr wenige Situationen des alltäglichen Lebens. Der Gedanke, wie Kontemplation für Menschen der Gesellschaft seiner Zeit konkret tragfähig wird, hätte systematisch und praktisch vertiefter erarbeitet werden müssen, aber wie Bamberger beschreibt, bevorzugte Merton den »literarischen Ansatz«.[25] Das bedeutet an dieser Stelle: inkonsistent und verkürzt.

Was Merton einst attraktiv machte

Abgesehen von dieser konstatierten Unstimmigkeit muss noch einmal festgestellt werden, dass Merton zu seiner Zeit den Nerv vieler Menschen traf. Das lag nicht nur an seinen Versuchen, Tradition und Gegenwart zu verbinden, sondern beispielsweise daran, dass er es verstanden hat, »dem Leser das Gefühl zu geben, dass er ihm ganz nahe sei, ja sich sogar mit ihm identifiziere«, wie Jean Leclerq äußerte.[26] Daneben muss die Vielfalt seines Werkes beachtet werden. Als Vielbegabter und Vielinteressierter bot Merton die Auseinandersetzung mit mannigfaltigen Themen, neben den oben genannten auch noch Literatur und Lyrik. So konnten Menschen mit unterschiedlichen Interessen von seinen Schriften profitieren. Schließlich aber waren es seine normalen menschlichen Erfahrungen und Schwächen, die ihn als »einen von uns« gelten ließen und in Kombination mit seinem religiösen Selbstversuch interessant machten. Seine permanente Dokumentation seines Befindens scheint tatsächlich eine Art plausible Methode subjektorientierter theologischer Reflexion dargestellt haben.

Was »Don Draper« attraktiv macht

Nun soll noch einmal an die Fernsehfigur angeknüpft werden, die man in »Mad Men« kennenlernt. Zu Drapers zielstrebiger Suche nach seinem Platz in der Gesellschaft – nach seiner elenden Kindheit – gehören sowohl familiäre und solidarische Ideale als auch die Suche nach der besten Bühne für sein Talent. Politische oder religiöse Ideale sind nicht direkt sichtbar. Bei den ersten Anzeichen seiner Ehekrise schickt er seine Frau zum Psychologen, er sieht sich kaum als Teil des Problems. Draper macht alles mit sich alleine aus und versucht später pragmatisch einen Neuanfang in einer zweiten Ehe.

Zahlreiche Szenarien von menschlichen und wirtschaftlichen Erfolgsversuchen tun sich in »Mad Men« auf, in einer Zeit, die fünfzig Jahre zurückliegt. Wer sich vor den Fernseher setzt, um diese Sendung zu verfolgen, schaut natürlich nicht nur dem Bestreben des Hauptdarstellers, sondern dem vieler Figuren und deren Erfahrungen zu. Die Zuschauer haben die Möglichkeit, eine eigene vergangene Zeit (oder die der Eltern) auf politischem, sozialen oder ästhetischem Terrain Revue passieren zu lassen. Man kann sich auf sehr legere Weise mit der Vergangenheit auseinandersetzen. »Don Draper« mit seiner persönlichen Dramatik steht darin paradigmatisch für Personen, die etwas Prägnantes erlebt (oder verbrochen) und eine Persönlichkeit entwickelt haben, die sich durch Bestimmtheit und Eigenständigkeit auszeichnet. Mit eigenen Strategien und viel Energie kämpft sich diese Figur durch Alltags- oder Ausnahmesituationen. Neben extremen Geschichten kommen auch Begebenheiten vor, die vielen Zuschauern bekannt sind. Die Mischung aus spektakulär und normal bindet Aufmerksamkeit und man kann sich sowohl moralisch abgrenzen als auch identifizieren.

Vergleichspunkte

Menschen suchen nach Erfüllung, wie auch in der vorliegenden Betrachtung die beiden Personen, trotz nicht geringer Belastungen aus der Vergangenheit. Bei Donald Draper ist ein Kompensieren zu erkennen, das sich in großen Leistungsanstrengungen und in Suchtverhalten zeigt. Über die Leistungsspur und Gelegenheiten kommt er sehr weit, seine ungeklärten Probleme und seine Sucht stehen ihm im Weg. Im Gegensatz zu Draper macht Merton den Versuch, auch wenn seine Reflexionen an manchem Punkt kritisch beurteilt werden können, sich ganz der Wirklichkeit und seiner selbst zu stellen. Er konnte auf diesem Weg auch einiges erkennen und erfahren. Durch seine Direktheit und durch seine schriftstellerischen Leistungen konnte er Betroffene seiner Zeit und Menschen bis heute mitnehmen.

Wenn sich nun aber Menschen heute am Feierabend lieber eine Folge von »Mad Men« anschauen als ein Buch von Thomas Merton aufschlagen, hat das ebenfalls Gründe. Zuerst ist es natürlich viel bequemer, Bilder an sich vorüberziehen zu lassen und Figuren bei ihren Verwicklungen des Alltags zuzuschauen. Daneben liegt Mertons Literatur auch schon eine Weile zurück, und eine seiner großen Stärken war, Fragen seiner Zeit schnell aufzuspüren und mit seinem religiösen Gefühl zu verbinden. Merton war also eine Art Berater speziell für seine Zeitgenossen.

Ein weiterer Grund liegt aber wohl wirklich in der fehlenden Alltagskonkretion von Aussagen vieler spirituell ausgerichteten Menschen wie Thomas Merton. Vielleicht leistet so manche »Soap« mehr Alltagsbewältigungshilfe als pastorale Worte. Die Menschen erkennen sich wieder in diesen Situationen: »Fehler begehen«, »selbstsüchtige Kollegen haben«, »an Schwächen von Ehepartnern leiden«, »renitente Kinder ertragen«, »todmüde einen Arbeitstag bestehen«, »enttäuscht werden«, »im letzten Moment noch etwas geschafft haben«, »jemandem helfen können«. Wenn Bernhard von Clairvaux oder Thomas Merton von Liebe schreiben, dann handelt es sich entweder um Gottesliebe oder um menschliche Liebe im Allgemeinen. Wenn Ordensleute oder manche Theologen über menschliche Liebe schreiben, klingt das aber manchmal wie eine Anleitung, im Aquarium Fliegen zu lernen. Viele Menschen müssen heute auf ihren speziellen Gebieten große Leistungen erbringen, oft auch noch in der Vereinbarung von Beruf, Kindern und der Sorge für Verwandte oder Freunde. Dieses Kräftefeld adäquat zu thematisieren und dabei auch moralisch und gelegentlich sinnfragend oder gar spirituell auszuloten scheint manchen erzählten Geschichten in den Medien besser zu gelingen als religiösen Personen oder Institutionen. Die menschliche Liebe ist nur interessant im Konkreten. Am interessantesten war dieses Thema vielleicht bei Merton in seiner Auseinandersetzung mit Abt James und in Begegnung mit »M.«. Einige seiner Leser oder Leserinnen teilen dann auch noch das Gefühl, »in einem falschen Selbst« geboren worden zu sein, vielen fehlt aber auch diese »Verwaisungserfahrung«.

Schluss

Natürlich gibt es in Klöstern auch viele zwischenmenschliche Beziehungen und darüber kann interessant geschrieben werden. Bei manchen konkreten Beschreibungen besteht für Zuschauer/innen auch die Möglichkeit, mit eigenen Erfahrungen anzudocken und interessiert zu bleiben. Insgesamt scheint aber Erzählung über menschliches Zusammenleben und menschliche Motivationen Literaten und Drehbuchautoren besser zu gelingen. Was die Gottesliebe angeht, sind mystische Beschreibungen nach mannigfaltigen Entmythologisierungen der vergangenen Jahrhunderte vielleicht noch schwieriger geworden. Die religiöse Sprache, die am besten in unsere Zeit passt, ist möglicherweise das Schweigen. Menschen suchen gelegentlich Klöster auf, weil sie die Stille suchen. Orte des Schweigens, aber auch des Erzählens aus der Tradition, können nach wie vor attraktiv sein. Dazu gehört auch das »Höre Israel! Jahwe, unser Gott, Jahwe ist einzig. Darum sollst du den Herrn, deinen Gott, lieben mit ganzem Herzen, mit ganzer Seele und mit ganzer Kraft« (Gen 6,4–5), das leicht im modernen Umtrieb verloren gehen kann. Andere leben aber auch gut ohne Bedarf an Anleitung oder speziellen Orten, weil sie selbst schon diese individuellen Mystiker geworden sind, von denen Karl Rahner einst sprach. Vielleicht sind die Gottesbilder heute oft auch eher apophatischer Natur als apersonaler (wie Letzteres oft nach Studien gedeutet wird[27]) und die Gottvergessenheit ist nicht ganz so groß wie manche befürchten (das Problem ist vielleicht eher eine Gemeinschaftsvergessenheit). Schade, dass Thomas Merton so früh gestorben ist, es wäre interessant zu wissen, was er als wendiger Theologe zum neueren Stand von Gesellschaft, Religion und Kirche gesagt hätte, einschließlich Medien, »Mad Men« und »Don Draper«.

Iris Mandl-Schmidt, Dr. theol. habil., akadem. Mitarbeiterin der kath. Theologie PH Schwäbisch Gmünd und Privatdozentin an der kath. Fakultät Universität Tübingen. Ausbildungen als Krankenschwester, Pastoralreferentin und Logotherapeutin. Forschungsschwerpunkte: Glaubensentwicklung, Religion und Gefühl, Religions-Anthropagogik.

---

1 Im deutschen Fernsehen läuft sie seit 2010 auf ZDFneo. Die Serie wurde in den USA 2008–2010 als beste Drama-Serie ausgezeichnet, obgleich sie nicht in den Hauptkanälen lief beziehungsweise noch läuft. Das Publikum dieser Serie ist vom Alter her nicht jugendlich, was auch an den historischen Bezügen liegt, zum Beispiel Korea-Krieg, J. F. Kennedy, Kubakrise, Emanzipationsbewegung, Marilyn Monroe, Beatles. Entwickelt wird das Szenario einer Firma und der Beziehungsgeschichten ihrer Mitarbeiter/innen unter den gesellschaftlichen, politischen und ästhetischen Bedingungen der 50er und 60er Jahre. Beim Auftakt der sechsten Staffel von Mad Men 2013 wurden 3,4 Mio Zuschauer registriert. http://www.serienjunkies.de/news/quoten-mad-men-erfolgreichem-staffelstart-48581.html (17.09.2013, 12.30).

2 Mott, Michael, The Seven Mountains of Thomas Merton, Boston 1984.

3 Mary J. Weaver, Conjectures of a disenchanted Reader, in: Horizons 30/2 (2003), 285–296, 289.

4 Thomas Merton, Der Berg der sieben Stufen, Übersetzung aus dem Englischen von Hans Grossrieder, Einsiedeln 1950, 221.

5 John E. Bamberger, Thomas Merton: Mönch und Kontemplativer, in: Geist und Leben 83/ (2010), 321–338; aus dem Englischen übersetzt von Bernardin Schellenberger (Original: Thomas Merton: Monk and Contempative, in: Cistercian Studies Quarterly 43 (2008), 391–408., 329, mit Bezug auf R. Bailey, Thomas Merton on Mysticism. New York 1975.

6 Ebd., 328.

7 Ebd., 335, mit Bezug auf Thomas Merton, New Seeds of Contemplation, New York 1961, dt. Verheißungen der Stille (hg. v. B. Schellenberger), 25.

8 Ebd.,334, Verheißungen, 5.

9 Vgl. ebd., 328.

10 Vgl. Weaver a.a.O. 2003, 295.

11 Vgl. ebd., 290, mit Bezug auf The Intimate Merton: His Life from His Journals, ed. Patrick Hart and Jonathan Montaldo, San Francisco: HarperSanFrancisco, 1999, 336.

12 Cistercian Studies 2 (1967).

13 Weaver a.a.O. 2003, 294.

14 Zu religiösen Kompensationen vgl. Bernhard Grom, Religionspsychologie, München 3. Aufl. 2007, 52f., mit Bezug auf Kirkpatrick, L. A., Attachment and religious representations and behavior, in: Cassidy, J.; Shaver, P. R. (Eds.): Handbook of attachment: Theory, research, and clinical applications, New York 1999, 803–822.

15 Bamberger a.a.O., 2010, 335.

16 Thomas Merton, Im Einklang mit sich und der Welt, Zürich 1986, 228.

17 Ebd., 229.

18 Ebd.

19 Ebd., 232.

20 Ebd., 235.

21 Ebd., 241. (Kursiv: Merton)

22 Ebd., 229.

23 Ebd., 241.

24 Ebd.

25 Bamberger 2010, a.a.O., 323.

26 Ebd., 321, mit Bezug auf Jean, Leclerq, Einleitung zu Th. Merton, Contemplation in a World of Action, New York 1973, 9.

27 Näher dazu I. Mandl-Schmidt, Religions-Anthropagogik, Bildungsbegleitung religiöser Autodidaktik in Pflegeausbildungen, Ostfildern 2012, 79–83.

RICARDA MOUFANG UND HELMUT SCHLEGEL

Im Herzen Gottes sein. Übungstag »Meditation und Geistliches Leben« mit Texten von Thomas Merton

Ein Projekt des Zentrums für christliche Meditation und Spiritualität in Frankfurt-Bornheim

Im Rahmen einer dreijährigen Reihe mit der Überschrift »Im Herzen Gottes sein – Übungstage Meditation und Geistliches Leben« veranstalteten wir in Heilig Kreuz – Zentrum für christliche Meditation und Spiritualität, Frankfurt-Bornheim, unter anderem auch einen Tag mit Texten und Impulsen von Thomas Merton. Inhaltlich begleitet wurde dieser Tag, wie auch die ganze Reihe, von Ricarda Moufang, M.A. und Referentin für Mystik und interreligiöse Kontakte, sowie Helmut Schlegel, Priester und Franziskaner, Leiter des Zentrums.

Im folgenden Beitrag werden wir das Zentrum sowie die Konzeption, den Verlauf, die Texte und Übungen des Meditationstages vorstellen.

I. Heilig Kreuz – Zentrum für christliche Meditation und Spiritualität in Frankfurt-Bornheim

Im Rahmen struktureller Umgestaltungen innerhalb der Stadtkirche Frankfurts haben sich zu Beginn des neuen Jahrtausends neue Herausforderungen und damit neue Akzente in der Pastoral ergeben. So wurden Pfarreien zusammengelegt und frei werdende Kirchen und Pfarrzentren einer neuen Bestimmung zugeführt. Zwischen 2005 und 2010 entstanden die Jugendkirche JONA in St. Bonifatius, Frankfurt-Sachsenhausen, das Zentrum für Trauerpastoral in St. Michael, die Kunst- und

Kulturkirche in der Allerheiligenkirche sowie das Zentrum für christliche Meditation und Spiritualität. Letzteres wurde in Heilig Kreuz angesiedelt, einer Kirche, die in den zwanziger Jahren von Architekt Martin Weber erbaut worden war. 2007 wurden die beiden katholischen Pfarreien in Bornheim – St. Josef und Heilig Kreuz – zusammengelegt. Dass das Meditationszentrum gerade hier seinen Ort fand, hatte nicht zuletzt seinen Grund darin, dass Bornheim ein Frankfurter Stadtteil ist, in dem sich unterschiedliche kulturelle und religiöse Strömungen begegnen. So finden sich hier eine Reihe von Meditationszentren fernöstlicher Ausrichtung, Yoga-Schulen, esoterische Zentren und ähnliches. Die katholische Kirche setzte sich das Ziel, ein Meditationszentrum zu schaffen, das zum einen offen ist für alle spirituell interessierten Menschen und zum anderen ein klares christliches Profil zeigt.

Nach der Eröffnung des Zentrums im Jahre 2007 wurden Räume geschaffen, die der Stille und Kontemplation dienen. Die inhaltliche Gestaltung der Arbeit liegt in den Händen von zwei Pastoralreferentinnen, einer Pädagogin, einer Sozialarbeiterin und einem Priester. Eine Sekretärin und ein Hausmeister ergänzen das Team. Wir bieten zum einen ein Programm mit sehr unterschiedlichen Veranstaltungen und Gottesdiensten an, zum anderen nehmen Gruppen aus Pfarrgemeinden, Verbänden und spirituellen Interessengruppen sowohl das personelle Angebot als auch die Räume des Zentrums in Anspruch. Seit der Eröffnung im Jahre 2007 haben einige tausend Menschen sehr verschiedener religiöser Sozialisation das Zentrum besucht.

II. Reihe »Im Herzen Gottes sein – Übungstage Meditation und Geistliches Leben«

Diese Reihe war fester Bestandteil des Programms in den Jahren 2010 bis 2013. Sie wurde abgelöst von der Reihe »Übungstage Mystischer Erfahrungsweg«. Zweifellos hat die Tradition und Praxis christlicher Mystik in den letzten Jahrzehnten eine größere Bedeutung gewonnen. Dies ist nicht zuletzt dem Zweiten Vatikanischen Konzil zu verdanken, das die Christen aufforderte, die Quellen des inneren Gebetes neu zu entdecken und daraus zu schöpfen. Unsere Beobachtung ging dahin, dass in der religiösen Bildungsarbeit häufig über die großen Gestalten christlicher Mystik und ihre Texte gesprochen, aber seltener die Gebetspraxis erschlossen und geübt wird. So haben wir ein Veranstaltungsformat geschaffen, in dem neben gründlicher Information auch Zeiten des Gebetes und der kontemplativen Übung stehen. Es war uns ein Anliegen, dabei sowohl christliche als auch nichtchristliche Mystiker und ihre geistlichen Impulse vorzustellen. Im Lauf der drei Jahre waren dies neben Thomas Merton auch Edith Stein, Dag Hammarskjöld, Dietrich Bonhoeffer, Thích Nhât Hanh, Henri Nouwen, Teresa von Ávila, Dorothee Sölle, Dschalal ad-Din ar-Rumi, Martin Buber, Friedrich Weinreb, Hugo Makibi Enomiya-Lasalle, Roger Schutz, Dorothy Day, Mahatma Gandhi und Dom Hélder Câmara. An den Übungstagen, die jeweils an Samstagen in der Zeit von 10 bis 17 Uhr stattfanden, nahmen zwischen 15 und 22 Personen teil.

Mit den Übungstagen wollten wir die Teilnehmenden anregen,

- die Ereignisse ihres Alltags mit Achtsamkeit und Sympathie wahrzunehmen,
- der Meditation in den gewohnten Lebensfeldern Raum zu geben,
- aus der betenden Gottesbeziehung die Kraft für familiäre, berufliche und gesellschaftliche Verantwortung zu schöpfen,
- in der säkularen Welt die Gegenwart Gottes zu entziffern.

III. Übungstag »Im Herzen Gottes sein« mit Texten von Thomas Merton

A. Ausschreibung

Der Übungstag zu Thomas Merton war im Jahresprogramm des Meditationszentrums in folgender Weise ausgeschrieben:

Im Herzen Gottes sein – Übungstag Meditation und Geistliches Leben

Der Weg vom Gebet der Worte zum Gebet des Daseins.
Einübung in das kontemplative Beten.
Impuls und Übung nach Texten von Thomas Merton.

Elemente des Übungstages:

Meditatives Sitzen und Gehen – 5 x 20 Minuten über den Tag verteilt (gesonderte Einführung für Einsteiger/innen), Thomas Merton – seine Biographie und spirituelle Akzente in seinen Schriften, Anregungen zur Umsetzung für die persönliche Kontemplation und für das geistliche Leben im Alltag, Abschlussritual.

Für Einsteiger/innen und Geübte
Kursleitung: Helmut Schlegel OFM, Ricarda Moufang

B. Verlauf des Übungstages, Impulse und Anleitungen

Teil 1: Einführung in den Tag

10.00	Begrüßung – Kurze Vorstellung des Zentrums – Organisatorische Fragen | Info
10.10	Übung der Vergegenwärtigung | siehe Anleitung
10.15	Vorstellung der Teilnehmenden und der Referentin/des Referenten: Wer bin ich? Woher komme ich? Was suche ich an diesem Tag? | Rundgespräch
10.30	Kurze Vorstellung des Zeitablaufs, Info | Info-Tafel

Anleitung »Übung der Vergegenwärtigung«

Wir möchten Sie zu einer kleinen Übung einladen. Am besten gelingt sie mit geschlossenen Augen. – Schließen Sie Ihre linke Hand zu einer Faust. Stellen Sie sich vor, auf der verborgenen Handfläche steht das Wort »Gestern«. Was haben Sie noch in Erinnerung? Lassen Sie sich ein paar Augenblicke Zeit und denken Sie nach, was Ihnen zu »Gestern« einfällt. Spüren Sie auch, welche Gefühle Ihnen dabei kommen.

Schließen Sie nun auch die rechte Hand zu einer Faust und stellen Sie sich vor, auf der verborgenen Handfläche steht das Wort »Morgen«. Haben Sie eine Idee, was morgen sein wird? Vielleicht fallen Ihnen Termine ein oder Begegnungen. Was haben Sie vor? Was kommt auf Sie zu? Spüren Sie auch jetzt wieder, welche Gefühle Ihnen dabei kommen.

Öffnen Sie nun Ihre beiden Hände und führen Sie sie einander zu. Legen Sie die beiden Handflächen so aufeinander, dass ein Zwischenraum bleibt und stellen Sie sich vor, da ist etwas ganz Kostbares. Dieser Kostbarkeit geben Sie den Namen »Heute«. Konzentrieren Sie sich ganz auf das Jetzt. Schenken Sie diesem Augenblick Ihre volle Aufmerksamkeit.

Teil 2: Grundübung der Meditation, Biographie von Thomas Merton

10.35	Grundübung der Meditation | siehe Anleitung
10.50	Thomas Merton – eine kurze Biografie | Vortrag
11.20	Trinkpause

Anleitung »Grundübung der Meditation«

Bei der ersten der insgesamt fünf Schweigemeditationen dienen die folgenden Bilder als Hilfestellungen:

Stufe 1: Meditieren wie ein Berg: Sich ganz erden und am Boden niederlassen. Seinen Schwerpunkt nach unten verlagern wie ein großer Berg.

Stufe 2: Meditieren wie die Mohnblume: Sich aus dem Becken heraus aufrichten wie der Stängel einer Mohnblume, die gerade nach oben strebt. Sich im Scheitel öffnen wie die Blüte der Mohnblume und empfänglich sein für das, was mir von oben zukommt.

Stufe 3: Meditieren wie der Ozean: Sich dem Fluss des Atems überlassen, der kommt und geht wie Ebbe und Flut. Ganz im Atemfluss gegenwärtig sein.

Stufe 4: Meditieren wie die Wolken: Wenn sie nicht von Regenschwere belastet werden, ziehen sie in Leichtigkeit vorüber. So ziehen auch meine Gedanken vorüber, ich werde sie weder festhalten noch vertreiben.

Stufe 5: Meditieren wie ein Singvogel: Dieser trällert eine kurze Melodie, die ständig wiederkehrt. Ich lege an meinen Atem ein einziges einfaches Wort, das ich wie ein Mantra wiederhole. Das kann zum Beispiel das Wort »Licht« oder »Leben« oder »Heute« oder »Du« oder das Jesus-Gebet (»Jesus« beim Ausatmen, »Christus« beim Einatmen) sein.

Teil 3: Zweite Meditation – Der Stufenweg bei Thomas Merton – Dritte Meditation

11.30	Zweite Meditation, Gehen im Schweigen
12.00	Der Stufenweg bei Thomas Merton | siehe Impuls
12.25	Dritte Meditation mit einem Wort des Stufenweges | s. Anleitung
13.00	Mittagszeit

Impuls: Stufenweg bei Thomas Merton

Alle Mystikerinnen und Mystiker beschreiben in ihren Schriften verschiedene Formen und Stadien des Kontemplationsweges. Auch Thomas Merton unterscheidet verschiedene Stufen und spricht vom »Weg vom Gebet der Worte zum Gebet des Daseins«. Er weist darauf hin, dass diese

Stufen keine strenge Hierarchie darstellen. Ein wichtiger Hinweis für uns heute, die wir häufig leistungsorientiert sind. Im Beten aber geht es nicht um zielorientiertes Stufenklettern. Vielmehr wechseln sich in der Übung der Kontemplation Fortschritt, Rückschritt und Stagnation ab. Und das darf auch so sein. Es gilt zu bedenken, dass Kontemplation das ist, was wir üben, um mystische Erfahrung zu ermöglichen. Die Erfahrung selbst können wir jedoch nicht herbeiführen, sie ist immer ein Geschenk.

Wie beschreibt Merton diese Stufen? Er nennt sie zunächst »Stufen der Aufmerksamkeit beim Gebet.«[1] Dabei sind die ersten vier Formen Varianten der ersten Stufe, die noch sehr von den eigenen Belangen und Vorstellungen geprägt sind.

a) Stufen der Aufmerksamkeit beim Gebet

Stufe 1: Rein äußerliche Aufmerksamkeit

»Zunächst gibt es die rein äußerliche Aufmerksamkeit. Wir ›sprechen Gebete‹ mit den Lippen, unser Herz aber folgt den Worten nicht.«[2] Das ist an sich nicht schlecht, manchmal erfordert es auch eine Zeit des rein äußeren »Trainings« (zum Beispiel Rosenkranz sprechen, Mantren wiederholen usw.), bis man in ein Gebet »hineinkommt«. Auf Dauer ist dieser Zustand unbefriedigend, die äußere Aufmerksamkeit muss sich mittelfristig in eine innere verwandeln.

Stufe 2: Nachdenken über Gott

»Zu anderen Zeiten denken wir im Gebet zwar an Gott, aber [...] es sind Gedanken über Ihn, die keinen Kontakt mit ihm herstellen. So grübeln wir während des Betens über Gott und das geistliche Leben. [...] Solche Gedanken sind an ihrem Platz ganz recht, aber [...] sie können die Seele nicht befriedigen, die danach verlangt, Gott im Gebet zu finden.«[3] Gebet ist mehr »als theoretisches Grübeln.«[4]

Stufe 3: Ablenkung durch Alltagssorgen

»Oder aber wir lassen uns beim Gebet von unseren praktischen Schwierigkeiten ablenken, den Problemen unserer Lebenslage, den Aufgaben, denen wir uns gegenübersehen. Solche Ablenkungen lassen sich nicht immer vermeiden, aber wenn wir wissen, was Beten heißt, und wissen, wer Gott ist, wird es uns gelingen, aus diesen Gedanken selbst Gebetsmotive zu machen.«[5] Ablenkung durch Alltagssorgen bezeichnet Merton als ein ganz normales Phänomen, das die Betenden immer wieder beschäftigt.

Stufe 4: Das »gut angewandte Gebet«

»Dann gibt es das gut angewandte Gebet: Worte und Gedanken dienen ihrem Zweck und führen Herz und Sinn zu Gott, und im Gebet wird uns die Einsicht zuteil, diese Gedanken auf unsere Probleme und Schwierigkeiten anzuwenden oder auf die unserer Freunde oder der Kirche.«[6] Merton bezeichnet diese Art von Gebet als »gewiss gültig« und schreibt weiter: »Wir werden auch für die geringste Erleuchtung in unserem Gebet dankbar sein.«[7] Das gilt für ihn selbst dann, wenn diese Erleuchtung etwas so »Profanes« wie unsere Alltagssorgen betrifft.

b) Stufen des inneren Betens

Stufe 5: Die Erfahrung von Liebe und Barmherzigkeit

»Es gibt eine bessere Art des Gebetes, ein größeres Geschenk von Gott, in dem wir durch unser Gebet hindurch zu Ihm vordringen und Ihn lieben. Wir kosten die unendliche Güte seiner Barmherzigkeit. Wir wissen, dass wir wirklich Seine Kinder sind. [...] So eröffnet sich uns ein großes Geheimnis, das man nicht erklären, sondern nur erfahren kann.«[8]

Hier beschreibt Merton das Ziel aller Kontemplation: Wir erfahren Gottes Gegenwart auf einer tiefen inneren Ebene, die Seele und Geist gleichermaßen berührt. Dies ist für die Betenden häufig ein Wendepunkt – auch dann, wenn die äußeren Formen von Ablenkung und Alltagssorgen immer wieder einmal auftauchen. Diese Stufe ist häufig sehr beglückend. Sie birgt allerdings auch die Gefahr, dass man die guten Gefühle, die sie begleiten, festhalten und immer wieder erleben möchte.

Stufe 6: Der Wunsch nach Selbstvergessen

Merton bleibt, wie alle Mystikerinnen und Mystiker, nicht bei der emotionalen Ebene stehen. Die Entwicklung geht weiter. Irgendwann schämen wir uns, »beim Gebet so viel an uns selbst zu denken. Wir wünschten, wir stünden uns selber nicht so sehr im Wege [...], wir fürchten, unsere Freude könnte in Selbstsucht und Selbstgefälligkeit enden.«[9]

Gerade im Lichte Gottes erkennen wir jetzt umso mehr unsere Fehler und Selbstsucht und spüren, wie sehr wir in uns und unseren Verhaltensmustern gefangen sind.

Stufe 7: Die Krise: Gottesferne und Ohnmacht

In diesem Zustand überfällt die kontemplativ Betenden häufig Angst: »Es gibt [...] ein weiteres Gebetsstadium, in dem die Tröstung der Furcht weicht. [...] Beschämt und schmerzlich stellen wir fest, dass unsere Liebe voller Selbstgefälligkeit ist. [...] Unsere ganze bisherige Liebe zu Gott scheint uns voller Mängel [...].«[10] Wir erreichen Gott nicht, er zeigt sich uns nicht mehr, wir sehen nur uns selbst mit unseren Mängeln.

Hier findet nun eine entscheidende Wende statt, in der die Betenden ihre Ohnmacht und Angewiesenheit auf Gott erleben: »Wir begreifen deutlicher denn je, wie sehr wir Gottes bedürfen.«[11]

»Das ist die Zeit, in der wir wirklich anfangen, ernsthaft beten zu lernen. [...] Wer solche Trockenheit und Verlassenheit lange und mit großer Geduld aushalten kann [...], dem wird endlich reines Gebet zuteil. Hier wendet die Seele sich betend an Gott, ohne noch länger an sich selbst oder in ihrem Gebet zu kleben.«[12] Wir vergessen uns selbst, unsere Seele tritt in direkten Kontakt zu Gott. Dies nun ist die höchste Stufe der Kontemplation.

Stufe 8: Das immerwährende Gebet

In diesem Zustand, der oft als zeitlos beschrieben wird, spricht unsere Seele direkt mit Gott, denn »er ist schon gegenwärtig in der Tiefe des Geistes und erweckt eine Liebe, die sich weder erklären noch verstehen lässt. Die Zeit ist wesenlos bei solchem Gebet [...], es gehört weniger der Zeit als der Ewigkeit.«[13] Und dieses »tiefe innerliche Gebet überkommt uns aus eigenem Antrieb, durch die geheime Regung des Geistes Gottes, immer und überall, ob wir gerade beten oder nicht.«[14]

Das nun ist das *Ziel* des kontemplativen Weges – denn wenn wir überall und zu jeder Zeit diese Kommunikation mit Gott leben können, wenn wir immer Zugang zu Seiner Liebe finden, dann fließt diese Erfahrung in unseren Alltag hinein. Und wir können diese Liebe weitergeben, denn die Früchte der Kontemplation sind: »Frieden, innere Stille, Herzensheiterkeit«[15]

Christliche Kontemplation ist nie Selbstzweck. Ihr Sinn liegt letztlich darin, dass wir Zugang zur göttlichen Liebe und damit auch zu allen Geschöpfen finden und diese dann im Alltag leben.

Anleitung: Meditation mit einem Wort des Stufenweges

Die Teilnehmenden erhalten die nachstehende Kurzfassung des Stufenweges und sind eingeladen, ein sie ansprechendes Wort daraus in die Schweigemeditation zu nehmen.

Die acht Stufen des Kontemplationsweges:

- Mein Mund betet.
- Ich mache mir Gedanken über Gott.
- Alltagssorgen lenken mich ab.
- Ich trage meine Anliegen vor Gott und erfahre wichtige Einsichten.
- Ich erfahre Liebe und Barmherzigkeit.
- Ich erkenne meine Mängel und will mein Ego vergessen.
- Ich erfahre meine Ohnmacht und meine Gottes-Bedürftigkeit.
- Ich verweile im Herzen Gottes.

14.00	Übung Leibgebet | siehe Anleitung
14.15	Schreibmeditation zu zwei geistlichen Schwerpunkten bei Thomas Merton: »Innere Sammlung«, »Im Herzen Gottes wohnen« Große Blätter liegen aus, auf denen Begriffe geschrieben stehen. Die Teilnehmenden werden eingeladen, umherzugehen und ihre Assoziationen aufzuschreiben.

Anleitung zum Leibgebet

Ich stehe
Ich suche einen guten Stand und spüre den Kontakt meiner Füße zum Boden hin. Ich verlege den Schwerpunkt meines Leibes in die Füße.

Ich atme
Ich lasse den Atem langsam und tief von der Leibmitte her ausströmen. Ich stelle mir vor, im Ausatmen alle verbrauchte Luft (und damit alles, was in mir »verbraucht« ist) über die Beine und Füße der Erde abzugeben. Ich halte einen Augenblick inne und lasse dann den Atem langsam in meinen Leib einströmen. Ich stelle mir vor, dass der Atem meinen Leib bis in die Finger- und Zehenspitzen mit neuem Leben erfüllt.

Ich richte mich auf
Ich stehe aufrecht. Ich erhebe meine Hände und Arme und strecke sie über meinen Körper hinaus zur Höhe.

Ich breite Arme und Hände aus
Ich breite meine Arme aus. Ich spüre, wie die Vertikale und die Horizontale ein Kreuz darstellen. Die Linie, die nach oben strebt und zu Gott hinzeigt, kreuzt die Linie, die nach rechts und links zur Erde und zu anderen Menschen hinzielt. Ich spüre auch, wie die Arme mit der Zeit schmerzen und die Schwerkraft zur Erde hinzieht.

Ich verneige mich
Ganz langsam neige ich mich. Ich beginne mit dem Kopf und beuge langsam die Wirbelsäule von oben nach unten. Ich neige mich respektvoll vor dem Leben, vor mir selbst, vor den Menschen und vor Gott.

Ich gehe
Gehen ist ein ständiger Wechsel von Stand und Bewegung. Während das eine Bein fest am Boden ist und Halt gibt, löst sich das andere von der Erde und bewegt sich nach vorne. Gehen ist Vertrauen, dass die Erde mich trägt, und ist zugleich Mut, den bisherigen Ort zu verlassen. So kann Gehen zum Gebet werden. – Ich verlangsame im Gehen meine Schritte und spüre Stand und Bewegung meiner Beine.

Schreibmeditation »Innere Sammlung« und »Im Herzen Gottes wohnen«

Große Blätter liegen aus, auf denen die Worte »Sammlung« – »innen und außen« – »innere Sammlung« – »im Herzen« – »wohnen« – »im Herzen Gottes wohnen« geschrieben stehen. Die Teilnehmenden werden eingeladen, im Raum umherzugehen und auf die Blätter ihre Gedanken und Assoziationen zu schreiben.

Teil 5: Impuls »Innere Sammlung« – vierte Meditation

14.30	Impuls »Innere Sammlung« | siehe Text
14.40	Vierte Meditation
15.10	Kaffee

Impuls »Innere Sammlung«

Für den Übungstag hatten wir zwei geistliche Schwerpunkte ausgewählt, die in den Schriften Thomas Mertons immer wieder auftauchen und die sich gegenseitig gut ergänzen. Den ersten nennen wir »Innere Sammlung«, den zweiten »Im Herzen Gottes sein«. Unsere Anregung ist, dass Sie heute in der Kontemplationsübung Ihre Aufmerksamkeit auf diese beiden Akzente lenken. Vielleicht erfahren Sie im Verlauf dieses Tages in Ihrer eigenen Übung beide Aspekte, vielleicht auch nur einen.

Der Schwerpunkt »Innere Sammlung« steht für den aktiven Part, den wir bei unserem kontemplativen Weg übernehmen. Wenn wir das innere Gebet üben, nehmen wir uns – möglichst regelmäßig – Zeit, setzen uns hin und üben die für uns passende »Technik« (das ist beispielsweise die Konzentration auf den Atem und die Übung des Herzensgebetes) ein. Dieser aktive Anteil erfordert Initiative und Disziplin. Auf diese Weise bereiten wir den Weg für die Kontemplation. Doch ist es nicht so, dass unsere *Schritte* den Weg zum »Herzen Gottes« finden, vielmehr kommt Gott zu uns.

Teil 6: Impuls »Im Herzen Gottes wohnen« – fünfte Meditation

15.40	Impuls »Im Herzen Gottes wohnen« | siehe Text
15.50	Fünfte Meditation
16.10	Evtl. meditatives Gehen

Impuls »Im Herzen Gottes wohnen«

Die kontemplative Erfahrung können wir nicht aktiv machen. Merton nennt sie wie alle Mystiker ein »reines Geschenk«[16]. Durch die regelmäßige Übung können wir jedoch lernen, ganz präsent zu sein. So wird das Gebet der Worte zum Gebet des Daseins. Weil wir offen und gegenwärtig sind, kann Gott zu uns kommen. Unser Dasein ist in diesem Zustand passiv und empfänglich. Wir sind ganz aufmerksam und richten unsere »Antennen« auf Gott aus. Jetzt tun oder machen wir nichts mehr. Wir *sind* – im Herzen Gottes.

Da es bei der Kontemplation nichts zu »erreichen« gibt, werden wir – vor allem wir leistungsorientierte Menschen – oft mutlos, wenn wir nichts spüren oder vor lauter Ablenkung keinen klaren Gedanken fassen können. Merton tröstet uns: »Wir könnten Gott nicht suchen, wenn Er uns nicht suchte. [...] Die bloße Tatsache, dass wir Ihn suchen, beweist, dass wir Ihn bereits gefunden haben.«[17]. Das zu glauben fällt uns schwer. Doch wir *sind* immer schon im Herzen Gottes.

Teil 7: Abschlussrunde – Abschlussritual

16.30	Abschlussrunde: Was war mir wichtig? Was will ich vertiefen? Rundgespräch
17.00	Abschlussritual im Kreis | siehe Anleitung

Anleitung Abschlussritual

Wir bilden einen Kreis in der Mitte und schweigen eine Minute lang. Dann legt jede/jeder die rechte Hand auf die Schulter der rechten Nachbarin/des rechten Nachbarn und die linke Hand auf das eigene Herz. Wir verbinden uns, die wir den Tag geteilt haben, so miteinander und wir verbinden uns im Herzen mit Gott. Jemand spricht das folgende Gebet von Thomas Merton:

»In der Einsamkeit habe ich begriffen, dass du nach der Liebe meines Herzens verlangst, o mein Gott, nach der Liebe meines Herzens, so wie es ist, nach der Liebe eines Menschenherzens. [...] Du wartest nicht, bis ich reif und groß bin, bevor Du bei mir bist, mich anhörst und mir Antwort gibst. Meine Niedrigkeit und mein Mensch-Sein sind es, die Dich bewogen haben, mich Dir zum Mitbruder (und zur Mitschwester) zu machen, indem Du in meine Natur hinabstiegst und in mir durch Dein sorgendes Erbarmen lebst.[18]

IV. Reflexion

An der Biographie, aber auch an den Texten von Thomas Merton hat die Teilnehmenden vor allem die enge Verbindung von Gebet und gesellschaftlichem Handeln beeindruckt. Die Frage, wie sich Kontemplation und der Einsatz für Gerechtigkeit und Gewaltlosigkeit im Sinn des Evangeliums verbinden lassen, stand darum auch im Mittelpunkt der Gespräche.

Für viele war der Stufenweg eine konkrete Hilfe, ihre eigene Gebetspraxis zu reflektieren und weiterzuentwickeln. Positiv wurde gewertet, dass Kontemplation nicht nur in der Theorie beschrieben, sondern konkret eingeübt wurde. Die Texte von Thomas Merton waren dabei eine große Hilfe.

Ricarda Moufang, geboren 1961, M.A. Amerikanistik/Philosophie. Konversion zur katholischen Kirche 2007. Fortbildungen: Theologie im Fernkurs (Würzburg), geistl. Begleitung (St. Georgen/Frankfurt a.M.-Oberrad). Seit 2012 hauptamtlich tätig im Bistum Limburg am Zentrum für christliche Meditation und Spiritualität in Frankfurt und in der Seelsorge 3.+4. Lebensalter im Pastoralen Raum Frankfurt a.M.-Ost. Autorin für Rundfunk und Printmedien.

Pater Helmut Schlegel OFM, geboren 1943, Franziskaner seit 1963, Studium der Philosophie und Theologie, Priesterweihe 1969, berufsbegleitende Ausbildung zum Meditations- und Exerzitienbegleiter sowie in sinnorientierter Psychologie (Logotherapie). Beruflicher Einsatz: Kaplan und Jugendpfarrer in Wiesbaden, Leiter des Franziskanischen Zentrums für Stille und Begegnung in Hofheim am Taunus, Provinzial der Thüringischen Franziskanerprovinz, seit 2007 Leiter des Zentrums für christliche Meditation und Spiritualität in Frankfurt-Bornheim. Diverse Buchveröffentlichungen: Biblische Meditationen, Geistliche Wegbegleitung, Franziskanische Spiritualität, Neue Geistliche Lieder.

---

1 Thomas Merton, Keiner ist eine Insel, 14.

2 Ebd., 54.

3 Ebd., 55.

4 Ebd., 55.

5 Ebd., 55.

6 Ebd., 56.

7 Ebd., 56.

8 Ebd., 56.

9 Ebd., 57.

10 Ebd., 58.

11 Ebd., 58.

12 Ebd., 59.

13 Ebd., 59.

14 Ebd., 59.

15 Ebd., 205.

16 Ebd., 35.

17 Ebd., 217f.

18 Thomas Merton. Meditation eines Einsiedlers. Über den Sinn von Meditation und Einsamkeit. Benziger Verlag, Zürich, Einsiedeln, Köln, 1976, 140f.

WUNIBALD MÜLLER

Damit das Leben gelebt werde. Anima-Erfahrungen im Leben von Thomas Merton und Karl Barth

Wenn man die folgenden Aufzeichnungen von Thomas Merton und über Karl Barth liest, erinnert das an Schilderungen von Menschen, die sich unsterblich verliebt haben. Man mag sich wundern, dass »so etwas« Karl Barth und Thomas Merton passieren konnte. Andere mögen sogar so weit gehen und sagen, es sei unverantwortlich von ihnen, sich überhaupt darauf eingelassen zu haben. Was auch immer man denken und sagen mag, es ist passiert. Ist es Liebe gewesen? Wer kann das entscheiden? Für beide war es, so beteuern sie, Liebe, eine ganz tief empfundene Zuneigung. Etwas, das aus dem Grund ihres Herzens kam, sie überwältigte. Zugleich war es aber auch etwas Emotionales, ganz im Sinne des lateinischen Wortes *emovere*, herausbewegen, also eine Erfahrung, bei der etwas aus ihnen heraus bewegt wurde, ja geradezu herausschoss. Etwas, das lange in ihnen eingeschlossen war und jetzt eine Chance sah, herauszukommen, und das gerade auch, weil es so lange eingeschlossen war, jetzt herausexplodierte.

Mich fasziniert das jedenfalls und ich möchte daher anlässlich des 100. Geburtstages von Thomas Merton und des 120. Gebutstages von Karl Barth diese Erfahrungen, die in beider Leben eine sehr große Rolle gespielt haben und sie und ihre Theologie, so vermute ich, weit mehr geprägt haben als allgemein vermutet, darstellen und bewusst mit nur wenigen Gedanken kommentieren. Mir geht es darum, sie selber sprechen zu lassen, um so einen Einblick zu vermitteln von dem, was sie erlebt, erlitten, an Schönem dabei erfahren haben. Thomas Merton befasste sich immer wieder mit den Schriften von Karl Barth und schätze ihn offensichtlich. Inwieweit Karl Barth von Thomas Merton wusste, weiß ich nicht. Interessant ist, dass ihre heftigsten Erfahrungen mit dem Verlieben ungefähr zur gleichen Zeit, in den 60er Jahren des letzten Jahrhunderts stattfanden.

Ich möchte dabei nicht verschweigen, dass ich auch deshalb an ihren Erfahrungen interessiert war und bin, weil ich darin auch eigene Erfahrungen erkennen kann, die ich unter anderem in meinem Buch *Sich verlieben. Eine verwandelnde Kraft* (2001) und in *Auf der Suche nach der verlorenen Seele* (1999 sowie 2006) beschrieben und verarbeitet habe. Thomas Merton ist mir neben vielen anderen Gedanken und Überzeugungen, die mir wichtig sind und mir auch in der Auseinandersetzung mit meiner Kirche geholfen haben, nicht zuletzt durch seine Menschlichkeit und Transparenz zu einem Seelenfreund geworden, der mich bis heute, davon bin ich überzeugt, liebevoll zugewandt und zugleich auch immer wieder mich herausfordernd begleitet.

Jetzt aber lade ich Sie meine Leser und Leserinnen dazu ein, einzutauchen in die Welt von Thomas Merton und Karl Barth. Ich habe bewusst die Gegenwartsform gewählt und sie so gut es geht selbst zu Wort kommen lassen, um auf diese Weise zu ermöglichen, ihnen ganz nahe zu sein und so an ihrem Leben, an ihrem Ringen, an ihrem Schmerz, an ihrer Freude teilhaben zu können.

Thomas Merton – Folge der Ekstase

Thomas Merton, Trappist, geistlicher Schriftsteller, Mystiker und Friedensaktivist, lebte fast 30 Jahre im Kloster Gethsemani. Bekannt geworden ist er vor allem als geistlicher Schriftsteller. Wie kaum ein anderer berichtet er in seinen Tagebüchern über seine Anima-Erfahrungen. Für ihn wird die Begegnung mit seiner Anima zu einer wichtigen Erfahrung, bei der sich in ihm eine tiefe Verwandlung vollzieht, die ihn freier, offener und liebesfähiger macht. Eine besondere Rolle spielt dabei die Begegnung mit der Krankenschwester M., in die sich Thomas Merton im April 1966 unsterblich verliebt. In seinen inzwischen veröffentlichten Tagebüchern schreibt er ausführlich daüber. Es ist ganz selten, dass ein

Priester in dieser Offenheit über solche innigen und intimen Erfahrungen berichtet und dabei auch die leidvollen, beglückenden, destruktiven und zugleich bereichernden Auswirkungen beschreibt.

> *»Um 5:30, als ich gerade träumte, in einem sehr ruhigen Krankenhaus, weckte mich die sanfte Stimme einer Krankenschwester aus meinem Traum – und es war wie ein erstes Erwachen aus allen Träumen meines Lebens – als ob die Gesegnete Jungfrau selbst, als ob Weisheit mich aufgeweckt habe.«*

– das schreibt Thomas Merton (1996,17f) am 2. Juli 1960 in sein Tagebuch.

Einige Jahre nach diesem Traum – im April 1966 – verliebt sich Thomas Merton in die Krankenschwester M., die höchstens halb so alt ist wie er. Krankenschwester M. kümmert sich sehr rührend um Thomas Merton, schenkt ihm große Aufmerksamkeit und lässt ihm offenbar deutlich ihre Sympathie spüren. Sie weckt bei ihm dadurch »ein großes emotionales Bedürfnis nach weiblicher Begleitung und Liebe« (1997,38)[1]. Die Vorstellung, ohne sie leben zu müssen, reißt ihn »innerlich mehr auf als die Operation selbst« (38). Sie beschließen, sich gegenseitig zu schreiben.

Wieder zurück im Kloster ist er beglückt, als er einen Brief von ihr erhält. Er kommt ins Grübeln. Er muss sich eingestehen, dass er der Liebe bisher aus dem Weg gegangen ist. Zunächst glaubt er, er könne den Kontakt zu M. auf den Austausch einiger Briefe beschränken. In seinem Herzen weiß er, dass es für sie »keine Zukunft gibt und es keinen Sinn macht, viel daraus zu machen. Früher oder später wird es so und so zu Ende gehen und es wäre besser, es zu beenden, bevor es noch komplizierter wird als es ohnehin schon ist« (44). Doch das gelingt ihnen nicht. Sie wollen sich sehen.

Die Zuneigung und Liebe von M. bewegt Thomas Merton sehr tief. Wenn er die halbe Nacht über wach daliegt, gequält von den Gedanken an den Mann, mit dem sie wahrscheinlich schläft, verspürt er »eine überwältigende Dankbarkeit und den Impuls, sein ganzes Selbst in ihre

Arme fallen zu lassen und zugleich Panik, Zweifel und Furcht zu empfinden, betrogen und verletzt zu werden« (44). Für ihn ist klar, dass ihre Herzen »sich wirklich im Gleichklang« befinden, ihre »Tiefen kommunizieren«. Das ist für ihn das Entscheidende. Davon kann, so glaubt er, »die sexuelle Liebe bestenfalls ein Zeichen sein«. Für ihn steht fest, dass er »sie nie anrühren« werde (45).

Kurz darauf trifft er M. bei seinem Arzt. Er beschreibt, wie sie in die Halle hereinkommt, ihr Anblick ihn tief ergreift und er spürt, wie sehr sie ihn auch sexuell anspricht. Sie ist »so furchtbar entflammbar und schön« (46). Er muss sich eingestehen, dass er nicht so nett und so stabil ist wie er dachte. Er hat sich etwas vorgemacht, wenn er glaubte, ohne körperliche Berührung auskommen zu können. »Natürlich ich habe sie geküsst«, gesteht er. Als er M. am nächsten Tag anruft, schreibt er danach in sein Tagebuch:

> *»Alles, was ich weiß ist, dass ich sie so sehr liebe, dass ich kaum an etwas anderes denken kann* [...] *Ich sehe, wie sehr ich ihre Liebe brauche, um mich mit ihrer Wärme und ihrem Verständnis ganz zu machen und wie unendlich einsam ich ohne sie bin.«* (47)

Thomas Merton ist hin- und hergerissen. Er weiß einfach nicht, wie es mit seinem Leben weitergehen soll. Er erfährt sich

> *»als so sehr geliebt und so sehr liebend, obwohl es doch am Standard gemessen alles falsch, absurd, verrückt ist, um dann aber immer wieder zu der Erkenntnis zu kommen, dass es eigentlich nicht verrückt ist, es Sinn macht. Hier ist jemand* [...], *der mich glücklich macht, mir etwas offenbart, von dem ich niemals dachte, es so intim wiederzusehen – die Schönheit des Herzens eines Mädchens und die Schönheit des Geschenkes ihrer selbst«* (50f).

Am 5. Mai 1966 trifft Thomas Merton sich mit M. in Louisville. Sie sieht wunderbar aus. Sie essen zusammen in einem Restaurant im Flughafengebäude. Nach dem Abendessen haben M. und er etwas Zeit für sich. Sie gehen hinaus und finden ein ruhiges Plätzchen, setzen sich aufs Gras außer Sichtweite und lieben sich »bis zur Ekstase«. Es ist schön, wenn auch eigenartig berührend, »so sehr zu lieben und geliebt zu werden und in der Lage zu sein, alles furchtlos und unbeobachtet zu sagen« (52). Später fügt Thomas Merton in sein Tagebuch zu dieser Begegnung in einer Klammer hinzu: »Nicht, dass wir es sexuell auslebten.« Ein Besucher, der die Verliebtheit von Thomas Merton mitbekommt, sagt ihm an diesem Abend, er solle »der Ekstase folgen«. Thomas Merton vermutet, dass er damit sagen will, er solle das Kloster verlassen und über alle Berge gehen. »Das kann ich natürlich nicht tun« (52), heißt es dazu in seinem Tagebuch.

Thomas Merton trifft M. einige Tage später wieder. Sie besucht ihn in Gethsemani. Er schreibt darüber:

> *»M. und ich saßen auf dem Moos bei dem kleinen Bach an einem meiner Lieblingsplätze und wir sprachen miteinander, liebten uns und öffneten einander unsere Herzen. Es war die längste, größte Zeit, die wir miteinander hatten, nicht so ekstatisch wie an dem Abend auf dem Flughafen, aber süß und tief. Da gibt es in beiden von uns eine ganz tiefe Fähigkeit zur Liebe, vor allem bei ihr. Ich habe noch nie eine so einfache, spontane, totale Liebe erfahren. Und ich nehme wahr, dass die tiefsten Fähigkeiten für menschliche Liebe in mir nicht einmal im Ansatz angefragt worden sind, dass auch ich fähig bin, mit einer unfassbaren Vollkommenheit zu lieben. Mein Reagieren auf sie hat die Tiefen meines Lebens auf eine Weise geöffnet, die ich augenblicklich nicht einmal beginnen kann zu verstehen oder zu analysieren. Natürlich, da können alle mögliche Formen von »Gefahr« aufkommen. Aber welche Gefahr? Wo liegt die Gefahr wirklich? Zuweilen werde ich durch M. so sehr davongetragen, dass ich an nichts anderes denken kann als einen Weg zu finden, den Rest des Lebens mit ihr zu verbringen. Ich habe deshalb keine Gewissensbisse, da ich das in keiner Weise als eine Untreue gegenüber Gott empfinde, denn ich glaube, dass unsere Liebe von ihm kommt.«* (55)

Er zitiert aus einem Brief von M.:

> »*Ich möchte mit dir sein, nie ohne dich* [...] *Ich möchte mit dir leben, Liebling! Ich möchte alles in deinem Leben mit dir teilen. Ich kann die Trennung nicht aushalten. Dich zu lieben, Hand in Hand mit dir direkt zu Gott gehen.*«

Dieser Brief bricht sein Herz. Er fragt sich:

> »*Wie können wir überhaupt zusammen sein, wenn ich nicht diesen Ort verlasse und wie könnte ich jemals hier heraus? Ich würde wirklich, wenn es möglich wäre* [...] *Eine Stimme in mir sagt – Liebe: Vertraue auf die Liebe!* [...] *liebe innerhalb des augenblicklichen Rahmens, in dem du lebst, und schaue, was geschieht.*« (57)

Als sie sich kurz darauf wieder treffen und es fast zur Ekstase kommt, wird ihm klar, dass es so nicht weitergehen kann. Doch er kommt nicht los von ihr.

> »*Es ist eine Besessenheit und das ist schlecht. Aber es ist Liebe. Ich habe niemals jemanden so sehr geliebt. Es gibt keine menschliche Lösung. Für einen verheirateten Priester gibt es keine wirkliche Hoffnung* [...] *Es gibt Momente, in denen ich einfach dafür sterben würde, wegzugehen und mit ihr zu leben, mich unserer Liebe zu überlassen und alles andere zu vergessen, aber es ist offensichtlich u n m ö g l i c h.*« (62)

Er wacht in der Nacht auf, »überwältigt von geradezu ekstatischer Liebe und Tränen, durch die er gleichsam ihr Herz sehen konnte, in all seiner Kostbarkeit in den Augen Gottes, all seiner Schönheit und Liebeswürdigkeit, das unschätzbare, wertvolle Geschenk ihrer Liebe zu ihm!« Er weint »eine halbe Stunde lang, geschüttelt von Schluchzern, noch nicht ganz wach, ganz versunken in die tiefe Wirklichkeit dieser Vision und Hoffnung« (63).

Obwohl sie sich immer wieder gegenseitig versichern und miteinander vereinbaren, dass ihre Liebe weiterhin immer eine keusche sein muss und dass dieses Opfer von grundsätzlicher Bedeutung für sie ist, wird es am Ende doch ziemlich sexuell – doch, statt falsch zu sein, erscheint es ihnen in besonderer Weise richtig zu sein.

> *»Wir lieben nun ohnehin mit unseren ganzen Körpern* [...] *Nun gestern war die langsame, graduelle neue Stufe des Reifens und des Erfasstwerdens von dieser tiefen warmen sexuellen Liebe, die mich verwirrte und durch mich hindurchfloss, mein ganzes Sein vom Herzen her durcheinander brachte (nicht nur genitale Erregung) – und es war dennoch nur ein bisschen! Aber das ist furchtbar ernst, denn hier sagte trotz all dem, was wir wollten und sagten, die Natur ruhig und unerbittlich etwas Tieferes und vielleicht Irreversibles. Doch ich weigere mich, dadurch außer Fassung zu geraten. Mich erfüllt Frieden (während letzten Sonntag allein bei dem Gedanken daran, dass das passieren mag, mich Angst und Panik befiel ...). Ich fühle, dass meine Sexualität für mich wieder wirklich und annehmbar wurde, nach Jahren wahnsinniger Unterdrückung (obwohl ich glaubte, ich hätte alles wahrhaft unter Kontrolle – das war eine Illusion). Ich fühle mich weniger krank, ich fühle mich menschlich, ich bin dankbar für ihre Liebe, die so ganz und gar meine ist. Auch die Schönheit, die darin liegt, kommt daher, dass wir n i c h t nur spielen, wir gehören ganz und gar der Liebe des jeweils anderen (ausgenommen das Gelübde, das letzte Ganzhingabe ausschließt). Und wie immer am Ende ist dieses enorme, undenkbare Problem meiner Gelübde und meiner Verpflichtung, die wirklich an erster Stelle kommen und die die ganze Sache auf eine absurde Weise unmöglich machen.«* (63)

Thomas Merton muss sich eingestehen, dass er sich in eine weit schwierigere Situation gebracht hat als er wahrnehmen will.

> *»Es ist alles schön und gesund, aber es ist nicht für mich. Ich bin ein Priester, 25 Jahre ein Mönch. Ich habe diese Art von Freude aufgegeben,*

und jetzt sehe ich, dass es falsch war, dass ich das habe soweit kommen lassen wie es jetzt ist …« (70)

Doch sie treffen sich weiter »und liebten und liebten« (78f). Am 9. Juni 1966 schreibt er:

»Konzelebration am Morgen. Ich stand da unter den anderen, im nüchternen Bewusstsein meiner selbst als ein Priester, der eine Frau hat. Es ist richtig, dass wir nichts Schlimmes dabei getan haben – obwohl in den Augen vieler unser Lieben etwas Falsches ist, auch wenn sie kurz vor komplettem Sex stoppt. Vor Gott glaube ich haben wir uns gewissenhaft verhalten, unsere Liebe gut gelebt. Doch ist es vernünftig von mir ihr Liebesbriefe zu schreiben – sogar ein Liebeslied?« (79)

M. beteuert immer wieder, dass sie ihn ganz und gar liebt, »mit einer Liebe, die sie vorher für niemanden empfand, mit einer Liebe, die sie niemand anderem geben könnte.« Er empfindet zunehmend Skrupel bezogen auf seine Berufung, »denn diese Liebe wird mich mit der Zeit gänzlich verändern und verändert mich bereits« (81). Wieder wird ihm bewusst, »dass etwas geschehen muss. Wir können so nicht weitermachen« (81). Kurz darauf, am 14. Juni, hört Bruder Clement einige Gespräche mit, die Thomas Merton mit M. führt und berichtet davon dem Abt. Bevor er selbst zum Abt bestellt wird, entscheidet sich Thomas Merton, zu ihm zu gehen und ihm seine Situation mitzuteilen. Der Sekretär des Abtes wendet seine Augen voll Peinlichkeit ab von ihm, als sie sich treffen. Er hat den Eindruck, dass inzwischen alle von seiner Beziehung zu M. wissen, da die Brüder an der Pforte zu höflich lächeln. »Ich bin bekannt als ein Mönch, der in eine Frau verliebt ist.« (82) Der Abt ist freundlich und versucht, in einem gewissen Umfang Verständnis aufzubringen. Seine Lösung besteht natürlich darin, »die Beziehung ganz abzubrechen« (82). Es ist ein schöner Nachmittag. Thomas Merton betet die Vesper und geht durch die schweigende Wiese, schaut zu den Wolken und alles, was seine Liebe zu M. ausmacht, ist da. Für ihn ist jetzt klar, dass die Beendigung der Beziehung unausweichlich ist. Er hofft aber, dass sie sich »weiterhin in ihren Herzen lieben werden« (83). An was er sich dann am stärksten erinnern wird ist, »wie M. und ich uns eng umarmen stundenlang mit langen Küssen und sagen ›Danke Gott, das ist wenigstens wirklich!‹« (85).

Thomas Merton fühlt sich jetzt nach dem Gespräch mit dem Abt das erste Mal innerlich ruhig, seit er aus dem Krankenhaus zurück ist. Er spürt, dass er »wieder g a n z« ist. Er weiß, dass die ganze Sache aufhören muss. Doch er möchte »sie nicht verletzen«. (87)

Die guten Vorsätze fallen wie ein Kartenhaus in sich zusammen, als er sie wieder trifft. Sie hängen »aneinander, in Verzweiflung und Liebe sich immer wieder küssend, überströmt von Liebe und dem Gefühl von Verlorenheit« (89). Thomas Merton ist sich dessen bewusst, dass es, wenn sie sich öfters sehen würden, »ein rasender Brennofen« werden könnte, der sie sehr wohl auch zerstören könnte (90).

Am 5. Juli 1966 sitzt Thomas Merton vor seiner Eremitage und schaut auf das friedvolle Tal vor sich. Ihm wird klar, dass, unabhängig davon, wie sehr er M. liebt und sich zu ihr hingezogen fühlt, es niemals auch nur für einen Moment wirklich eine Wahl gab. Dabei muss er sich aber zugestehen, dass er M. ganz liebt und sich zu ihr in einem manchmal geradezu quälenden Begehren hingezogen fühlt, er immer wieder an ihren Körper und ihre Nacktheit denkt. Er erwischt sich bei Überlegungen, »sie als eine Art Geliebte zu halten, während ich weiterhin das Leben eines Einsiedlers führe« (94).

Ende Juli schreibt Thomas Merton M. einen Brief, in dem er ihr mitteilt, dass sie voneinander Abschied nehmen müssen. Doch sogleich bereut er es wieder, hat das Gefühl, dass es »herzlos und falsch« war. Er versucht, sie telefonisch zu erreichen, erreicht sie aber nicht. Er ist zerrissen »von Einsamkeit und Sehnsucht mit ihr zu sprechen« – und wusste, es war aussichtslos. Tiefe schweigende Schreie bahnen sich langsam unter Tränen aus dem tiefsten Grund seines Seins nach oben. »Es war furchtbar. Und sie muss sie ›gehört‹ haben. Angst befiel mich.« (94)

Er beruhigt sich wieder, sagt sich, dass das, durch was er gegangen ist, absolut notwendig war. Er ist dankbar dafür, wohlwissend, dass er naiv und unklug gewesen ist. Es hat, so deutet er diese Erfahrung, auf alle Fälle etwas bewirkt, sich »klar für die Einsamkeit zu entscheiden« (105). Doch die Gedanken an M. lassen ihn nicht los. »Bin ich wirklich ein totaler Dummkopf gewesen, sie loszulassen?«, fragt er sich (107). »Der Gedanke an sie dreht alles langsam in mir herum und ich schluchze bittere Tränen. Und ihr Gesicht dreht sich zu mir, um geküsst zu werden, mit der totalen Hingabe.« (109) Er vermisst sie sehr und denkt immer wieder zurück »an die wenigen wunderschönen Tage«, die sie zusammen hatten (113). Sie telefonieren wieder miteinander. »Es war wunderbar und zugleich auch erschütternd.« (116)

Obwohl er weiß, dass es töricht ist, weiterhin mit ihr in stetigem Kontakt zu bleiben und ein endgültiger Bruch vielleicht tatsächlich barmherziger ist, ist es für ihn nicht möglich, einfach zu »brechen«.

> *»Unter solchen Umständen kann ich zu ihr nicht etwas sagen wie ›ich möchte dich nicht mehr sehen oder ich möchte nichts mehr von dir hören‹, das ist einfach unmöglich. Und es ist eine Lüge!« (118)*

Er spürt, als er einen Brief von M. erhält, wie »hart das für sie ist, in einer gewissen Weise schlimmer als für mich«. Er beschließt, gelegentlich einen Brief zu ihr zu schmuggeln. »Das bin ich ihr, denke ich, schuldig, ganz abgesehen davon, dass ich es für mich selbst brauche. Ich denke, eine Liebe wie die unsere verlangt einige menschliche Zugeständnisse« (118).

Am 4. September 1966 geht Thomas Merton zu dem Platz in der Nähe seiner Eremitage, an dem er sich mit M. traf und an dem sie Zärtlichkeiten ausgetauscht hatten. Er reflektiert über seine Beziehung zu M. und kommt zu folgendem Schluss: Die »Zuneigung, die ich zu ihr spüre – mit dem ausdrücklichen V e r z i c h t auf Sexualität und erotische Befriedigung, scheint mir nicht in Konflikt mit Gottes Liebe zu stehen, sondern sich in Harmonie mit ihr zu befinden« (122).

Er liest noch einmal seine Aufzeichnungen über seine Beziehung zu M. Ihm wird deutlich, dass M. irgendwie ganz tief in sein Leben und er in ihr Leben eintreten musste, sodass »wir ›miteinander‹ in der Tiefe unseres Herzens sein konnten, ganz egal, wie einsam wir uns auch fühlen mochten.« Es ist keine Frage für ihn, so sehr er sich auch über die vollkommen unrealistische und ungestüme Bereitschaft, absurde Möglichkeiten in Erwägung zu ziehen wundert, dass da etwas Sagenhaftes geschah in diesen Tagen.

> »*Ich habe noch nie solche Ekstasen erotischer Liebe erlebt* [...] *Ich sehe, wie unklug und sorglos wir waren und wie ich in der Tat die Grundlage meiner Berufung vergaß als einer, der Gelübde abgelegt hatte.*« (122f)

Ein Jahr später, als Thomas Merton an der Stelle in der Nähe seiner Einsiedelei vorbeigeht, an der er M. »auch körperlich sehr nahe war« (227), erinnert er sich an den »ekstatischen Nachmittag in den Wäldern mit M.«. Er bedauert es nicht,

> »*dass heute der Fall anders ist! Frieden, Schweigen, Freiheit des Herzens, keine Sorgen, ruhige Freude. Letztes Jahr – da war Freude und Turbulenz und Kummer, die in Verwirrung übergingen und ein tief gestörtes Herz* [...] *Welch eine Idiotie, in die ich im letzten Jahr geriet. Dennoch frage ich mich, wie es ihr geht, wie sich ihr Leben entwickelt. Ich mache mir etwas Sorgen um sie.*«

Am 20. August 1968 findet sich folgender Eintrag in den Tagebüchern von Thomas Merton:

> »*Heute verbrannte ich unter anderen Dingen die Briefe von M. Unglaubliche Dummheit von 1966! Ich warf nicht einmal einen Blick auf sie. Hohe heiße Flammen, Pinienzweige in der Sonne!*« (1998,157)

Karl Barth – Mit Haut und Haar gepackt

Wie kaum ein anderer prägte Karl Barth (1886–1968) neben Karl Rahner die Theologie des 20. Jahrhunderts. Bekannt sind seine umfangreiche *Kirchliche Dogmatik*, aber auch seine kritischen Zwischenrufe zu aktuellen Fragen der Gesellschaft und der Kirchen. Weniger bekannt sind sein Privatleben und vor allem sein Verhältnis zu Frauen. Eberhard Busch, sein Assistent von 1965 bis zu seinem Tod 1968, teilt in seinem Buch *Meine Zeit mit Karl Barth* (Göttingen 2011)[2] vieles von dem mit, was ihm Karl Barth in dieser Zeit aus seinem Leben berichtete. Mich hat dabei fasziniert, was er von einer späten Liebe Karl Barths zu einer 20jährigen Krankenschwester erzählt, auch weil sie mich sofort an Thomas Merton und dessen Liebe zu einer jungen Krankenschwester erinnerte. Wie bei der Darstellung von Thomas Mertons Liebe zu M. will ich auch hier zunächst Karl Barth, so wie er sich gegenüber Eberhard Busch äußerte, zu Wort kommen lassen.

Im Alter von 80 Jahren verliebt sich Karl Barth unsterblich in die Krankenschwester A. Er vergleicht diese Liebe mit der Liebe des 73jährigen Johann Wolfgang von Goethe zu der nicht einmal 20jährigen Ulrike von Levetzow, die diese aber nicht erwidert. Goethe verarbeitet diese für ihn sehr schmerzvolle Erfahrung in seiner Marienbader Elegie. Karl Barth kann sich das im Grunde genommen nicht verzeihen. Er ist manchmal geradezu trostlos, »dass ihm das passiert ist, so mit Haut und Haar gepackt zu werden« (323). Er wirft sich vor, in einer Phase seines Lebens, in der er sich doch auf die Ewigkeit hätte vorbereiten sollen, eine solche Eselei begangen und sich rettungslos in diese Frau verliebt zu haben. »Ich bin ein Esel, jawohl, darum habe ich mir den Esel auf meinen Schreibtisch gestellt, um mir das deutlich vor Augen zu halten.« (322f)

»Als er im Spital aus der Narkose erwachte, habe er sie auf einmal gesehen, und da sei es in diesem Augenblick um ihn geschehen gewesen.« Zunächst glaubte er, A. sei Rösy, seine erste große Liebe aus seiner Jugendzeit, »bis ihm aufging, dass sie ›eine zweite Rösy‹ sei« (323). Von jener Rösy, deren Bild er bis zu seinem Lebensende bei sich sich trug, sagt er, dass er ein Leben lang »nicht von ihr losgekommen sei, ›weil sie seine Anima gewesen und für immer geblieben sei‹« (666).

Das erinnert an die Erfahrung von Thomas Merton, der ja auch bei einem Krankenhausaufenthalt M. kennenlernte und sich in sie verliebte. Aus der Literatur weiß man, dass Menschen, die sich im Krankenhaus befinden und dort die liebevolle Zuwendung einer Krankenschwester erfahren, sich oftmals in jene verlieben. Allerdings hat es Karl Barth, wie das ja auch für Thomas Merton zutrifft, wirklich total erwischt. »Sie sei so bezaubernd hübsch« (323), klagt er. Als er seinen Arzt bittet, ihm eine Pille zu geben, um gegen diese Gefühle anzukommen, lehnt dieser das ab und versucht, die Situation positiv zu deuten. Daraus erwachse ihm doch neue Lebenskraft. Sie sei wie ein Motor, der ihn erneut antreibe. Er aber kommt kaum darüber hinweg und sagt sich immer wieder: »Das ist doch alles ganz und gar unmöglich. Da kann nichts daraus werden. Sie ist erst 20 und ich bin 80, habe Frau und Kinder und trage einen Katheter .« (323) Die Fotos, die er von A. hat, klebt er in ein »allgemeines« Album ein, damit der Besitz dieser Fotos anderen nicht auffällt.

A. beschäftigt Karl Barth tagein und tagaus und verfolgt ihn bis hinein in seine Träume. Es ist für ihn nicht nachvollziehbar, dass er sich in seinem hohen Alter noch einmal so verlieben konnte. Seine Stimmung findet er in folgendem Gedicht, das er sich abschrieb, gut wiedergegeben:

»O, könnt' ich meine Leidenschaft vernichten!
Was gäb' ich drum, könnt' ich aus meiner Brust
Der Liebe letzten, kleinsten Funken tilgen!
Ich berg' es nicht – viel hab' ich's schon versucht
Und immer, immer blieb ich doch zu schwach!
Ich glaube schier, ich muss mit dieser Liebe,
Mit diesem marternden Gefühl, das mich
An sie unwiderstehbar, eisern zieht,
Noch all die Sünden meiner Väter büßen.«
(nach der freien Übersetzung von Heinrich Zschokke, aus:
Molières Misanthrope, Akt 2, Sz. 1, zitiert in Busch, 2011, 315).

Als er später Carl Zuckmayer besucht, beichtet er ihm seine Liebe zu A.:

> *»Er ›alter Esel‹ habe sich in seinem späten Alter – wie der Goethe – in ein blutjunges Mädchen verliebt. Ja, so sei es auch ihm ›Alten‹ gegangen, ohne einer zu sein wie Goethe, auch ohne wie er einen Heiratsantrag zu stellen und ohne wie er ein so schönes Gedicht zu machen – die ›Marienbader Elegie‹.«*

Zuckmayer meint darauf, er solle froh sein, dass er in seinem Alter noch zu solchen Gefühlen fähig sei. Karl Barth gesteht seine »Liebesgeschichte« auch bald seiner Frau, da er es albern findet, hinter ihrem Rücken solche Gedanken zu pflegen, zumal die Geschichte für ihn etwas ernstlich Krankhaftes an sich hat (vgl. 413).

Wie viel ihm die Liebe zu A. bedeutet, zeigt ein Abschiedsbrief an sie, den er Eberhard Busch diktiert, nachdem er erfahren hatte, dass A. demnächst heiraten werde. In einer Mappe mit dem Titel »Problematisches. Nach meinem Tod ungeöffnet an Dr. Briellmann weiterzugeben« bewahrt er alle Korrespondenz mit A. und alle schriftlich niedergelegten Gedanken, die er sich über diese Beziehung gemacht hat, auf. Darunter befindet sich folgendes Gebet für A.:

> *»Gott Vater, Sohn und Hl. Geist. Ich bitte dich in besonderen Gedanken an St. A., die mir in meinen alten Tagen als ein freundlicher Stern begegnet ist* [...] *Sei du bei ihr auf ihrem ganzen Lebensweg* [...] *Sei du ihr Herr und Hirte. Richte sie wieder auf, wenn sie straucheln sollte, und erfreue sie wieder, wenn sie Grund haben sollte, traurig zu sein* [...] *Schenke auch ihr den Eingang in das uns allen verheißene Leben der zukünftigen Welt, in welchem es keine Vergessenheit, keinen Groll und keine Gleichgültigkeit geben wird, in welchem alle – so auch sie und ich – uns erkennen werden, wie du uns schon jetzt erkennst, in welchem wir alle beieinander sein werden in ewiger Gerechtigkeit, Heiligkeit und Unschuld.« (417f)* – Als Eberhard Busch ihn fragt, ob A. dieses Gebet kennt, verneint er.

Bei seinem Bemühen, das Ganze für sich richtig verstehen und einordnen zu können, unterscheidet er zwischen einer medizinischen und einer theologischen Betrachtungweise: »Die Geschichte sei positiv und eine freundliche Gottesfügung beziehungsweise eine Stimulans für seine Altersaktivität gewesen« (418). »Ach, welche Freude hatte ich, wenn sie damals jeden morgen in mein Zimmer trat! Ich lebte auf« (643), erinnert er sich. Negativ sei die Geschichte

> *»im Misslingen seines gefühlsmäßigen Seitensprungs, eine Strafe für seine Schuld gegenüber Rösy Münger und gegenüber seiner Frau beziehungsweise die Geschichte einer Verdrängung oder Enthemmung infolge seines Schlaganfalls im Dezember 1964« (418).*

Er legt Wert darauf, nicht als ein Don Juan gesehen zu werden. So gibt es in seinem Leben nur vier Frauen, die er aufrichtig geliebt hatte und noch liebt, Rösy, seine Frau, Charlotte von Kirschbaum und A. Er habe aber immer nur »eine, eine einzige Frau« geliebt.

> *»Alle vier seien untereinander verschieden gewesen. Aber sie ergänzten sich in seiner Sicht zu einer einzigen. Keine möchte er missen. Sie gehörten für ihn unlöslich zusammen. Er habe wirklich nicht wie Don Juan mal die eine, mal die andere geliebt. Er sei nicht sprunghaft gewesen, sondern er habe jede treu im Herzen bewahrt: jede mit ihrer Einzigartigkeit und Eigenart. Und es sei immer gerade das jeweils Besondere gewesen, was die anderen so nicht hatten, das er nun an dieser so liebte. Eben so gehören sie nun zusammen.« (418)* – Dabei seien diese vier Frauen für ihn tatsächlich nur »eine« Frau gewesen.

Ganz schwer kann er damit umgehen, dass A. einen Mann heiraten will, der nach seinen Vorstellungen »tief unter ihrem Niveau« stehe (413). Seiner Meinung nach ist »sie so offensichtlich zu Höheren berufen« (419). Es kränkt ihn, dass sie ihm »eindeutig einen anderen, viel jüngeren Mann vorgezogen« (419) hat. Er ist überzeugt davon, dass sie das eines Tages noch heftig bereuen wird. Darin habe ihm auch Zuckmayer zugestimmt. Für den Fall ihrer Reue hat er folgende Liedverse aufgeschrieben:

> »*Alles vergeht / Gott aber stehet / Ohn alles Wanken* [...] *Der aber, der uns ewig liebt / macht gut, was wir verwirren / erfreut, wo wir uns selbst betrübt / und führt uns, wo wir irren* [...]« *(419)*

Karl Barth wird den Gedanken an Schwester A. nicht los. Ihm ist klar, dass ihm in Schwester A. seine Rösy wieder erschienen ist. Von seiner ersten Begegnung mit Rösy berichtet er, dass es Liebe auf den ersten Blick gewesen sei. Es habe bei ihm »wie ein Blitz« eingeschlagen, meinte er (665).

> »*Als er beim Erwachen aus der Narkose im Spital das Gesicht der Schwester sah und als sie erst noch ihren Namen nannte, da durchfuhr es ihn mit einem Schlag: Das war die Wiederbegegnung mit Rösy Münger, ja, ihre Wiedergeburt* [...] *Es sei in Bezuge auf sie buchstäblich Liebe auf den ersten Blick gewesen. Unvergessen lebt es noch in ihm, wie wenn es sich soeben erst abgespielt hätte: wie er mit ihr, dieser einen Rösy, durch Felder und Wiesen gegangen und der Weg so schön gewesen sei, dass er kein Ende nehmen wollte. Er habe einen Strohhalm in den Mund genommen, und sie habe das andere Ende in ihren Mund genommen, und sie hätten langsam und beharrlich den Halm gegessen – bis ihre Lippen beieinander waren zu einem wundersamen herzlichen Kuss, in feiner Umarmung, mit nahen offenen Augen. Es sieht so aus, als schaue er heute aufs neue in sie.*« *(636)*

Nachdem er an ihr schuldig geworden ist – diese Liebe zu Rösy wurde von seinen Eltern nicht gewollt und verhindert – sei es ihm, »als werde sie ihm heute neu geschenkt.«

Dass er in Schwester A. Rösy wieder begegnete, wird auch später immer wieder deutlich. Wenn er von Schwester A. redet, erweckt er manchmal den Eindruck, »als ob die Liebe zu ihr sich mit der Liebe zu Rösy vermische« (671). Wenn er der Mozartmusik lauscht, spricht er immer wieder von der »ersten« Rösy, redet vom Duft ihres Haares, schaut das Foto von ihr an, tanzt »zu der Musik mit einem Gesicht, als habe er sie im Arm« (671). Selbst dann, als er seinen Abschiedsbrief an A. diktiert, unter anderem auch den Vers: »Der aber, der uns ewig liebt, macht gut, was wir verwirren«, erklärt er, dass er damit an die »erste« Freundin denke, wenn auch bei der Liebe zu der »neuen Rösy« noch einmal etwas Neues dabei sei. »Es sei kurios, mit dem Sexuellen habe er abgeschlossen, aber der Eros bleibe.« (671)

Schwester A. steht lebendigst vor seiner Seele. Jeden Abend, wenn er betet, kommt »plötzlich ein Punkt, vor dem er sich ängstige, der aber unvermeidlich über ihn komme: der Gedanke an sie« (643). Dann bittet er Gott, er möge ihn von dieser Geschichte befreien, aber im Grunde genommen wünscht er sich ja, *nicht* davon befreit zu werden. Wenn er an sie denke, »so müsse man wissen, dass das nicht irgendwelche netten Gedanken seien, die er habe. Vielmehr begehre er sie richtig. Es seien erotische Gedanken, die er habe und die er des Nachts träume.« (643) Mit Susanne in Figaros Hochzeit kann er sagen: »Durch alle Glieder strömt's glühend heiß«! (561)

Später ersetzt Karl Bath den Titel auf der Mappe mit den Dokumenten von Schwester A. mit »Klingsors letzter Sommer«. Er spielt damit auf Hermann Hesses Novelle an, in der »von Klingsors Schwanken zwischen Lebensgier und Todesahnung die Rede ist« (422). Kurz vor seinem Tod ändert er noch einmal den Titel seiner geheimen Dokumente über Schwester A. Jetzt lautet er: »Dokumente zur Geschichte eines Irrtums, dessen ich mich in meinem 80. Lebensjahr schuldig machte« (638). Er bittet seinen Mitarbeiter, die Dokumente zu verbrennen. Als dieser sich weigert, meint Karl Barth, dass er doch einsehen müsse, dass diese falschen Papiere verschwinden müssen (vgl. 642). Er wollte jedenfalls nicht, dass der Briefwechsel zwischen ihm und A. in seinen literarischen Nachlass gerate, sondern dass dieser »privat aufbewahrt werde« (645).

Als A. heiratet, gehen Eberhard Busch und seine Braut zur Hochzeit. Als sie am Abend zu Karl Barth zurückkehren, redet und redet der zunächst ohne Punkt und Komma, über dies und das, »offensichtlich um nur ja nicht auf das Thema des Tages zu kommen« (648), um schließlich dann aber darauf zu bestehen, dass er alles erfährt, was sie erlebt, gesehen und gehört haben. »Er interessierte sich auch für die Hochzeitsliturgie, aber eher nebenbei, spöttelte über die anwesende Blaskapelle, die draußen vor der Kirche aufspielte, zum anschließenden Fahnenschwingen eines Glieds der Musikgruppe, auch über das noch in der Kirche dargebotene Solo eines Stimmgewaltigen zur säuselten Orgel: ›So nimm denn meine Hände und führe mich ...‹« (648). Weil es ihm so gefällt, beginnen sie, immer ausführlicher zu erzählen, wie hübsch die Braut war, einer Prinzessin vergleichbar, mit schöner Stimme und von wunderbar hübscher Gestalt, und wie sie sich von dem Bräutigam abgehoben habe. »Ach, seufzt Barth, der sich fast nicht genug satt hören kann an ihren Berichten«. Dann liest Beate, die Braut von Eberhard Busch auf die Bitte von Karl Barth hin Goethes Marienbader Elegie ruhig und langsam vor.

»Noch einmal wagst du, vielbeweinter Schatten,
hervor dich an das Tageslicht [...]
Mit Gewalt
ergreift uns Liebreiz weiblicher Gestalt [...]
Und wir, verschlungen wiederholter Not,
dem Scheiden endlich – Scheiden ist der Tod! [...]
Und wenn der Mensch in seiner Qual verstummt,
gab mir ein Gott zu sagen, was ich leide [...]
Die Leidenschaft bringt Leiden!
Wer beschwingt
beklommenes Herz, dich, das zu viel verloren?
Wo sind die Stunden, überall verflüchtigt?
Vergebens war das Schönste dir erkoren!
Trüb ist der Geist, verworren das Beginnen;
die hehre Welt, wie schwindet sie den Sinnen.«

Danach wünscht Karl Barth die Haffner-Serenade von Mozart aufzulegen. »Jene Serenade, die er bat aufzulegen, wenn er gestorben sei« (648).

»Lange studiert er einige Tage später die etwas verwackelte Aufnahme der Hochzeitsbraut mit einer Lupe. Er konnte immerhin erkennen wie fein die Braut aussah. Dann aber spottete er darüber, dass der Bräutigam – bitte, im bemerkenswerten Unterschied zu ihm selber! – so einen schütteren Haarwuchs auf dem Kopf habe.« (649)

Schwester A. lässt Karl Barth bis zu seinem Tod keine Ruhe. Er wird den Gedanken an sie einfach nicht los. Jedesmal, wenn die Post eintrifft, blättert er sie erst einmal durch, ob nicht vielleicht darunter ihre Handschrift zu entdecken sei. Aber es kommt nichts von ihr. »Diese unlösbare Geschichte und ihr unvermeidlicher Abbruch bedeutet für ihn einen schweren Schlag. Das setzt ihm auch physisch zu. Es ist, als sei ein Stück Lebenskraft von ihm genommen.« (671) Er hofft sehr, »dass diese Geschichte nun für ihn abgeschlossen sei und in einen Frieden münde« (671). Er fragt Eberhard Busch und seine Braut, »ob wir nicht entsetzt seien, dass er derart gelebt und geliebt habe und dass er dabei ein so wenig klares Verhältnis speziell zu seiner Frau habe? – Ich antwortete fragend: ›Das sei alles ja unerhört kompliziert, aber wenn er da auf ‚Frieden' hoffe, ob er damit einen Frieden mit ‚den Frauen' oder den Frieden mit einer bestimmten Frau oder den Frieden mit allen Vieren meine?‹ – Er war still und dachte nach – und sagte nur: Er habe uns jetzt vieles sonst Verborgenes erzählt. Er sei dankbar, dass wir ihn ruhig angehört hätten.« (671)

Von der verwandelnden Kraft des Verliebens

Ich kann die Erfahrungen von Karl Barth und Thomas Merton am besten verstehen, wenn ich darin das Wirken der Anima, man könnte auch etwas vereinfacht das Wirken unserer Seele, die sich der Anima bedient, sehen. In ihrem Buch über die Anima und ihr Wirken zitiert Daniela Heisig (1996,32) C. G. Jung mit den Worten:

Beseeltes Wesen ist lebendiges Wesen. Seele ist das Lebendige im Menschen, das aus sich selbst Lebende und Leben Verursachende; [...] *Die Seele verführt die nicht lebenwollende Trägheit des Stoffes mit List und spielerischer Täuschung zum Leben. Sie überzeugt von unglaubwürdigen Dingen, damit das Leben gelebt werde. Sie ist voll von Fallstricken und Fußangeln, damit der Mensch zu Fall komme, die Erde erreiche, sich dort verwickle und daran hängenbleibe, damit das Leben gelebt werde; [...] Wäre die Bewegtheit und das Schillern der Seele nicht, der Mensch würde in seiner größten Leidenschaft, der Trägheit, zum Stillstand kommen.*

Auch hinter manchem Verlieben, gar der Erfahrung unsterblichen Verliebens steht die Anima, die aufgeweckt, wachgeküsst durch die Person, die wir leidenschaftlich lieben, auf sich aufmerksam macht und uns daran erinnern will, dass wesentliche Bereiche unseres Lebens noch nicht zum Zuge gekommen sind und danach verlangen, gelebt zu werden.

Was wir im Verlieben in der Person, die wir lieben, sehen, sind immer auch Aspekte, Seiten in uns, die in unserem Leben beachtet werden wollen. Es kann sich dabei um ganz neue Seiten und Tiefenschichten in uns handeln, es können aber auch Seiten von uns sein, die wir schon kennen, im Laufe unseres Lebens aber aus den Augen verloren haben. In der Begegnung mit der Person, in die wir uns verliebt haben, scheint etwas davon auf. Unerfüllte Wünsche und Sehnsüchte, die unserem tiefsten Inneren entspringen, wählen sich die geliebt Person, um auf sich aufmerksam zu machen. Diese Person hat etwas an sich, das die unerfüllte Seite in dir in Schwingung versetzt. Es ist wichtig, dass uns dieser Vorgang bewusst wird oder zumindest mit der Zeit bewusst wird.

Man spricht hier von Projektion. Das ist ein Begriff aus der Tiefenpsychologie. Um was es dabei geht, beschreibt Josef Goldbrunner sehr anschaulich (1966,144f):

»Das kleine Bild im Projektionsapparat wird an die Wand projiziert – und wer das zum ersten Mal sieht oder auch im Film immer wieder davon gefangengenommen wird, verfällt einer Illusion und unterscheidet zeitweise nicht mehr die Realität von Wand und projiziertem Bild. Genauso ist Projektion am Werk, wenn Eros eine ›Verliebtheit‹ verursacht. Die Verliebten sehen einander in einem Glanz, der ihre Wirklichkeit überstrahlt und verdeckt.«

Aus dem eigenen Inneren, dem Unbewussten, wird auf den anderen das Bild vom idealen Partner projiziert.

> *»Die Tiefenpsychologie nennt das auf den anderen hingeordnete Bild Anima (beim Mann) und Animus (bei der Frau).«* (145)

Animus und Anima sind »Bewohner« des unbewussten Seelenteils, Archetypen genannt.

> *»Sobald ein Mensch in die Nähe kommt, der einen die Alltäglichkeit durchbrechenden Eindruck macht, weil etwas an ihm dem Archetyp entspricht, wird Anima (Animus) virulent und projiziert. Der, auf dem die Projektion liegt, ist gleichsam Träger eines Seelenteiles. Wenn er sich länger entfernt, ist es, als ob ein Teil seiner selbst mitgenommen würde.«* (145)

Die Projektion löst sich auf, wenn

> *»einer von beiden durch irgendeine Handlung, auch durch die Banalität des Alltags, enttäuscht wird und der Zauber erlischt. Der andere fragt sich erwachend: War ich blind? Was habe ich denn eigentlich gesehen? Er (oder sie) ist ja ganz anders.«* (145)

Was vorher *ver*rückt und *ent*rückt war, wird jetzt zurechtgerückt. Die Kräfte in mir, die bisher das *Ver*rücken und *Ent*rücken betrieben haben, sind erschlafft. Sie können mir nicht länger etwas vormachen. Was sie bisher entrückte, hat sich in Schall und Rauch aufgelöst. »Wie konnte ich nur so sehr davongetragen werden von ihr«, frage ich mich. »Das war so echt, so wirklich. Und jetzt soll alles vorbei sein?« »War das alles nur eine Fata Morgana? Bin ich einer Täuschung aufgesessen?«

Was der Verliebte gesehen hatte, war, so Josef Goldbrunner (145), »real, aber so wie eine Halluzination im Fieber.« Dieses »Fieber« bekomme ich nicht unter Kontrolle, wenn ich mir vom Kopf her sage: »Hier handelt es sich um eine Projektion.«

»Der Augenschein der projizierten Realität ist so gefangennehmend und in den Sinnen so stark wirksam, das Bewusstsein durch eine Fülle angenehmster Empfindungen so überzeugend, dass nur eine gleichstarke Erfahrung weiterhelfen kann, nämlich der gegenläufige Mechanismus der Projektion, ihre Zurücknahme. Durch eine enttäuschende Handlung des Gegenübers vermag sich blitzartig, auf Zeit oder Dauer die Projektion aufzulösen und den Blick für die Wirklichkeit des anderen freizugeben [...] *Sollte sich die Projektion wieder zeigen, beim gleichen oder einem anderen Gegenüber, so ist sie jetzt doch verschieden. Etwas in der Seele ist nicht mehr drin im Geschehen, etwas hat den Kopf über Wasser, es verhält sich reserviert. Es ist die Ahnung von der Blindheit bei voller Identifikation mit der Projektion. Nur nicht mehr hereinfallen, sondern sichtig bleiben für die Wirklichkeit, unterscheiden können, was Glanz des Verliebtseins und was der andere wirklich ist.« (146f)*

Was geschieht, wenn das, was durch das Verlieben *verrückt* worden ist, wieder zurechtgerückt wird, verdeutlicht Josef Goldbrunner (148f) mit einem Beispiel aus der Natur:

»Wie ein Talgewitter von oben aus gesehen nichts von seiner Wucht verliert, aber der Beobachter darüber steht, so empfindet sich die Psyche als Berg und Tal zugleich. Eros verursacht in der Projektion ein Talgewitter, aber zugleich macht sich eine dirigierende Instanz bemerkbar, die darüber steht und deutlich unterschieden wird als übergeordnet. Es ist dies eine neue ›Höhe des Ich-Gefühls‹, oder auch dem Ich gegenübertretend als geheimer Ratgeber.«

Inmitten des Erfülltseins, zugleich aber auch Gefangenseins von Gefühlen, ganz absorbiert von der Sehnsucht nach der geliebten Person, gewinnst du zunehmend Terrain, das von diesen Gefühlen nicht beherrscht wird.

Man mag das Vernunft, Weitsicht, Realitätssinn nennen. Es ist vor allem aber auch Erdung und In-Berührung-Kommen mit meinem Selbst, meiner Mitte, die mehr sind als das, was mich in dieser Phase meines Lebens zu bestimmen scheint. Verliebe ich mich wieder, weiß etwas in meiner Seele lebendig

> *»von der Möglichkeit der Projektion und der Vermischung von Anima und Wirklichkeit und sucht bedächtig die Wirklichkeit des neuen Gegenüber von dem projizierten Glanz zu unterscheiden.«* (147)

Je mehr mir dies durch die Erfahrung gelingt, wächst, so Josef Goldbrunner (147),

> *»die Sichtigkeit für den anderen, wie er wirklich ist, und der Weg für ein echtes Zusammentreffen der beiden Menschen wird frei, eine Begegnung wird möglich. Zwei Menschen reden dann wirklich miteinander, nicht durch Projektionen, Illusionen und Vorurteile getrennt oder verbunden«.*

Jetzt kann echte Begegnung stattfinden und Liebe beginnen.

> *»Frühe Liebe ist, wenn man die Art und Weise liebt, die eine andere Person dich fühlen lässt. Reife Liebe ist, wenn du die andere Person so liebst wie sie ist.«* (Goulston 1993,47)

Wie mit dem Verlieben umgehen?

Wen der Blitz des Verliebens trifft, den trifft er. Wem es geschieht, kann ihm nicht ausweichen. Das Verlieben fragt nicht, ob jener oder jene das will oder nicht will. Es ist etwas Archaisches, gehört also grundsätzlich zu unserer menschlich-seelischen Ausstattung. Also auch, wenn man verheiratet ist oder ehelos lebt, schließt das nicht aus, dass wir uns verlieben können. Es kann also nicht das Ziel sein, sich nicht zu verlieben, ganz abgesehen davon, dass sich das ja nicht so einfach vermeiden lässt. Wen der Blitz des Verliebens trifft, den trifft er.

Wir haben es nicht in der Hand, ob wir uns verlieben oder nicht. Doch wie wir damit umgehen, ist unsere Sache, zumindest können wir darauf Einfluss nehmen. Der Ehelose befindet sich in der gleichen Situation wie Menschen, die in einer festen Beziehung leben und sich dann in eine andere Person verlieben. Beide können im Zulassen des Verliebens Erfahrungen machen und Wachstumsprozesse ermöglichen, die sie zu einer größeren Lebendigkeit in ihrem Leben führen, die ihre Beziehungsfähigkeit verbessern und für eine lebendigere, intime Gottesbeziehung von allergrößter Bedeutung sein können. Wer das erkennt, wird im Verlieben der Anima Einlass bei sich gewähren, um sich in seiner Entwicklung und Entfaltung von ihr bereichern zu lassen.

Auch Thomas Merton begegnete in M. seiner Anima. Er hatte bestimmte Erfahrungen bisher nicht an sich herankommen lassen und diese vielleicht auch durch seinen Rückzug in die Einsamkeit, sein Beten, sein geradezu exzessives Lesen und Schreiben verhindert. In der Begegnung mit M. macht Anima gebieterisch auf sich aufmerksam. Sie erweckt in ihm die vitalsten Kräfte, die tief verborgen in ihm schlummerten. Aus dem Mönch, den alle Welt als Einsiedler und Verfasser ansprechender spiritueller Schriften kennt, wird ein Mann, der sich unsterblich verliebt, in eine fast dreißig Jahre jüngere Frau. Er schwärmt von ihr, denkt nur noch an sie, hat sich von diesem Augenblick an nicht mehr im Griff. Immer wieder versucht er, mit M. Kontakt aufzunehmen. Er ist verrückt nach ihr. Er ist ganz und gar, auch sexuell, entflammt von ihr. Er ist sich der großen Spannung bewusst, in der er sich befindet: hier sein Klosterleben und seine Gelübde, dort sein Brennen und Verlangen nach ihr. Er wirft die Klosterregeln über den Haufen, lässt sich Notlösungen einfallen, um sie zu sehen, sie zu sprechen oder Briefe mit ihr auszutauschen. Er lässt sich von seiner Leidenschaft hinreißen bis hin zu sexuellen Kontakten – mit Ausschluss von Geschlechtsverkehr.

Er ist total aufgewühlt, verzehrt sich vor Sehnsucht nach ihr. Etwas in ihm ist losgetreten worden, das er nicht mehr unter Kontrolle bringen kann, etwas, mit dem er nicht gerechnet hat, das er so bei sich nicht kannte und dem er nicht gewachsen ist. Er wird davon überrumpelt, gerät in einen Sog, dem er kaum etwas entgegensetzen kann. In einem Artikel über die Liebe, den er wohl in dieser Phase des Verliebtseins mit M. verfasst hat, schreibt er:

»Wir sprechen im Englischen von ›in die Liebe hineinfallen‹ [fall in love]. Unser englischer Ausdruck [...] suggeriert ein unvorhergesehenes Missgeschick, das verhängnisvoll sein kann oder auch nicht: Sie sind auf einer Party. Sie haben mehr getrunken, als Sie vertragen können. Sie beschließen, ein wenig im Garten spazieren zu gehen. Sie bemerken nicht, dass ein Schwimmbecken da ist – und plötzlich müssen Sie schwimmen! Zum Glück fischt man Sie heraus, und Sie sind nass, haben aber sonst keinen Schaden erlitten. So ist die Liebe. Wenn Sie nicht aufpassen, wo Sie hintreten, laufen Sie Gefahr, ›hineinzufallen‹. Die Erfahrung ist im Normalfall ein wenig lächerlich. Ihre Freunde haben ihren Spass daran, und wenn Sie zufällig gerade miterleben, wie es passiert, tun sie alles, was in ihrer Macht steht, um Sie vom Wasser weg und zu einem schönen, gemütlichen Sessel zu lotsen, in dem Sie schlafen können [...] Der Ausdruck impliziert Misstrauen, Zweifel, Zögern angesichts von etwas, das unvermeidlich scheint, das aber doch nicht recht verlässlich ist. Denn Liebe holt Sie aus sich selbst heraus. Sie verlieren die Kontrolle. Sie ›fallen‹. Sie werden verletzt. Liebe bringt die übliche Alltagsroutine durcheinander. Sie werden gefühlvoll, phantasievoll, verletzlich, töricht.« (Merton 1988,34f)

Die Erfahrung des Verliebens ist von einer solchen Kraft, dass es uns regelrecht aufreißt. Das trifft auch auf Thomas Merton und Karl Barth zu. Diese von der Anima angetriebene Kraft musste wohl auch so gewaltig sein, um sie zu weiten, um Platz zu schaffen für neue, sie belebende Erfahrungen, um bisher unerfüllten Sehnsüchten Gehöhr zu verschaffen und den Weg zu ihrer Erfüllung zu ebnen. Dabei wirkt diese Anima-Kraft wie ein Magnet, der dieser Sehnsucht durch alle die Schichten hindurch, die sich darüber gelegt hatten, den Weg nach außen weist. Durch die Begegnung mit A. und M. werden bei Karl Barth und Thomas Merton Sehnsüchte, die tief in ihnen schlummerten, wachgerufen und angezogen.

Thomas Merton ist durch die Erfahrungen mit M. aus seinem Platz, an den er sich zurückgezogen hatte, herausgescheucht worden. Er ist auf die Nase gefallen und hat dabei die Erde erreicht, er hat sich dort verwickelt und ist daran hängengeblieben, damit das Leben, sein Leben, gelebt werde. Thomas Merton folgt zunächst der äußeren Anima, der Krankenschwester M., glaubt in der Begegnung mit ihr, im Zusammensein mit ihr, in der Liebeserfahrung, einschließlich der körperlichen Liebe mit ihr, die Erfüllung von Ungelebtem zu erfahren. Und genau das durfte er in der Begegnung mit M. erfahren.

Doch die Anima bleibt dabei nicht stehen. Sie will uns auf ungelebte Seiten aufmerksam machen, Seiten, die zu uns gehen, die gelebt werden sollen und wollen. Sie will uns aus Einseitigkeiten herausführen. Thomas Merton kommt zur Erkenntnis, dass die tieferen Gründe dafür, dass er sich so unsäglich in M. verliebte, auch auf bisher nicht Angeschautes und Bearbeitetes zurückzuführen sind. Er sieht auch einen Zusammenhang mit seinem fast zwanghaften Schreiben, seinem »permanenten Wunsch, jemand zu sein, was wirklich so dumm ist. Ich weiß, ich brauche das wirklich nicht und ich will das nicht und doch höre ich nicht auf, es weiter zu verfolgen« (215).

Was die durch A. sich zum Ausdruck bringende Anima bei Karl Barth bewirken wollte, kann man nur vermuten. Karl Barth ist es erspart geblieben, dass A. für ihn empfand, was er für sie empfunden hat. Aber im Grunde genommen hat es ihn nicht weniger mitgenommen, ihn nicht weniger zutiefst ergriffen wie Thomas Merton. Bei seinem Versuch, seine Erfahrungen mit A. zu verstehen, stimmt er der »Anima-Theorie« von C. G. Jung zu, wonach jemand stets auf der Suche nach der Anima bleibt.

> *»Die Frau, die man liebt, sei nicht ganz und nicht für immer identisch mit der ›Anima‹, sondern sei allenfalls im Entschluss, sie zu heiraten und ihr treu zu sein, die gegenwärtig beste Darstellung der ›Anima‹. Aber der Mann sei auch in diesem erfreulichen Fall weiterhin auf der Suche nach der Anima, und darüber könne es Entfremdungen von der ganzen Frau geben.« (Busch 2011,44)*

In Charlotte von Kirschbaum, seiner Sekretärin und Mitarbeiterin, fand Karl Barth offenbar »eine bessere Entsprechung zum Ideal der Anima« (45) als in seiner Frau. Rösy, deren Bilder er bis zu seinem Lebensende mit sich herumtrug, von der er nicht loskommen konnte und die ihm in

M. wiederbegegnete, war seine »Anima gewesen und für immer geblieben« (666).

Rösy, seine erste große und letztlich ewige Liebe, hat ihn nicht losgelassen – bis zu seinem Tod. Aber er hat auch sie nicht losgelassen. Ich habe den Eindruck, dass er damit aber auch nicht oder nur bedingt in der Lage war, den Anruf seiner Anima zu vernehmen, die ihm in A. begegnete und ihn damit einladen wollte, von ihr sein Leben bereichern zu lassen. Die Menschen in seinem Umfeld versuchten immer wieder, ihn zu ermutigten, sich von dem Lebendigen und Frohen, das von der Begegnung mit A., dem Denken an sie, ausging, energetisieren und aufbauen zu lassen. Karl Barth konnte das nicht wirklich oder nur halbherzig annehmen, zu sehr litt er darunter, betrachtete es als etwas moralisch Fragwürdiges und Peinliches. Natürlich hätte er das nicht ausleben können oder auch sollen. Ich bin überzeugt, dass dies die reinste Katastrophe geworden wäre. Bei ihm kommt aber natürlich noch hinzu, dass A. ja offensichtlich an ihm gar nicht interessiert war, die »Sache« also recht einseitig war. Man würde ihm wünschen, dass er lockerer damit umgegangen wäre, in ihr nicht so sehr eine Gefahr für seine Beziehung zu seiner Frau oder seiner Lebensgefährtin Charlotte von Kirschbaum gesehen und diese Erfahrung auch nicht auf eine Wiederbegegnung mit Rösy reduziert hätte. Dann hätte er die vitalisierende Kraft, die auch hinter dieser Anima-Erfahrung stand, für sein Leben fruchtbar machen können.

Die Anima, die sich in der Projektion auf eine konkrete Frau rührt, meldet und auf sich aufmerksam macht, ist das eine. Die konkrete Erfahrung von Liebe und körperlicher Nähe durch eine konkrete Person, das ist das andere, die nicht einfach auf eine Projektion reduziert werden kann. Die Begegnungen mit M., die Erfahrungen mit A. waren sicher auch Anima-Erfahrungen für Thomas Merton und Karl Barth. Sie wollten Thomas Merton aus seiner Sicherheit herausreißen, ihn auf bisher Ungelebtes und Vernachlässigtes in seinem Leben aufmerksam machen und sie wollte sein Leben zu einer größeren Weite und vielleicht auch zu einer größeren Tiefe bringen. Bei Karl Barth gab es die konkrete Begegnung mit A. im Krankenhaus, er pflegte Briefkontakt mit ihr. Einmal suchte er den Ort auf, wo sie wohnte und schlich um das Haus, in dem sie lebte. Die Erfahrung, von einem Menschen so bedingungslos und leidenschaftlich geliebt zu werden, muss für Thomas Merton weltbewegend gewesen sein. Da ist ein Mensch, der mir seine ganze Liebe schenkt, dessen Herz, ja dessen Seele sich ganz und gar über mich ausschüttet, der mich liebt, begehrt, nur mit mir sein will. Eine solche Erfahrung ergreift mich ganz und gar, ergreift mein Herz und meine Seele. Das behält seine Gültigkeit, auch wenn man diese Beziehung als romantisch bezeichnen würde oder man die Prognose für eine gelingende Ehe bei Thomas Merton und wohl noch mehr bei Karl Barth eher für ungünstig einschätzen würde. Den Liebes-Höhenflügen wäre viel Erde, im Sinne von Geerdetwerden, Alltag und Wirklichkeit zugemengt worden. Das aber wäre auch notwendig gewesen, damit aus dem Verliebtsein mit der Zeit Liebe geworden wäre.

Was Thomas Merton in der Begegnung mit M. erlebte, brachte ihn damit in Berührung,

> *»dass er ein echtes Potenzial für die Liebe besaß und dass seine religiöse Hingabe nicht die subtile Verkleidung eines emotionalen Krüppels war. Das war für ihn eine innere Befreiung, die ihm ein neues Gefühl der Gewissheit, Leichtigkeit und Offenheit in seiner Berufung und in den Tiefen seiner selbst verlieh.« (Griffin 1997,135)*

Er macht in der Begegnung mit M. die Erfahrung, einen Menschen wirklich, mit Leib und Seele, lieben zu können. Diese Erfahrung veränderte ihn.

> *»Die Veränderung fiel nicht sofort ins Auge. Seine Probleme wurden nicht auf der Ebene des täglichen Lebens gelöst, vielmehr könnte man die Veränderung so beschreiben, wie es Bruder David Steindl-Rast vom Mount-Saviour-Kloster tat, der Pater Louis später als einen völlig unvoreingenommenen und gleichzeitig dennoch so disziplinierten Menschen beschrieb.« (ebd.)*

Literatur

Eberhard Busch: Meine Zeit mit Karl Barth. Tagebuch 1965–1968, Göttingen 2011.

Josef Goldbrunner: Realisation. Anthropologie in der Seelsorge und Erziehung, Freiburg 1996.

Mark Goulston: in: Time-Magazin vom 15.2.1993.

John Howard Griffin, Geh mit der Ekstase – Thomas Mertons Einsiedlerjahre, Münsterschwarzach 1997; eine überarbeitete Neuausgabe ist: John Howard Griffin, Die Revolution der Stille – Thomas Mertons Einsiedlerjahr, Münsterschwarzach 2011.

Daniela Heisig, Die Anima, Zürich 1996.

Thomas Merton, Lieben und Leben, Zürich 1988.

Thomas Merton, Turning Toward the World (1960–1963), San Francisco 1996.

Thomas Merton, Learning to Love (1966–1967), San Francisco 1997.

Thomas Merton: The Other Side of the Mountain (1967–1968), San Francisco 1998.

Wunibald Müller: Sich verlieben. Eine verwandelnde Kraft, Mainz 2001.

Wunibald Müller: Auf der Suche nach der verlorenen Seele, Mainz 1999 [als Taschenbuch 2006].

Dr. theol. Dr. h.c. Wunibald Müller, Jahrgang 1950, verheiratet, zwei Kinder, ist katholischer Theologe, Psychologe und Autor. Er ist Gründer und Leiter des Recollectio-Hauses der Abtei Münsterschwarzach. Er veröffentlichte eine Vielzahl an Büchern zu Themen der Psychologie, Lebenshilfe und Spiritualität.

---

1 Die folgenden Zitate stammen alle aus: Thomas Merton, Learning to Love (1966–1967), San Francisco 1997.

2 Die folgenden Zitate stammen alle aus: Eberhard Busch, Meine Zeit mit Karl Barth. Tagebuch 1965–1968, Göttingen 2011.

MICHAELA PFEIFER

Gottleiden – Gottlieben bei Thomas Merton. Eine Lese-Empfehlung

Für den Leser von geistlichen Schriften ist Thomas Merton ein Glücksfall: Was er für den Weg des Christen in Kloster und Welt empfiehlt, findet sich ansatzweise bereits in seinen Tagebüchern, bevor er später zu einer eingehenden Darlegung schreitet. Diese wiederum spinnt sich in weiteren Tagebüchern und Briefen weiter, sodass der Leser an wiederkehrenden Bildern und Begriffen allmählich die Hauptthemen des Trappisten erkennen und verfolgen lernt.[1] Auf den folgenden Seiten wird ein Thema vorgestellt, das Mertons Kloster- und Schriftstellerleben in vielen Abwandlungen begleitet hat, Gottleiden – Gottlieben.

Mit diesem Wortpaar bezeichnete Alois Maria Haas die Sammlung seiner Beiträge »Zur volkssprachlichen Mystik im Mittelalter«.[2] Für den vorliegenden Beitrag gibt der Untertitel des Buches Schwerpunkt und Grenze an. Zur Lektüre vorgeschlagen werden nämlich Passagen aus einigen Werken Mertons, in denen er auf die deutsche Mystik und ihre Ausstrahlung auf die Niederlande und Spanien[3] zurückgreift, um die Erfahrungen von Gottleiden und Gottlieben – die eigenen und die vieler Zeitgenossen – zu deuten.

Freilich drängt sich dem Christen die Frage auf, ob denn das Wortpaar nicht besser umzudrehen sei. Denn wer Gott liebt, fügt sich auch darin, Gottes Geheimnis nie ergründen zu können und bei Schicksalsschlägen an seiner Vorsehung zu leiden. Weisen denn nicht auch die Nachfolgeworte Jesu auf diese Reihenfolge hin? Niemand, der das Evangelium leben will, kommt um das Kreuztragen herum. Doch wem sich die Mystik als Lebensform erschließt – als gnadenhafte Einigung mit Gott – wird die Nachfolge Jesu nochmals anders leben. Denn wenn »der Logos Mensch geworden ist, damit wir vergöttlicht werden«, wie Athanasius von Alexandrien sagt,[4] so »hat sich der Mensch dem zurückzugeben, dem er sich verdankt, dem er gehört.« Seine Selbstweggabe, sein »totaler Verzicht bereitet für einen totalen Gewinn einer Fülle des göttlichen Lebens, der gegenüber der Mensch sich nur ›leidend‹, das heißt passiv verhalten kann.« Dieses Leiden nennt Johannes Tauler »Gottleiden«, dessen Drangsale durch das darauffolgende Gottlieben unendlich aufgehoben werden.

Oft kommt Merton darauf zu sprechen, meist aber in Verbindung mit anderen Themen. Ihr Geflecht eingehend zu untersuchen, ist hier nicht möglich, vermag aber die Lektüre der ausgewählten Texte zu beflügeln. Bei diesen wird sich der Kommentar auf das Notwendigste beschränken, um unseren Schriftsteller selbst zu Wort kommen zu lassen.[5] Doch auch die Länge der Passagen zwingt dazu, nur die wichtigsten Stellen wiederzugeben. Der Leser kann den vollständigen Text mithilfe der Verweise finden, die auch die deutsche Übersetzung, falls vorhanden, angeben. Trotz aller Beschränkung versucht der vorliegende Beitrag, den roten Faden der Lektüre-Empfehlung so zu legen, dass der Leser das Thema »Gottleiden – Gottlieben« auch in anderen Werken unseres Autors zu entdecken weiß.

I. Brief an Abt James Fox vom 7. Oktober 1951

Thomas Merton hat von seinem Abt die Sonder-Erlaubnis erhalten, eine Woche lang Einzelexerzitien in den Wäldern seiner Abtei Gethsemani zu halten. Da dies eine Art Experiment in einem Kloster darstellt, in dem sonst alles gemeinsam geschieht, schreibt er anschließend Abt James einen ausführlichen Brief. In den ersten Tagen des Alleinseins empfindet P. Louis – so heißt Thomas Merton im Kloster – die Wohltat, dem aufreibenden Gemeinschaftsalltag enthoben zu sein. Endlich kommt das stille persönliche Beten zu seinem Recht:

> »*Im Freien kann ich ganze Stunden ohne nennenswerte Zerstreuung zubringen. Ich lenke meine Aufmerksamkeit auf nichts Besonderes, ich kann aber auch nichts Bestimmtes tun. Wenn ich versuche, meine* [geis-

tigen] *Fähigkeiten anzutreiben, um meine Einheit mit Gott zu vertiefen, überfällt mich ein Gefühl von Angst, Enttäuschung und Unbehagen; wenn ich es nochmals versuche, wird mir geistlich und sogar körperlich übel. Dann ruhe ich mich eben aus und lasse IHN handeln.*«[6]

Dieses erste Erlebnis verstärkt sich zur Erfahrung der ersten Tage: Es drängt ihn geradezu, eigene Frömmigkeitsübungen zu streichen, Gott allein walten zu lassen und sich ihm ganz anheimzugeben. Im Verlauf der Woche stellt sich jedoch eine unerwartete Selbsterfahrung ein:

»*In den Wäldern begann etwas anderes, etwas tief Inneres sich meiner zu bemächtigen. Während am Anfang alles ein einfaches, erholsames und friedliches Gebet war* […], *begann mich jetzt etwas tief unten an den Wurzeln meines Seins zu ergreifen. Ich möchte es nicht Angst nennen, aber es erzeugte eine Art Angst – nichts richtig Fassbares. Aber ich begann, mich erschreckend* leer *zu fühlen, als ob ich innerlich ausgebrannt wäre und sich ein Abgrund in meiner Seele öffnete.*«

Doch dies hat mit Gott zu tun:

»*Für kurze Zeit fühlte ich mich schrecklich einsam und dies umso mehr, als ich einsah, dass dies eine Einsamkeit war, die nichts Sichtbares oder Greifbares je stillen konnte. Ich kann also den letzten Tag in den Wäldern so zusammenfassen, dass ich immer kleiner wurde und in Gottes Gegenwart zu nichts einschrumpfte.*«

Die Früchte der stillen Woche überraschen Fr. Louis: Mühelos wird das Chorgebet im Kreis der Mitbrüder zum Lob- und Dankgesang. In der Messfeier – die täglich als Privatmesse an einem Seitenaltar mit einem Messdiener zu feiern ist – setzt sich die Erfahrung der Nichtigkeit fort, wird aber gemildert:

»*Auch die Messfeier war für mich besser als je zuvor, besonders an den letzten drei Tagen. Sobald ich zum Altar trete, überkommt mich wie-*

der jenes Gefühl von Bedeutungslosigkeit und Nichtigkeit, von Gottesfurcht, die mit Zuversicht und Vertrauen vermengt ist, und von tiefer Leere in meinem Herzen, so wie es in den Wäldern geschah. Jetzt aber ist Jesus auf dem Altar und in meinem Priesterherzen, und ich selbst bin mit ihm als Priester und Opfer geeint. So wohnt in meinem Herzen ein großes Gefühl von verborgener Stärke und reiner Liebe, und die Kommunion lindert dann alles, was an dieser Leere in mir schmerzhaft war, ohne mir jedoch einen fühlbaren Trost zu spenden.«

Den zweieinhalb Seiten langen Bericht schließt Fr. Louis mit drei konkreten Folgerungen. Die erste nennt die Wirkung des nun tief verankerten Gefühls der Leere: Es hilft ihm, sich trotz seines Ruhmes als erfolgreicher Schriftsteller zurücknehmen zu können. In der zweiten und dritten Folgerung sieht er den Wert der Einzelexerzitien als gelungenen Kontrast, ja als Abhilfe zum übertriebenen Gemeinschaftscharakter des Trappistenlebens und zum rastlosen Tätigsein der Mönche, die beide persönliches Beten, Sich Sammeln und Betrachten behindern.[7]

Der Brief an Abt James beschreibt eingehend eine Erfahrung des geistlichen Lebens im engeren Sinn: Gott entzieht sich »geistlichen Übungen«; in seiner Nähe erfährt der Mensch angstvoll sein Nichts. Diese leidvolle Erfahrung ist aber deutlich mit ihrem Umfeld, einer Nordamerikanischen Trappistenabtei um 1950, verknüpft. So weist bereits dieser frühe Brief auf jene zwei Themen hin, die Mertons Werk bis zum Ende durchziehen werden: die Kritik an einer ausschließlich asketischen Sichtweise des Mönchtums und die Betonung der geistlichen Erfahrung in Gebet und Liebe.[8]

II. Christliche Kontemplation (New Seeds of Contemplation)

Die erste längere Schrift über das geistliche Leben, mit dem sich der Trappist an ein breiteres Publikum wendet, erscheint bald nach dem

Welterfolg seiner Berufungsgeschichte *Der Berg der sieben Stufen*. Doch was P. Louis in den folgenden Jahren an sich selbst und an der Welt, deren Geschehnisse er aufmerksam verfolgt, erfährt, lassen ihn die *Seeds of Contemplation* (»Verheißungen der Stille«)[9] gründlich überarbeiten, auch wenn das Ziel der lose nummerierten Kapitel gleich bleibt: ein praktischer Ratgeber für das Beten zu sein, das jeden Christen und nicht nur den Mönch – dies seine wichtigste neue Einsicht – zur Kontemplation oder Mystik[10] führen kann. Mehr noch:

> *»Die Kontemplation rührt nicht am Ende einer denkerischen Deduktion an die Wirklichkeit, sondern das tut sie mittels eines intuitiven Erwachens, bei dem unsere freie und persönliche Wirklichkeit in voller Lebendigkeit ihre eigenen existenziellen Tiefen erfasst, die ins Geheimnis Gottes hinein offen stehen.«*[11]

Dass Merton auch die intellektuellen Strömungen der Zeit aufgreift, zeigt der nächste Absatz mit Anklängen an Existenzialismus und Zen-Buddhismus:[12]

> *»Niemand sollte die Hoffnung hegen, die Kontemplation sei eine Fluchtmöglichkeit vor Konflikten, Ängsten oder Zweifeln* […] *Kontemplation ist kein Schmerzmittel. Nein: Hier frisst ein brennendes Feuer unerbittlich alle alten, abgedroschenen Wörter, Klischees, Parolen und Rechtfertigungen auf und verbrennt sie zu Asche. Das Schlimme daran ist, dass sogar Vorstellungen, die wir für* **heilig** *halten, zusammen mit allem Übrigen ein Opfer dieses Feuers werden. Da kommt ein schreckliches Zerbrechen und Verbrennen von Idolen in Gang; eine Säuberung des Heiligtums findet statt, damit nichts sich wichtig Gebendes den Ort einnehme, von dem Gott angeordnet hat, er solle leer gelassen werden: die Mitte, der existenzielle Altar, der einfach ›ist‹.« (38)*

Hier wird nicht nur das Gebet erbarmungslos gereinigt, sondern auch das Ich des Beters, das in seiner Mitte leer ist. Doch welcher Gott kann dies so wollen?

> *»Am Ende erleidet der Kontemplative die Qual der Wahrnehmung, dass er* **nicht mehr weiß, was Gott ist**. *Vielleicht wird ihm die Gnade der Einsicht geschenkt – oder auch nicht –, dass das letztlich ein großer Gewinn ist, denn ›Gott ist kein* **Was**‹, *kein ›etwas‹. Genau das ist eines der wesentlichen Merkmale der kontemplativen Erfahrung. Man sieht dabei, dass es kein ›Was‹ gibt, das sich ›Gott‹ nennen lässt. Es nicht ›so etwas‹ wie Gott, denn Gott ist weder ein ›Was‹ noch ›etwas‹, sondern reines ›***Wer**‹. *Er ist das ›Du‹, vor dem unser innerstes ›Ich‹ in die Bewusstheit springt. Er ist der* **Ich Bin**, *vor dem wir mit unserer eigenen allerpersönlichsten und unverkennbaren Stimme als Echo unser ›ich bin‹ rufen.« (39–40)*

Mertons Gottesbild gehört der negativen Theologie an, die sich der apophatischen, verneinenden Rede bedient: Alle unsere Bezeichnungen für Gott sind unzutreffend, ja unangemessen. »Daher haben viele Mystiker von Dionysius [Areopagita] an darauf bestanden, dass das Eigentliche des mystischen Weges das Bewusstsein von Gott im Modus der Negation – als einer Form der Abwesenheit Gottes ist.«[13] Mertons intensives Studium christlicher Theologie und Spiritualität vor seiner Priesterweihe[14] hat ihn den Apophatismus als die seinen Gebetserfahrungen entsprechende Ausdrucksweise entdecken und übernehmen lassen.[15] Nicht ohne Schmunzeln nimmt er die Reaktion seiner Mitbrüder auf ein solches Gottesbild wahr:

> *»Im Kapitelsaal beenden* [die Mönche in der täglichen Komplet-Lesung] *Verheißungen der Stille* [...] *Ich weiß nicht, wie das Gefühl im Haus im Allgemeinen darüber war* [...] *Ein- oder zweimal hatte ich das Gefühl, alle seien ein wenig über Absätze aufgebracht, die gleichzeitig ausufernd negativ und heikel und unverständlich sind. Ich bin froh, dass das Buch geschrieben und gelesen worden ist. Sicherlich habe ich genug über die Angelegenheit der Dunkelheit und des ›erfahrungsmäßigen Kontaktes mit Gott in der Dunkelheit‹ gesagt, um nun meinen Mund halten und zu etwas anderem übergehen zu können* [...] *Wenn man sein Tagebuch erneut liest, stellt man fest, dass die neueste Entdeckung et-*

was ist, das man vor fünf Jahren schon herausgefunden hat. Dennoch ist es wahr, dass man tiefer und tiefer in dieselben Vorstellungen und Erfahrungen eindringt.«[16]

Kann man bei so einer apophatischen Kontemplation überhaupt von einem Ziel sprechen? Merton bejaht es, wenn er dem Beter die Haltung »Demut gegen Verzweiflung« empfiehlt:

»Die Vollkommenheit der Kontemplation ist der Gipfel des mystischen Einswerdens mit Gott: sein Wesen ist eine reine und selbstlose Liebe, die aus der Seele allen Stolz ausräumt und sie in den Augen Gottes ganz zunichte macht, sodass von ihr nichts anderes mehr übrig bleibt als die reine Fähigkeit, ihn aufzunehmen. Die Freude der mystischen Liebe zu Gott entspringt dem völligen Freiwerden von seinem eigenen Selbst-Sein, weil aller Stolz restlos ausgeräumt ist [...] *Ihre Vollendung findet die Demut in der verwandelnden Vereinigung. Nur Gott kann uns durch die Feuer der inneren Läuterung zu dieser Reinheit bringen* [...] *Der Sinn der spirituellen Armut, des Leerseins, der Trostlosigkeit, der totalen Hingabe im mystischen Leben ist uns noch nicht klar genug.«* (*Christliche Kontemplation*, 254–259 in Auswahl)

Die letzten Kapitel seines Buches widmet er seinem Lehrmeister in Apophatismus, Johannes vom Kreuz. In dessen »Nacht der Sinne« erleidet der Beter Gottes dunkle Seite:

»Das Leben der eingegossenen Kontemplation beginnt nicht immer mit einer ausdrücklichen Gotteserfahrung in Form eines stark einströmenden Lichts. [...] *Vergessen wir nie, dass der gewöhnliche Weg zur Kontemplation durch eine Wüste ohne Bäume und Schönheit und ohne Wasser führt. Der Geist betritt eine Wildnis und wandert blind in Richtungen, die von der Schau Gottes wegzuführen scheinen und weg von jeder Erfüllung und Freude. Da kann ihm der Glaube fast unmöglich werden, dass dieser Weg irgendwohin anders führt als nur in verlassene Gegenden voller dürrer Knochen – in den Ruin all unserer Hoffnungen und gu-*

ten Absichten. [...] [Das sind die Zeiten, in denen asketische Übungen und Betrachtungsbücher] *zur Ausflucht werden können, zum Beruhigungsmittel, zur Form, sich um das Leiden unter Finsternis, Nichtsehen und Hilflosigkeit zu drücken, um nur ja nicht zuzulassen, dass Gott uns unser falsches Selbst abstreift und uns zu dem neuen Menschen macht, als der wir in Wirklichkeit gedacht sind.«* (*Christliche Kontemplation,* *322–326 in Auswahl*)

In den letzten Zeilen legt Merton »seinen tiefsten spirituellen Grundgedanken« vor, den er bis zum Lebensende variieren wird: Es geht darum, »sich in der Kontemplation vom ›falschen Ich‹, dem Glück und Geschick machbar erscheinen, zu lösen, leer zu werden, um Raum für Gott zu schaffen, nicht ohne erschreckende Erfahrungen der Verlassenheit, und ›frei zu werden für die Vereinigung mit dem Absoluten‹«.[17]

III. Brief an Abt André Louf OCSO vom 26. April 1965

Thomas Merton kennt Dom André Louf, den Abt der französischen Trappistenabtei Mont des Cats, von seinen Schriften zum kontemplativen Leben und Gebet. Jetzt wendet er sich in einem persönlichen Schreiben an ihn, um ihm von seiner halbjährigen Erfahrung als Einsiedler in den Wäldern von Gethsemani zu berichten.[18] Diese Lebensweise – ein wahres Gottesgeschenk – sei nun endlich die für ihn richtige. Täglich vermag er neben einigen Gebetszeiten in der Gemeinschaft und notwendiger Handarbeit je drei Stunden der stillen Meditation und der geistlichen Lesung zu widmen. Die meisten Mitbrüder und besonders die Novizen sehen sein Experiment wohlwollend. Gegen Schluss berichtet er dem erfahrenen Seelenführer, was in diesen Monaten des Einsiedlerlebens in seinem Inneren vor sich gegangen ist:

»Katzenjammer? Ganz wenig, weniger, als wenn ich in der Gemeinschaft lebte. Aber einige reinigende Augenblicke tiefer Leere und Verlassenheit nicht so sehr von Menschen, als vielmehr eine metaphysische Leere und das Gefühl, ich selbst, das Leben, ja im Grunde alles sei

nichts. Es gibt Zeiten Übelkeit erregender Leere, doch niemals das Gefühl, man könne oder solle dem entgehen, indem man sich in der Gemeinschaft ablenkt. Ganz im Gegenteil, hier gibt es kein Entkommen, es sei denn in Gott hinein, der sich ja irgendwie als diese Leere darstellt. Die Leere ist dann ihre eigene Fülle. Tatsächlich läuft dies meist auf ein großes Licht, auf Freiheit und Freude hinaus, viel mehr, als was ich je im Kloster erfahren habe. Niemals habe ich so deutlich Gottes Nähe und seine Sorge für mich empfunden, allerdings immer auf eine unerklärlichere und weniger fühlbare Weise als im Kloster.«

Zusammenfassend stellt P. Louis fest, das Einsiedlerleben stelle bis jetzt kein Problem dar. Doch möchte er die Verbindung mit der Gemeinschaft nicht missen. Es sei unverzichtbar, als Einsiedler in eine monastische Familie eingebunden zu sein. Hingegen drängt seine Gotteserfahrung zur Frage: Was ist das für ein Gott, dessen Fülle Leere ist?

IV. Wahrhaftig beten (The Climate of Monastic Prayer)

Thomas Mertons neue geistliche Erfahrungen und seine Feinfühligkeit für die seelische und geistige Lage seiner Zeitgenossen in den Sechzigerjahren schlagen sich in einer neuen Gesamtschau des Gebetslebens nieder. Dazu setzt er wieder bei der monastischen Kontemplation an, genauer gesagt bei *The Climate of Monastic Prayer*, das aber auch jenes des Christen in der Welt ist. Ein Jahr nach seinem Unfalltod in Bangkok veröffentlicht, stellt *Wahrhaftig beten* – so der gut gewählte deutsche Titel – sein geistliches Testament[19] dar. Zu Recht, denn das Buch ist sorgfältig aufgebaut und zeigt gleichsam im Gegenzug zu den Verheißungen der Stille, dass der Mönch, wenn er wahrhaft betet, mehr als jeder andere der Daseinsangst ausgesetzt ist:

»Einige der Grundthemen von Heideggers Existenzialismus, die die unabwendbare Tatsache des Todes, das menschliche Bedürfnis nach Echtheit und eine Art von geistiger Befreiung unterstreichen, erinnern uns daran, dass das ›Klima‹, in dem das monastische Gebet einst blühte,

von unserer Welt nicht völlig gewichen ist. Ganz im Gegenteil: wir leben in einem Zeitalter, das gerade durch seinen Charakter als Epoche der Krise, der Revolution und des Kampfes nach besonderem Suchen und In-Frage-Stellen verlangt, wie es der Mönch in Meditation und Gebet leistet. Denn der Mönch sucht nicht nur sein eigenes Herz: er taucht tief in das Herz der Welt ein, deren Teil er bleibt, obwohl er sie ›verlassen‹ zu haben scheint. In Wirklichkeit verlässt der Mönch die Welt nur, um aufmerksamer auf die eindringlichsten und unbeachteten Stimmen ihres tiefsten Innern zu horchen.«[20]

Von der Einleitung bis zum XIX. Kapitel durchziehen ausführliche Zitate geistlicher Meister den Text. Im ersten Teil ruft Merton die Tradition des monastischen Gebetes seit den Wüstenvätern in Erinnerung und warnt, wie schon in früheren Werken, vor Intellektualismus, Tricks und Selbsttäuschung.[21] Denn auch das Beten hat Anteil am christlichen Pascha-Rhythmus, der erst durch den Tod zum Leben führt. Im V. Kapitel zitiert der Autor Johannes von Kreuz' *Dunkle Nacht*, in der Gott den Anfängern in der Kontemplation die Lust an ihren Gebetsweisen nimmt, um sie »in den Zustand der Fortgeschrittenen zu versetzen«. Nachdem er sie »in die dunkle Nacht eingeführt hat, [...] entwöhnt er sie dort in reinen Trockenheiten und inneren Finsternissen von den Brüsten des Verschmeckens und Verkostens,« – Hier greift der Spanier auf franziskanische Bildsprache zurück –, »nimmt ihnen all diese Unbeherrschtheiten und Kindereien und lässt sie mit ganz anderen Mitteln Tugenden gewinnen.«[22]. So findet der Beter zur »Reinheit des Herzens«, sucht nach Gottes Willen und beginnt das mühsame Ringen um die eigene geistliche Identität (Kap. 11).

Der zweite Teil widmet sich dem Gebet der Fortgeschrittenen. Haben sie etwa als Anfänger nicht wahrhaft schon genug an Gott gelitten, als dieser ihnen alle Anhänglichkeiten, auch die frommen, entzog? Für die höhere Stufe kündigt Thomas Merton an: »Zum Verständnis des nun Folgenden muss der Leser sich vor Augen halten, dass die inneren Tiefen des geistlichen Lebens geheimnisvoll und unfassbar sind.« (85) Darum übergibt er zuerst dem deutschen Mystiker Johannes Tauler das Wort, den weiteren Weg vom Ziel her zu beleuchten:

»[Die vereinigende und mystische Erkenntnis Gottes ist] *eine unaussprechliche Finsternis und ist doch das wirkliche Licht und ist und heißt eine unfassbare einsame Wildnis, in der niemand Weg noch Weise findet, denn es ist über alle Weise. Diese ›Finsternis‹ soll man so verstehen: es ist ein Licht, zu dem keine geschaffene Denkkraft gelangen und das sie auch nicht verstehen kann. Und sie ist darum ›wild‹, weil sie keinen (natürlichen) Zugang hat. In dieser wird der Geist über sich selbst hinaufgeführt, über all sein Begreifen und Verstehen. Da wird der Bronn getrunken aus seinem eigenen Grund, aus der wahren, wesentlichen Quelle, oh, da ist er so süß, frisch und lauter, wie ja alle Brunnen am süßesten sind in ihrem Ursprung, lauter und frisch, im Lauf aber warm und sauer werden.*«[23]

Taulers zahlreiche paradoxen Bilder erklärt dann Merton so:

»Die mit Gott vereinigende Erkenntnis in der Liebe ist nicht die Erkenntnis eines Objektes durch ein Subjekt, sondern eine ganz andersartige und transzendente Erkenntnis, in der das erschaffene Ich, das wir sind, in Gott unterzugehen und nur ihn allein zu erkennen scheint. In der passiven Läuterung erfährt also das Ich eine Art Entleerung und Zerstörung, bis es zum Nichts geworden, sich nur mehr in Gott erkennt.« (86)

In der Folge verzichtet Merton darauf, Taulers Predigt von einem Gott, der den Menschen zu seinem Heil immer aufs Neue jagt, auszulegen; er wählt vielmehr die biblische Bildsprache des Propheten Hosea, um auf die Geduld in Zeiten der Dürre und Trockenheit beim Gebet vorzubereiten. Doch gerät man dabei auch in Gefahr:

»Der kritischste Punkt dieser Erfahrung ist die Versuchung, an Gott selbst zu zweifeln. Wir dürfen diese Tatsache nicht verharmlosen [...] *Denn hier gehen wir über das Stadium hinaus, in dem Gott für unseren Geist in einfachen und primitiven Bildern zugänglich war. Wir gehen in die Nacht ein, in der er ohne irgendeinen bildlichen Ausdruck, unsicht-*

bar, unerforschlich und über jede befriedigende geistliche Vorstellung hinaus zugegen ist.« (88)

In der Nacht des Fortgeschrittenen geht es also um eine passive Läuterung, nach Johannes vom Kreuz um die »Nacht des Geistes«. Hier wirkt Gott allein. Darum ist dies auch die eigentliche *Dunkle Nacht*, der das zweite Buch des gleichnamigen Werkes gilt. Wenn unser Autor jetzt aber nochmals Tauler zitiert, leuchtet schon die Gleichzeitigkeit von schmerzhafter Läuterung des Menschen und gnadenhafter Gegenwart Gottes auf:

»Alles, wobei ein Mensch in Freude verweilt, alles, was er für sich behält als ein Gut, das ihm gehört, wird von Würmern zerfressen, ausgenommen wenn er sich selbst und allem entsagt, was in ihm sein kann, und ganz und absolut eingeht in das reine, unerkennbare, unaussprechliche und geheimnisvolle Gut, das Gott ist.« (93f)[24]

Doch wie vermag das Leiden an Gott sich mit der Liebe zu ihm verbinden?

»Kontemplatives Gebet ist in gewisser Hinsicht einfach die Vorliebe für Wüste, Leere, Armut. Man beginnt, den Sinn der Kontemplation zu erkennen, wenn man intuitiv und spontan den dunklen und ungewissen Weg der Trockenheit jedem anderen vorzieht.«

Mit dieser Definition fasst Thomas Merton zu Beginn des XV. Kapitels, das mit dem folgenden zu den wichtigsten des Buches zählt, das bisher Gesagte zusammen: Mystik ist im Unnennbaren, Ungewissen, Unsichtbaren zu Hause, und dort schaffen nur die Armut des Menschen, seine Leere und sein Nichts Raum für die Fülle Gottes. Jetzt geht es darum – dies die Wende der beiden Kapitel –, sich an die Paradoxa des kontemplativen Lebens zu gewöhnen und jene Vorlieben zu festigen, die Merton bei Walter Hilton gefunden hat:

»Wenn du in der Dunkelheit bist, bist du viel näher bei Jerusalem, als wenn du im falschen Lichte [der Welt] *weilst. Öffne also dein Herz den Regungen der Gnade und gewöhne dich daran, in dieser Dunkelheit zu wohnen; bemühe dich darum, vertraut mit ihr zu werden, und du wirst schnell Frieden finden, und das wahre Licht des geistlichen Verstehens wird deine Seele überfluten.«*[25]

Wie nahe liegt jedoch hier die Selbsttäuschung eines gewissen Quietismus:

»Kein Mensch wird dadurch zum Kontemplativen, dass er die wahrnehmbaren Wirklichkeiten einfach ›auslöscht‹ und allein mit sich im Dunkeln bleibt. Wer dies absichtlich nach einer praktischen Überlegung über dieses Thema und ohne inneren Anruf tut, geht nur in eine künstliche, von ihm selbst gemachte Dunkelheit ein. Er ist nicht allein mit Gott, sondern allein mit sich selbst. Sein Leben ist ein ›Nichts‹, nicht etwa in dem dynamischen, geheimnisvollen Sinn, in dem das ›Nichts‹, das **nada** *des Mystikers paradoxerweise auch das ›Alles‹,* **todo**, *Gottes ist. Es ist nur das pure Nichts des endlichen Seins, das, sich selbst überlassen, in der eigenen Plattheit aufgeht.« (103)*

Wieder lässt Merton Tauler zu Wort kommen, der gegen eine quietistische Form des Gebetes wettert, in der man, so Merton, »nur die eigene Trägheit pflegt, als ob das für sich schon genügte, alle Probleme zu lösen« (105):

Das sind [im Fortschritt] *zurückbleibende Menschen. Sie verlassen sich auf ihren natürlichen Verstand, sind sehr stolz darauf, sind niemals wirklich in das ehrwürdige Leben unseres Herrn Jesus Christus eingedrungen, haben ihre Natur auch nicht zu bessern versucht durch Tugendübungen und sind nicht den Weg der wahren Liebe gegangen, doch halten sie fest an ihrer Vernunft und an falscher innerer Untätigkeit.*[26]

Weiter warnt Merton vor jenem Pseudo-Quietismus, der

> *»jene befällt, die Bücher über die Mystik lesen, ohne sie zu verstehen* [...] *Man hört mit dem Beten deshalb auf, weil man glaubt, automatisch kontemplativ zu werden, sobald man jede Tätigkeit einstellt.« (106)*

Wie der Autor schon früher abgeraten hat, die Liturgie nicht mehr mitzufeiern, so gilt auch hier:

> *»Wer den üblichen Gebetsweg ohne jedes Vorurteil und ohne Kompliziertheit geht, wird viel besser vorbereitet sein, seine Berufung zum kontemplativen Gebet zur rechten Zeit zu erfahren, vorausgesetzt, dass er sie hat. Echte Beschauung ist kein psychologischer Trick, sondern eine theologische Gnade. Wir können sie* **nur** *als Geschenk erhalten, sie ist niemals das Ergebnis von geschickt angewandten geistlichen Techniken.« (106)*

Der letzte Text, den Merton dem Straßburger Meister entlehnt, entwirft nicht nur ein Gegenbild zum Quietisten, sondern lässt die unermessliche Gabe der Einheit mit Gott erahnen:

> *»Hat der Mensch (erst einmal) diese innerliche Liebe verkostet, so lässt ihn das versinken in sein eigenes Nichts und in seine Kleinheit und mit ihnen verschmelzen; denn je klarer und lauterer Gottes Größe in ihm leuchtet, umso deutlicher wird er sich seiner Klarheit und Nichtigkeit bewusst. Und dass dieses göttliche Einleuchten in Wirklichkeit ein wesentliches Einleuchten war, nicht in Bildern, nicht in die Kräfte, sondern in den Grund der Seele, das erkennt man daran, dass der Mensch tiefer in sein eigenes Nichts versinkt.«*[27]

Das XV. Kapitel ist Schauplatz zweier geistlicher Gegebenheiten, die miteinander und gegeneinander abgewogen werden. Einerseits legt Merton den Akzent auf das geistliche Einüben, denn erst in der Wiederholung klären sich Sinn und Zweck des Tuns. Hier geht es um die

Einübung des paradoxen Diskurses in der Mystik, besonders der Redeweisen von Dunkelheit und Leere.[28] Dabei helfen dem Leser Beispiele aus der mystischen Tradition und Mertons Erläuterungen, sich von einer ausschließlich negativen Sicht der Begriffe zu lösen: »Dunkelheit« ist nicht nur Not, Angst und Leiden, die reinigend auf die Gottesbegegnung vorbereiten sollen, sondern auch ihre Stätte, weil Gottes überhelles Licht zwar blendet, aber eben darin, so der Passus aus Walter Hilton, seine Gegenwart kundtut. Ähnlich erweitert sich auch der Umfang von »Leere«. Der Anfänger strebt, sich von den Fesseln des selbstsüchtigen Ich zu befreien, zu entleeren, um für Gottes Gaben Platz zu schaffen. Die Leere ist aber auch Zeichen der Hinfälligkeit und Begrenztheit des menschlichen Geschöpfes schlechthin. Demnach hat sie eine negative und positive Seite: Leere kann sich der Fülle Gottes öffnen, wie es eindrücklich Taulers letztes Zitat ausdrückt.

Mit der Begriffserweiterung von Dunkel und Leere nimmt die zweite Gegebenheit geistlichen Lebens Gestalt an: Gott wirkt nicht erst, wenn der Mensch vorbereitet ist, sondern auf paradoxe Weise in der Läuterungsphase selbst:

> *»Für den christlichen Kontemplativen ist das Kennzeichen der Leere reine Liebe, reine Freiheit, Liebe, frei von allem, von nichts bestimmt, durch keine besondere Beziehung gebunden. Es ist Liebe um der Liebe willen. Es ist Teilhabe durch den Heiligen Geist an der unendlichen Liebe Gottes.« (110f)*

Wenn im Titel dieses Beitrages ein bloßer Bindestrich die Worte »Gottleiden« und »Gottlieben« verbindet, so scheint dieser nun auch die Valenz eines Gleichzeichens zu haben – zumindest in den Augen Gottes.

In seiner Einführung zu *Wahrhaftig beten* weist Douglas V. Steere auf Mertons Absicht hin, vor allem im zweiten Teil des Buches das kontemplative Gebet der in vielen Werken geübten Entlarvung zu unterziehen.[29] Die Zeilen über den (Pseudo-)Quietismus sind dafür ein Beispiel. Im XVI. Kapitel greift die Entlarvung noch tiefer. Die Grundbefindlichkeit des modernen Menschen ist die Angst, die jeder, auch der Christ und selbst der Mönch, in sich spürt. Sie gehört zu jenen Grundthemen von Heideggers Existenzialismus, die Merton bereits in der Einleitung als unabwendbares Gegenüber christlicher Kontemplation genannt hat. Hier unterscheidet er nicht wie Heidegger Furcht und Angst[30], spricht aber von »einer existenziellen Forderung im eigenen Leben«, der man sich versagt; daraus entsteht »ein allgemeines Gefühl des Ungenügens, der Schuld«, eben einer nicht neurotischen Angst:

> *»Es ist das Gefühl des Treubruchs und der Niederlage, das einen Menschen befällt, der sich nicht seiner eigenen inneren Wahrheit stellt und dem Leben, Gott und seinen Mitmenschen keine angemessene Gegenleistung für all das bietet, was ihm gegeben wurde.« (113)*

Sein Grundthema vom wahren und falschen Ich aufgreifend, fährt er fort:

> *»Es ist das tiefe, verworrene, metaphysische Wissen von einem grundsätzlichen Antagonismus zwischen dem Ich und Gott, der zurückzuführen ist auf eine Entfremdung von Gott auf Grund der störrischen Anhänglichkeit an ein mysteriöses, illusorisches ›Ich‹.« (114)*

Das Gefühl der Leere und Wertlosigkeit befällt auch den Schuldlosen. Wie sollte er da nicht an Gottes Treue zu zweifeln beginnen? Dies ist jedoch

> *»das echte Klima ernsthafter Meditation, in dem wir uns ohne Licht und scheinbar ohne Kraft, sogar scheinbar ohne Hoffnung ganz Gott hingeben müssen«. (117)*

Mit einem langen Zitat aus Johannes von Kreuz' *Dunkler Nacht* (II, V, 5) erinnert Merton an früher Gesagtes:

> *»Diese tiefe Angst und Nacht muss als das angesehen werden, was sie ist: nicht als Strafe, sondern als Läuterung und Gnade. Sie ist wirklich*

ein großes Geschenk Gottes, denn gerade hier begegnen wir seiner ganzen Fülle.« (118)

Doch sind Angst und Verlassenheit des geistlichen Menschen so furchtbar, dass der Autor nochmals zu einem Gewährsmann Zuflucht nimmt. Im 12. Jahrhundert schreibt der Zisterzienser Isaak von Stella:

»In inferno sumus, sed misericordiae, non irae; in caelo erimus.«[31] *(120)*

Die Zukunft im Blick, kann auch Merton sagen:

»Gerade in dieser ›Hölle der Barmherzigkeit‹ werden wir schließlich das starre Festhalten an einem leeren Ich aufgeben, und wir werden uns verloren und befreit in der unendlichen Fülle der Liebe Gottes wiederfinden. Wir entkommen aus dem Käfig der Leere, der Verzweiflung, der Angst und der Sünde und gelangen in den unendlichen Raum und in die Freiheit der Gnade und Barmherzigkeit.« (120)

Ausklang

In Thomas Mertons Schriften ließe sich noch manch andere Stelle zum Thema »Gottleiden – Gottlieben« finden. In diesem Beitrag habe ich mich auf zwei autobiographische Zeugnisse und zwei bedeutende Schriften unseres Autors beschränkt. In ihnen zeigte sich »Gottleiden-Gottlieben« als ein Grundzug kontemplativen Lebens, der stets im konkreten Umfeld verankert und mit der spirituellen Tradition verbunden war. Für eine kurze Zusammenschau entlehne ich nun aus *Wahrhaftig beten* jene Mönchstypen, die Merton auch sonst unter Christen feststellt, den strengen Therapont und den freundlichen Starez Sossima in Dostojewskis *Brüdern Karamasow*[32]. Könnten sie nicht auch Anfangs- und Endpunkt auf dem Weg kontemplativen Betens darstellen? Die Selbstgerechtigkeit Theraponts, der die böse Welt verachtet, wandelt sich durch aufrichtige Selbsterkenntnis und mutige Hingabe an Gottes verborgenes Wirken zum Mitleid Sossimas mit denselben sündigen Menschen. Nur eines ist notwendig, »dem Worte und dem Geist Gottes gehorchen, in einem Gehorsam, der die Früchte der Demut und der erbarmenden Liebe trägt«.

Schwester Michaela Pfeifer OCist, Zisterzienserin der Abtei Marienkron (Österreich). 1993 Promotion in Monastischer Theologie an der Benediktinerhochschule Sant'Anselmo in Rom. 1994–2013 Dozentin in den Anselmianer Graduiertenkollegs »Monastische Theologie«, »Philosophie und Mystik«, »Sakramententheologie«; 2008 außerordentliche Professur in Monastischer Theologie; 2008–2011 Koordinatorin des Monastischen Institutes; Juni 2013 Emerita. Veröffentlichungen in monastischer Theologie, Cisterciensia, Spiritualität und Mystik.

---

1 Vgl. P. Hart / J. Montaldo (Hg.), Thomas Merton – Der Mönch der sieben Stufen, übers. v. M. Säger, Düsseldorf 2000, 7–8. Das ausführlichere amerik. Original lautet The Intimate Merton. His Life from His Journals, Harper Collins Paperback, New York 1. Aufl. 2001 (gebundene Ausgabe 1999).

2 Vgl. A. M. Haas, Gottleiden – Gottlieben. Zur volkssprachlichen Mystik im Mittelalter, Insel Verlag, Frankfurt/Main, 1. Aufl. 1989.

3 Zum Fortwirken der deutschen Mystik bis ins 16. Jh. vgl. Haas, Gottleiden – Gottlieben, 20–21.

4 Vgl. Haas, Gottleiden – Gottlieben, 50. Die folgenden Zitate von Haas stehen ebd., 50 beziehungsweise 51.

5 Zur Mystik Thomas Mertons vgl. die unterschiedlichen Studien von J. F. Teahan, The Mysticism of Thomas Merton: Contemplation as a Way of Life, Princeton University, Princeton 1976; J. A. Th. Vazhakoottathil, Thomas Merton's Mystical Quest for the Union with God, St. Ottilien 1993 (Dissertationen:Theologische Reihe 63) 1993. Vgl. die Erwähnung von Thomas Mertons Mystik bei B. McGinn, Die Mystik im Abendland I, Freiburg 1994, 404–405, mit weiterer Bibliographie.

6 T. Merton, The School of Charity. Letters III, New York 1990, 27–29 (Hervorhebungen vom Autor).

7 Vgl. die biograph. Skizze bei I. Mandl-Schmidt, Biographie – Identität – Glaubenskultur. Zur Entwicklung religiös-spiritueller Identität am Beispiel Thomas Mertons, Matthias-Grünewald-Verlag, Mainz 2003, 153–163.

8 Vgl. J. Leclercq, »Introduction«, in T. Merton, Contemplation in a World of Action, Garden City, New York 1973, 7–18, hier 12–13. Leider ist diese Einleitung zu Mertons posthumen Buch aus der Feder seines langjährigen Freundes, des Benediktinergelehrten Jean Leclercq, in der 2. amerik. Auflage und in der dt. Übers. Im Einklang mit sich und der Welt. Contemplation in a World of Action, übers. u. eingef. v. G. Tepe, Diogenes, Zürich 1986, nicht übernommen worden.

9 T. Merton, Seeds of Contemplation, New Directions, New York 1949; dt. Verheißungen der Stille, übers. v. M. Larsen, Luzern 1. Auflage 1951. Zu den ab hier zitierten Büchern vgl. Thomas Mertons chronologisch angeordnete Auswahlbibliographie in Reflexionen und Meditationen. Gedanken über meine Bücher (= Honorable Reader, Crossroad, New York 1989), hg. v. R. E. Daggy, Vw. v. H. J. Cargas, übertr. u. Nachw. v. H. Buchmann, Langwaden 2001, 160–167; leider sind dort Erscheinungsjahre und deustsche Titel zu überprüfen.

10 Merton zieht »contemplation« oder »mystical prayer« dem im Amerik. zweideutigen Wort »mysticism« vor. I. Mandl-Schmidt, Biographie – Identität – Glaubenskultur, 182.

11 T. Merton, Christliche Kontemplation. Ein radikaler Weg der Gottessuche, übers. v. B. Schellenberger, Claudius, München 2010 (= New Seeds of Contemplation, New Directions, New York 1961, Neuauflage 2007), 35 (Seitenangabe weiterer Zitate im Text selbst).

12 Vgl. B. Schellenberger, »Einleitung«, in Merton, Christliche Kontemplation, 9–14, hier 12.

13 McGinn, Die Mystik im Abendland I, 18.

14 Vgl. Leclercq, »Introduction«, 9–10.

15 Vgl. J. F. Teahan, »A dark and empty way«, The Journal of Religion 58 (1978) 263–287, hier 266–269. Zur Frage, ob der begnadete Schriftsteller Thomas Merton auch ein Mystiker war, vgl. neben McGinn, Die Mystik im Abendland I, 404–405, die Aussagen seines Novizen, des Arztes, Psychotherapeuten und späteren Abtes von Genesee, J. E. Bamberger, »Thomas Merton ›Mönch und Kontemplativer‹«, Geist und Leben 83 (2010) 321–338, hier 322–323.

16 Hart/Montaldo (Hg.), Thomas Merton – Der Mönch der sieben Stufen, 72–73 (Textverbesserungen nach dem Original The Intimate Merton, 69–70).

17 K.-J. Kuschel, Thomas Merton (1915–1968). »Mönch und Poet im Spannungsfeld von Christus, Buddha und Tao«, in: K.-J. Kuschel, Leben ist Brückenschlagen. Vordenker des interreligiösen Dialogs, Patmos, Ostfildern 2011, 353–402 (Bibliogr. 593–596), hier 386.

18 Vgl. Merton, The School of Charity, 276–278, folgendes Zitat: 277–278.

19 Zur erst 2003 als Buch veröffentlichten Aufsatzsammlung The Inner Experience: Notes on Contemplation, ed. with an introd. by W. H. Shannon, San Francis-

co (Harper) 2003, mit der Merton selbst unzufrieden war, vgl. die ausgewogene Wertung von M. Casey, »Merton's Notes on ›Inner Experience‹: Twenty Five Years Afterwards«, Tjurunga 4 (1993) 30–55, bes. 32–35.

20 T. Merton, Wahrhaftig beten, Paulusverlag, Freiburg/Schw. 1971 (= The Climate of Monastic Prayer [CistSS 1], Western Michigan University, Kalamazoo 1969; im selben Jahr auch als Contemplative Prayer in Herder & Herder, New York, veröffentlicht), 16–17 (Seitenangabe weiterer Zitate im Text selbst).

21 Vgl. die Charakterisierung des Buches in L. S. Cunningham, Thomas Merton and the Monastic Vision, W. B. Eerdmans, Grand Rapids 1999, 122–125.

22 Zitiert werden im V. Kap. die »Nacht des Sinnes« aus der Dunklen Nacht I, VII, 4–5 und die »Nacht des Glaubens« aus dem Aufstieg auf den Berg Karmel, II, III, 1. Zitat aus Nacht I, VII, V, nach Johannes vom Kreuz, Die Dunkle Nacht. Vollst. Neuübersetzung, sämtl. Werke Bd. 1, hg. u. übers. v. U. Dobhan, E. Hense u. E. Peeters, eingel. v. U. Dobhan u. R. Körner, Freiburg u. a. 3. Auflage 1997, 57.

23 Johannes Tauler, »XI. Predigt für den Montag vor Palmsonntag«, in: Johannes Tauler, Predigten. Vollst. Ausgabe, übertr. v. G. Hoffmann, Freiburg i. Br. 1961, 80–81 (Die Einsiedler Neuausgabe von 1979 hat ebenfalls auf S. 80–81 des 1. Bandes denselben Wortlaut). Diesen Text zitiere ich anstelle des folgenden, in Wahrhaftig beten, 85, verwendeten, der vermutlich aus dem Engl. übersetzt und fehlerhaft ist: *[Die vereinigende und mystische Erkenntnis Gottes ist] unbeschreibliche Dunkelheit und doch wesenhaft Licht. Sie wird die unverständliche und einsame Wüste genannt. Dies ist sie ganz gewiss; niemand kann seinen Weg durch sie finden oder Marksteine in ihr entdecken, denn sie hat keine Marksteine, die der Mensch erkennen kann. Unter ›Dunkelheit‹ musst du hier ein Licht verstehen, das natürlicherweise nie einen erschaffenen Geist erleuchten wird, ein Licht, das niemals erfasst werden kann; und es wird ›einsam‹ genannt, weil kein natürlicher Weg zu ihm hinführt. Um es zu erlangen, muss die Seele über sich selbst hinaus geführt werden, über alles Fassungsvermögen und Verstehen hinaus. Dann kann sie von jenen wahren und lebenspendenden Wassern direkt an der Quelle trinken. Hier ist das Wasser erquickend frisch und rein, wie jedes Wasser an seiner Quelle süß ist, ehe es seine kühle Frische und Reinheit verloren hat.*

24 Leider fehlt hier, wie auch im Original auf S. 112, der Hinweis auf die entsprechende Predigt.

25 Walter Hilton, The Scale of Perfection II, 25, Paulist Press (The Classics of Western Spirituality), New York 1991, 238. Dt. Übers. nach Wahrhaftig beten, 103–104.

26 Tauler, »52. Predigt«, 401. In Wahrhaftig beten, 105, lautet der Text: *Diese Leute sind in eine Sackgasse geraten. Sie setzen ihr Vertrauen auf die natürliche Einsicht, und sie sind sehr stolz auf sich, dass sie es tun. Sie wissen nichts von der Tiefe und den Reichtümern des Lebens unseres Herrn Jesus Christus. Sie haben sogar noch nicht einmal ihre eigene Natur durch Tugendübung geformt und sind auf dem We-*

ge der wahren Liebe nicht fortgeschritten. Sie verlassen sich ausschließlich auf das Licht ihres Verstandes und ihre falsche geistliche Passivität.

27 Tauler, »52. Predigt«, 400–401. In Wahrhaftig beten, 108, lautet der Text: *Wenn wir dies in der tiefsten Tiefe unserer Seele gekostet haben, lässt es uns niederfallen und in unserer Nichtigkeit und unserer Kleinheit hinwegschmelzen. Je heller und reiner das auf uns gegossene Licht der Größe Gottes ist, desto klarer sehen wir unsere Kleinheit und unsere Nichtigkeit. Ja, daran können wir die Echtheit dieser Erleuchtung erkennen; denn es ist der heilige Gott, der direkt in unser Sein hineinleuchtet, nicht durch Bilder, nicht durch unsere geistigen Anlagen, sondern in die tiefste Tiefe unserer Seelen; die Wirkung wird sein, dass wir tiefer und tiefer in unser eigenes Nichts versinken.*

28 Zum Folgenden vgl. Teahan, »A dark and empty way«, 269–283.

29 D. V. Steere, »Vorwort«, in Merton, Wahrhaftig beten, 5–7; leider ist dies eine gekürzte Fassung des Originals, Merton, Climate, 13–27.

30 Vgl. M. Heidegger, Sein und Zeit § 40. Die Grundbefindlichkeit der Angst als eine ausgezeichnete Erschlossenheit des Daseins, Tübingen 1993, 184–191; zur Unterscheidung von Furcht und Angst vgl. 185–187.

31 Isaak von Stella, 27. Predigt, PL 194, 1780: »Wir sind in der Hölle, aber in jener der Barmherzigkeit und nicht des Zornes; wir werden im Himmel sein.«

32 Vgl. Merton, Wahrhaftig beten, 22–23; abschließendes Zitat: ebd. 23.

BERNARDIN SCHELLENBERGER

Meine persönlichen Erfahrungen mit der Person und den Schriften Thomas Mertons

Zu seinen Lebzeiten von Angesicht kennengelernt habe ich Thomas Merton nicht mehr, denn ich bin erst im Frühjahr 1966 bei den Trappisten eingetreten. Als Ende 1968 die Nachricht von seinem jähen Tod ins Haus kam, hatte ich gerade ein gutes halbes Jahr mein zweijähriges Noviziat hinter mir und die einfache Profess abgelegt. Eine wichtige, inspirierende Rolle hatte er für mich noch nicht gespielt.

Nicht seine Schriften hatten mich zum Trappistenleben hingezogen, sondern ein Buch seines Mitbruders M. Raymond über einen Laienbruder in Gethsemani. Mertons Werke lernte ich erst im Kloster kennen. In der Noviziatsbibliothek fand ich seine Autobiografie *Der Berg der sieben Stufen*, deren Fortführung in *Das Zeichen des Jonas* sowie einige seiner frühen, noch sehr »katholischen« Bücher wie etwa das ziemlich spröde *Der Aufstieg zur Wahrheit*. Geschätzt oder gar empfohlen wurde er nicht besonders. Wenn im Orden, dessen besonderes Merkmal damals noch das kategorische Schweigen war, einer Bücher zu schreiben anfing, wurde das als Widerspruch und ungehörige Inkonsequenz empfunden. Das bekam auch ich deutlich zu spüren, als ich ab Ende der 1970er Jahre selbst zu schreiben anfing.

Für seinen Abt war der Schriftsteller Merton jedoch sehr willkommen gewesen, denn die amerikanischen Klöster hatten ab dem Ende des Zweiten Weltkriegs einen atemberaubenden Zulauf von Neueintretenden erlebt. Für deren Ausbildung brauchten sie dringend aktuelle ordensspezifische Literatur und Anleitungen. So hatte Merton zum Beispiel 1949 *Bread in the Wilderness* geschrieben, eine Hinführung zum Verständnis des Psalmengebets, das damals, über die acht Tagzeiten verteilt, im Kloster täglich insgesamt rund fünf Stunden Zeit einnahm und mit dem er sich selbst ziemlich schwer tat. Ich habe dieses Buch 2012 neu ins Deutsche übersetzt und dabei deutlich gespürt, wie ihn beim Schreiben dieser Anleitung sein schriftstellerischer Schwung zu einer idealisierenden Vorstellung hingerissen hat, die in starkem Widerspruch zu kritischen Aussagen in seinen Tagebüchern steht. Diese Neigung zur poetischen Idealisierung zieht sich – so habe ich den Eindruck – durch Mertons gesamtes Werk. Seine Beschreibungen bieten die betreffenden Dinge und Umstände immer wieder begeisternder und inspirierender dar, als es die Realität des Beschriebenen oder Entworfenen tatsächlich ist. Natürlich kann das recht hilfreich dafür sein, dass man sich mit Aufgeschlossenheit und hochgemuten Erwartungen auf das Betreffende einlässt.

Im Sommer 1974 wurde ich jäh zum Prior und Novizenmeister meines Klosters ernannt. Neben dem Abt war der Novizenmeister der einzige Mann, der sozusagen ständig unter der Tür zur Außenwelt stehen und Interessierten erklären musste, was drinnen wie und warum vor sich ging. So geriet ich unversehens in die anspruchsvolle Situation, ständig Rede und Antwort über die Ideale und Lebensweise unseres Ordens und unserer Gemeinschaft stehen und die Novizen darin einführen zu müssen. Ich merkte rasch, dass die traditionellen Motive kaum mehr trugen. Wollte man einer stark sich wandelnden Welt die Relevanz des kontemplativen Mönchslebens erschließen, bedurfte es dringend einer neuen Begründung und Sprache.

Um das deutlicher zu erklären, sei hier auf zwei wichtige Umstände hingewiesen:

In einem kontemplativen Kloster, dessen Mitglieder – seien es Frauen oder Männer – grundsätzlich »zweckfrei« leben, um ganz »für Gott frei zu sein« (*vacare Deo*), und die folglich keine andere »Aufgabe« haben, als das Gotteslob zu feiern, den innerklösterlichen Haushalt zu bewältigen und den – relativ banalen – häuslichen Arbeiten für den Broterwerb nachzugehen, stellt sich jedem viel akuter und hartnäckiger immer wieder die Frage nach der eigenen Identität und dem persönlichen

Lebens-Sinn, als das in aktiven Ordensgemeinschaften der Fall ist. Im September 2002 äußerte diesbezüglich der Generalabt der Trappisten: »Das heißt, dass viele Mönche und Nonnen im schöpferischen Alter keinen Platz finden, an dem sie ihr fruchtbares Potenzial einsetzen können. Das kann zu einem Gefühl der Frustration bei ihnen selbst und anderen führen. Es ist nicht selten eine Quelle von Krisen und Rückschlägen auf dem Weg zur menschlichen und spirituellen Reife.« Zwar können in einem kontemplativen Kloster einige ganz in ihrer Arbeit aufgehen: in ihrem Gemüsegarten, ihrer Landwirtschaft oder ihrem Handwerk und faktisch darin ihren Lebensinhalt und folglich ihre Erfüllung finden. Aber solche Posten gibt es relativ wenige. Die Mehrzahl der Mitglieder ist beruflich oder intellektuell überqualifiziert und bedarf einer speziellen Motivation.

In aktiven Ordensgemeinschaften – und sogar Mönchsklöstern – ist die Situation anders. Sie bieten genügend anspruchsvolle Aufgaben – etwa in Seelsorge, Schulen, sozialen Diensten oder wissenschaftlichen Arbeiten – und diese Tätigkeiten können den Lebensinhalt und Sinn derart vollständig liefern, dass nicht selten das Kloster und die Regel zwar als zweckmäßige Organisationsform genutzt werden, aber die Mitglieder an Reflexionen über Sinn und Inhalt ihres Ordenslebens kaum mehr interessiert sind. Praktisch besteht dann die Gemeinschaft aus der Hauptgruppe der zu ihrer Zufriedenheit beschäftigten Pragmatiker und der kleinen Minderheit der Theoretiker, die sich intensiv mit Geschichte, heutiger Form und Spiritualität des Mönchslebens befassen und darüber schreiben, Seminare veranstalten und Zeitschriften und Bücher herausgeben. Bei ihnen daheim lesen das womöglich nur wenige, weil sie mit genügend anderem ausgefüllt und zufrieden sind.

Der zweite, gravierendere Umstand ist, dass bis in die 1960er Jahre die Motivation für das Mönchsleben – jedenfalls das trappistische – sozusagen »objektiver« Natur war, und das in einem Maß, das inzwischen unvorstellbar ist. Als in den 1970er Jahren in unserer Kommunität dringend der Dialog über eine zeitgemäße Erneuerung anstand, erklärte mir ein alter Mitbruder, er sei Trappist geworden, um für die Zungensünden der Welt Buße zu tun. Jetzt, nach fünfzig Jahren, könne er dieser seiner Berufung nicht untreu werden und plötzlich über alles mögliche zu diskutieren anfangen. Ich brachte es nicht übers Herz, ihm diese seine Berufung abzusprechen. Oder an dem guten Dutzend Altäre in unserer Klosterkirche und Krypta hatten die Altaristen (Priestermönche, die nur zum Messelesen ausgebildet waren und weder Beichte hören noch predigen durften) tagtäglich gewissenhaft und selbst dann, wenn sie krank waren und sich kaum noch an den Altar schleppen konnten, ihre Privatmesse gelesen, in der festen Überzeugung, damit jedes Mal ein Quantum Gnade vom Himmel auf die Erde herabzuziehen, also etwas ganz Wichtiges für die Kirche zu leisten. Bischöfe waren darauf aus, kontemplative Klöster in ihrer Diözese anzusiedeln, weil sie der Überzeugung waren, diese stellten dank der vielen Gebete ihrer Insassen eine Art Gnaden-Kraftwerk für die ganze Diözese dar. Dieses damalige Selbstverständnis spiegelte Thomas Merton, als er 1946 über die Kirche seiner Abtei Gethsemani schrieb, sie sei »der Hof der Himmelskönigin, die wahre Hauptstadt des Landes, in dem wir leben. Hier steht der Mittelpunkt der ganzen Lebenskraft Amerikas. Hier liegt die Ursache und der Grund der inneren Verbundenheit der Nation. Diese in der Anonymität ihres Chors und ihrer weißen Gewänder verborgenen Männer leisten für ihr Land, was keine Armee, kein Kongress, kein Präsident je leisten können: Sie erlangen ihm die Gnade, den Schutz und die Freundschaft Gottes.«

Die Mönche hatten also vorwiegend aus dem Glauben an die »objektive« Fruchtbarkeit ihres Lebens dank möglichst viel Betens und Büßens gelebt.

Das war stark von den Kategorien der Leistung und des Quantitativen geprägt. Ab den 1960er Jahren rückte dagegen zunehmend die Frage nach der Qualität der persönlichen Erfahrung des Mönchs und der Nonne in den Mittelpunkt. Sie wurde zunächst als »egoistisch« und »subjektivistisch« abgelehnt – woran ja durchaus etwas Wahres ist, wenn man mit ansieht, wie es inzwischen beim Interesse für das »spirituelle Leben« nicht selten vor allem darum geht, »sich selbst etwas Gutes zu tun« und persönliche »Erfahrungen« zu machen.

Die Vorstellung, es sei für den Mönch ein tragender und wichtiger Lebenssinn, mit seinem Beten und Büßen »objektiv« zur Fruchtbarkeit der gesamten Kirche und Welt beizutragen, brach zu meiner Zeit immer stärker ein. Viele, die sich festen Glaubens diesen Aufgaben verschrieben hatten, verließen enttäuscht das Kloster. Mein Kloster hatte 1958 65 Mann gezählt; 1981 waren es noch knapp 30.

In dieser Situation wurden mir die Schriften von Thomas Merton eine entscheidende Hilfe. Als Prior konnte ich auch diejenigen Titel von ihm besorgen, die im Haus als eher problematisch angesehen wurden.

Mertons Ansatz war zunehmend subjektiver Art geworden. Er hatte viel vom Existenzialismus und Personalismus gelernt und wandte es auf faszinierende Weise auf unser Mönchsleben an. In seinem Text »Rain and the Rhinoceros« (in *Raids on the Unspeakable*) verknüpfte er zum Beispiel den Text *Rhinocéros* von Eugène Ionesco mit Gedanken des syrischen Wüstenvaters Philoxenos und beschrieb den Mönch und Einsiedler als letzten sensiblen Menschen in einer Welt, in der sich alle Menschen in dickhäutige Nashörner verwandelt hatten. Ich übersetzte diesen Text. Ein Freund unseres Klosters fertigte daraus ein paar hundert Kopien in einem apart gestalteten privaten Handdruck mit dem Titel *Meditation im Regen* an.

In etlichen seiner Bücher – vor allem in *Contemplation in a World of Action* (deutsch: *Im Einklang mit sich und der Welt*, Zürich 1986) – skizzierte Merton auf attraktive Weise Sinn und Aufgabe eines heutigen kontemplativen Mönchsklosters in einer hyperaktiven Welt. Es war die Zeit, in der Zukunftsforscher (so Horst Opaschowski) und Philosophen (etwa Herbert Marcuse in *Der eindimensionale Mensch*) ein Zeitalter voraussagten, in dem die Menschen immer weniger arbeiten müssten, weil zunehmend Maschinen die Arbeit übernehmen würden und sie folglich die Kunst einer kontemplativen Muße erlernen sollten.

Einer meiner Novizen, Georg Tepe, übersetzte begeistert Teile aus *Contemplation in a World of Action*, ich schrieb ein Vorwort dazu und wir brachten es 1977 als Broschüre mit dem Titel *Mönch zwischen gestern und morgen* heraus. In meinem ersten eigenen Buch *Ein anderes Leben. Was ein Mönch erfährt* (1980) setzte ich etliches bei Merton Erfasste auf meine eigene Art für unsere Mentalität und Verhältnisse in Deutschland um.

Wie gesagt, wurde in der damaligen Phase des allgemeinen Umbruchs und der Unsicher- und Meinungsverschiedenheiten auch unser Kloster zerrüttet. Mir war, als sei ich 1966 begeistert in ein Schwimmbecken gesprungen, ohne zu wissen, dass daraus gerade das Wasser auszulaufen anfing. Im Orden ging die Vorstellung um, die Zeit der großen Klöster sei vorbei und die Zukunft gehöre »vereinfachten Neugründungen«. Kleine Gruppen von Mönchen zogen aus den großen Abteien aus und versuchten es auf Bauernhöfen oder in Wohnwagen-Kolonien mit einem radikal armen, einfachen Lebensstil irgendwo abseits der Welt. Zweifellos spielte dabei auch das Beispiel der »Kleinen Brüder und Schwestern Jesu« eine Rolle, die damals das neue, zukunftsträchtige Modell von Ordensleben gefunden zu haben schienen. Ihr spiritueller Ur-Vater ist ja sozusagen der Ex-Trappist Charles de Foucauld.

Thomas Merton hatte diese Idee schon früh vertreten und in Umlauf gesetzt. Ernesto Cardenal erlebte ihn von 1957–1959 in Gethsemani als Novizenmeister und berichtet in seiner Autobiografie, dass Merton in seinen persönlichen Aussprachen mit ihm das Gespräch oft auf seine Vorstellungen über eine alternative kleine Neugründung brachte, statt ihn in Gethsemani einzuschulen, dessen Großbetrieb er immer wieder als ätzend kritisiert habe.

Merton erhielt schließlich ab 1961 die Erlaubnis, sich für zunehmend längere Zeiten in eine eigens für ihn erbaute Einsiedelei innerhalb des weitläufigen Klausurbereichs seines Klosters zurückzuziehen. Bis zu seinem Tod hatte er Ideen und Entwürfe für eine kleine Mönchsgruppe in einer abgelegenen Gegend im Kopf.

Noch anderthalb Jahrzehnte nach seinem Tod beeinflussten mich seine Gedanken und Entwürfe, die ja weithin schriftlich vorlagen. Als von unseren Mitbrüdern und Novizen einer nach dem anderen das Kloster verließ, war ich der Auffassung, so könne es nicht weitergehen und sprach einige an: Statt dass jeder für sich wegging, sollten wir uns zusammentun und in einer »vereinfachte Neugründung« unserem Lebensideal eine zukunftsträchtigere Form geben. Unser Unternehmen startete 1981 und scheiterte infolge mehrer unglücklicher Umstände nach kurzer Zeit.

So geistreich und inspirierend Mertons Texte über das Eremitenleben waren – sein praktisches Eremiten-Beispiel fanden viele im Orden nicht besonders überzeugend. Der (echte) Eremit Elias im amerikanischen Kloster Genesee sagte zu mir 1982: »Thomas Merton hat sehr schöne Sachen über das Einsiedlerleben geschrieben. Aber ein Einsiedler war er nicht.« Immerhin ist es nicht zuletzt Thomas Merton zu verdanken, dass der juristische Status des Eremiten im neuen Kirchenrecht von 1983 erstmals vorgesehen und geregelt wurde (Canon 603) und es im Trappistenorden seit einigen Jahrzehnten die Möglichkeit gibt, nach entsprechender Bewährung im Gemeinschaftsleben Einsiedler zu werden.

Aus den Schriften Mertons und Berichten anderer über sein Einsiedler-Leben bekam auch ich den Eindruck, dass er weder konsequent noch wirklich längere Zeit als Eremit gelebt hat. Er hat so auffallend oft beteuert, wie gut ihm dieses Eremiten-Dasein tue und gefalle, dass das auf mich so wirkte, als hätte er sich dessen immer wieder selbst versichern müssen.

Seine Stärke war es, binnen weniger Stunden oder Tage Impressionen empfinden und festhalten zu können, für die andere Wochen oder Jahre brauchen. So hat er in seiner Eremitage mit poetischem Genie kostbare Augenblicks-Momente und Inspirationen festgehalten. Aber wie viele Gäste hat der Mann in seiner Eremiten-Zeit empfangen, Kontakte gepflegt, Ausflüge in die nahe Umgebung unternommen (nicht zuletzt heimlich zu M., in die er sich ausgerechnet während dieser Eremiten-Phase verliebt hatte), was für eine riesige Korrespondenz hat er unterhalten!

Damals durfte der normale Mönch pro Jahr maximal vier Briefe schreiben, Merton, der noch einsamer leben wollte, schrieb dagegen Bände von Briefen, darunter an zahlreiche bekannte Persönlichkeiten. *Habitare secum*, »ganz bei sich selbst zu wohnen«, kann er also mental relativ selten fertig gebracht haben. Einer wie er, der durch und durch Schriftsteller ist – er hat ja selbst einmal geäußert, wahrscheinlich sei seine Berufung in erster Linie die zum Schriftsteller und erst in zweiter die zum Mönch –, läuft Gefahr, eigentlich nie wirklich ganz allein zu sein und zu bleiben. Er fühlt sich immer ein Stück weit auf der Bühne oder im Schaufenster und setzt sich deshalb unwillkürlich in Szene, lauert womöglich ständig auf Impressionen und Inspirationen, die er dem Publikum mitteilen kann. Damit lebt er dann nie absolut zweckfrei, sondern führt bloß Zweckfreiheit vor.

Der Wüstenvater Evagrius Ponticus hatte mit seinem Spruch, der Mönch sei »von allen getrennt und (deswegen) mit allen vereint« auf eine existenziell-mystische Dimension verwiesen; Merton – von Anthony Padovano treffend als Symbolgestalt bestimmter Entwicklungen seines Jahrhunderts bezeichnet – machte daraus eher eine literarische Dimension: saß allein in seiner Eremitage und schrieb vielen oder für viele. Inzwischen beobachte ich in meiner Umgebung eine weitere, nämlich die elektronische Dimension dieses Spruchs: Immer mehr Einsame, die, stumm gegenüber ihrer unmittelbaren Umgebung, pausenlos ihre Botschaften an Unzählige eintippen – »von allen getrennt und mit allen vereint«.

Menschen wie Merton braucht man wahrscheinlich, um für ein Ideal begeistert zu werden und sich selbst – möglichst besser und konsequenter als der Schriftsteller – darauf einzulassen.

Entsprechendes gilt, wenn Merton öfter davon gesprochen beziehungsweise geschrieben hat, er möchte am liebsten ein »Nobody«, ein »Niemand« werden. Es ist ein Widerspruch in sich, wenn man ständig öffentlich als »Niemand« auftritt und spricht beziehungsweise schreibt, statt immer weniger von sich zu geben, abzutreten und tatsächlich langsam zu verschwinden.

Der paradoxe und widersprüchliche, zuweilen sprunghafte Zug im Wesen Thomas Mertons ist schon oft thematisiert worden. Pater Louis, wie er bekanntlich im Kloster hieß, war nicht »einfach« und – soweit ich sehe – deswegen für seine »einfacheren« Mitbrüder unverständlicher als für eine weltweite Leserschaft. Aber Unvollkommene wie er, die fragen und suchen, sind für viele Menschen inspirierender als Vollkommene, die alles wissen und schon am Ziel sind. Er hat unzähligen Menschen die monastische Spiritualität als zeitgemäß und attraktiv erschlossen, ja sie dafür begeistert. Viele seiner Schriften sind heute noch – oder wieder – lesenswert.

Thomas Mertons Wirkung beschränkte sich nicht auf das klösterliche oder kirchliche Milieu. Für uns hier in Deutschland ist es kaum vorstellbar, in welchem Maß er in den USA die für atomare Abrüstung, Frieden und Bürgerrechte engagierten Menschen mit zahlreichen Schriften und Büchern inspirierte und ermutigte. Mit führenden Persönlichkeiten dieser Bewegungen stand er in engem persönlichem Kontakt. Dieser »späte« Thomas Merton, der für atomare Abrüstung, Frieden und Bürgerrechte Engagierte, wurde merkwürdigerweise hierzulande kaum wahrgenommen. Die Bücher aus dieser seiner Phase wurden zwar zum Teil ins Deutsche übersetzt, (zum Beispiel *The Nonviolent Alternative*, deutsch *Gewaltlosigkeit: Eine Alternative*, Zürich 1986), sind aber rasch von der Bildfläche und aus dem Handel verschwunden.

Anfang der 1990er Jahre habe ich aus eigenem Interesse die Merton-Biografie von Anthony Padovano, *The Human Journey. Thomas Merton: Symbol of a Century* (Doubleday New York 1982) ins Deutsche übersetzt, weil sie meiner Ansicht nach besonders geistreich und sprachlich brillant ist. Anschließend habe ich das Manuskript durch etliche Jahre hindurch mindestens fünf oder sechs Verlagen angeboten, aber immer den Bescheid bekommen: »Dafür gibt es zu wenig interessierte Leser. Merton geht in Deutschland nicht.«

Besser ging mein Auswahlbändchen von Texten Mertons mit dem Titel *Zeiten der Stille* (Herder Spektrum 1992; 2. Auflage als *Ein Tor zum Himmel ist überall* 1999). Merkwürdig allerdings war, dass für die 3. Auflage 2008 aus den USA der Bescheid kam, das vorletzte Kapitel – 5 Seiten mit Liebesgedichten Mertons für M. – dürfe nicht mehr publiziert werden, sodass diese Ausgabe gekürzt werden musste. Ich weiß nicht, wie ich das deuten soll.

In den vergangenen zwei Jahrzehnten verschwanden mit Ausnahme des *Bergs der Sieben Stufen* die meisten der Bücher Mertons vom deutschen Buchmarkt (amerikanische Titel gibt es rund siebzig). In den letzten Jahren bemüht sich der dem Evangelischen Presseverband für Bayern e. V. angehörige Claudius Verlag in München darum, Thomas Merton für deutsche Leser neu zu erschließen. Erschienen sind bisher Neuübersetzungen von *New Seeds of Contemplation*, verfasst 1961, deutsch 2010 als *Christliche Kontemplation* und das bereits erwähnte *Bread in the Wilderness* (1953) 2013 als *Brot in der Wüste*.

Thomas Merton hat im Lauf seines Lebens eine immer noch inspirierende Weite und Dynamik entfaltet, von der wahrscheinlich viele Beiträge im vorliegenden Buch handeln werden. Diese hier genauer auszuführen, war nicht meine Absicht; ich sollte ja nur meine persönlichen Erfahrungen mit der Person und den Schriften Thomas Mertons schildern, auf den sich genauer einzulassen immer noch recht anregend ist.

Bernardin Schellenberger gehörte von 1966 bis 1991 wie Thomas Merton dem Trappistenorden an und war sieben Jahre lang Prior und Novizenmeister seines Klosters Mariawald in der Eifel. Er nahm als Dolmetscher an den großen Äbteversammlungen in Rom von 1967 und 1969 teil, wo die praktische Umsetzung der Reformen des Zweiten Vatikanischen Konzils diskutiert und beschlossen wurde. Außerdem verbrachte er Studienzeiten in einem französischen und einem amerikanischen Kloster des Ordens. Später übersetzte er etliche Bücher und Aufsätze von Thomas Merton.

DAVID STEINDL-RAST

Gedanken über das Gebet. Aus Thomas Mertons Todesjahr

[Dieser Bericht geht auf Notizen zurück, die ich beim Treffen mit Thomas Merton im Kloster »Our Lady of the Redwoods« (Whitethorn, Kalifornien) 1968 niederschrieb und 1969 veröffentlichte. Mit Freude mache ich sie hier – zur Feier von Mertons 100. Geburtstag – deutschsprachigen Lesern zum ersten Mal zugänglich. Frau Eve Landis danke ich herzlich für ihre Mitarbeit an der Übersetzung. Bruder David.]

Wenn ich an meine letzte Begegnung mit Thomas Merton denke, sehe ich ihn vor mir, wie er im Wald steht und auf den Regen horcht. Viel später, als er zu sprechen begann, war es nicht, als hätte er die Stille gebrochen – er ließ vielmehr die Stille zu Wort kommen. Und er horchte weiter. »Reden ist nicht die Hauptsache«, sagte er.

Wir – eine Handvoll Frauen und Männer auf der Suche nach Wegen, religiöses Leben zu erneuern – waren 1968 nach Kalifornien geflogen, um ihn dort in einem Kloster von Trappistinnen – »Our Lady of the Redwoods« – zu treffen. Das war wenige Tage bevor er in den Fernen Osten abreiste. Dass es nur wenige Monate vor seinem Tod sein sollte, konnten wir freilich nicht ahnen. Wir hatten uns gewünscht, mit ihm über das Gebet zu sprechen. Aber er bestand darauf:

> *»Nichts, was man darüber sagen kann, ist letztlich von Bedeutung. Aufs Beten als solches kommt es an. Sucht ihr ein Leben des Gebets? Nun, der einzige Weg dahin führt übers Beten.«*

Freilich saßen wir dann doch immer wieder beisammen – auf angeschwemmten Baumstämmen am Meer, auf dem weichen Waldboden unter den riesigen Mammutbäumen, oder auf der Veranda des Gästehauses – und was er sagte, erschien uns wesentlich, weil er stets aus persönlicher Erfahrung sprach. Es war auch spürbar, dass sein Reden – obwohl er von Natur aus gesellig war – nicht so sehr seinem Bedürfnis entsprang, sich mitzuteilen, als seiner Bereitschaft, uns durch sein Wort zu dienen.

> *»Da lebte ich als eine Art Eremit«*, sagte er, *»und jetzt bin ich schon drei, vier Wochen weg aus dieser Atmosphäre der Stille. Ich rede selber viel, bekomme aber das Gefühl, dass so vieles gesprochen wird, das ganz unnötig ist. Irgendetwas wird in fünf Minuten völlig ausreichend gesagt und dann verwendet man die folgenden fünf Stunden, das Gleiche immer und immer wieder zu sagen.*
> *Aber hier, wo wir jetzt beisammen sind, sollt ihr nicht das Gefühl haben, dass viel gesagt werden muss. Wir alle haben schon genug über das Gebet geredet und gehört. Jetzt müssen wir nur einfach beten.*
> *Wir dürfen ja hier in einem Haus des Gebets sein. Hier erleben wir eine wahre und echte Verwirklichung des zisterziensischen Geistes: eine Atmosphäre des Gebets. Genießt das! Nehmt es tief in euch auf. Alles, die Wälder, das Meer, den Himmel, die Wellen, die Vögel, die Seelöwen. In all dem werdet ihr Antworten finden auf eure Fragen. Es ist ja alles mit allem vernetzt.«*

Die Vorstellung von »Vernetzung« war für Thomas Merton mit geheimnisvoller Bedeutung beladen. Seine Gegenwart schien synchronistische Ereignisse von Vernetzung zu begünstigen. Besonders ein solches Ereignis blieb mir lebhaft in Erinnerung:

Wir feierten gemeinsam die Eucharistie. Drei Seiten der Kapelle bestanden aus soliden Blockwänden. Die vierte Seite, ganz aus Glas, öffnete sich auf eine von Mammutbäumen umsäumte Lichtung hin. Die Bäume waren so hoch, dass trotz dieser hohen Fenster von den näheren Bäumen nur die riesigen Säulen der Stämme zu sehen waren. Die Zweige darüber konnten nur dadurch erahnt werden, dass sie die Abendsonnenstrahlen eigenartig gefiltert auf den Waldboden niederströmen ließen. Ja, selbst die Natur schien diesem Ort eine besondere Weihe zu geben und trug zur Atmosphäre des Gebets bei; so auch die Frauen, welche hier mit uns beteten, und ihre charismatische Äbtissin.

Das Evangelium sprach an diesem Abend vom Reich Gottes als einem großen Hochzeitsfest. Und dann ereignete sich etwas Unvergessliches: Im Augenblick als die weiß verschleierten Frauen die Kommunionsprozession begannen, zogen fliegende Ameisen in einer geflügelten Prozession am großen Fenster vorbei. Von einem Rand der Waldlichtung zum anderen schwärmten sie und erhellten den abendlichen Wald mit Zehntausenden von glitzernden Flügelchen. Ein Hochzeitszug! Alles »vernetzt«.

Dort zu beginnen, wo wir sind und uns der Vernetzungen bewusst zu werden, das war Thomas Mertons Zugang zum Beten.

> *»Wir denken zu sehr in den Bahnen von Mittel und Zweck«*, betonte er. *»Wir erkennen gar nicht, dass es um eine andere Dimension geht im Gebetsleben. In der Technik geht es um linearen Fortschritt; da muss man an einem Punkt beginnen, um sich dann zu einem weiteren voran zu bewegen und wieder zu einem weiteren. Aber das ist nicht der Weg, um ein Leben des Gebets aufzubauen. Im Gebet entdecken wir, was wir bereits haben. Wir beginnen, wo wir sind und vertiefen, was uns bereits geschenkt wurde; wir erkennen, dass wir bereits mitten drin sind.«*

> *»Wir haben bereits alles, aber wir wissen es nicht, wir erleben es nicht. Alles wurde uns in Christus gegeben. Jetzt kommt es darauf an, im* **Erleben** *zu erfahren, was wir bereits besitzen. Dazu müssen wir unser Hasten aufgeben und ein menschliches Tempo zurückgewinnen; dann werden wir beginnen, Zeit zu finden zum Hinhorchen. Unsere Schwierigkeiten kommen davon, dass wir uns nicht genug Zeit nehmen.«*

Die Notwendigkeit, sich Zeit zu nehmen, um das Leben wirklich zu erfahren, es auszukosten, es voll zu sich kommen zu lassen in uns, das war ein Kerngedanke von Thomas Mertons Überlegungen zum Beten.

»Wenn wir wirklich beten wollen, werden wir uns dazu Zeit nehmen müssen«, wiederholte er immer wieder *»– Zeit, tief hinzuhorchen. Sobald wir auf das horchen, was vor sich geht, kann alles zum Gebet werden. Aber dafür müssen wir Zeit auf eine neue Art erfahren.«*

»Als ich in die Einsiedelei ging, war es für mich etwas vom Besten, ganz achtsam zu werden für die Tageszeiten: wann die Vögel zu singen begannen, der Hirsch aus dem Morgennebel auftauchte, die Sonne aufging. Das war die rechte Zeit für das Morgenlob. Aber im Kloster beten wir die Laudes immer zur selben Stunde, ob Sommer oder Winter.
Im Winter ist es noch Nacht, wenn wir den Sonnenaufgang feiern; im Sommer steht die Sonne schon hoch am Himmel. Wir achten nicht auf den natürlichen Rhythmus der Tagezeiten, die auf ganz verschiedene Weise zum Beten einladen.«

Der Zusammenhang von Zeit als Geschenk und Gebet als dankbare Antwort auf dieses Geschenk, das war ein Thema, auf das Merton immer wieder zurückkam:

»Der Grund, weshalb wir uns keine Zeit nehmen, ist unser zwanghaftes Bedürfnis, in Bewegung zu bleiben. Das ist eine richtige Krankheit. Heutzutage ist Zeit eine Ware und für jeden von uns eine Hypothek. Wir erfahren Zeit als eine unendliche Verpflichtung. Wir werden zu Leibeigenen, zu Taglöhnern der Zeit. Eine Kettenreaktion bedroht uns: Überarbeitung – Überstimulation – Überkompensation – Überfrachtung.«

»Wir müssen uns der ganzen Vorstellung von Zeit auf eine neue Art nähern. Wir sind frei. Wir müssen uns freimachen von allen eingebildeten Ansprüchen. Wir leben in der Fülle der Zeit. Jeder Augenblick ist Gottes eigene gute Zeit, sein Kairos. Das Ganze läuft darauf hinaus, uns im Gebet die Chance zu geben, zu erkennen, dass wir haben, was wir suchen. Wir müssen dem nicht hinterherlaufen. Es ist die ganze Zeit da und wenn wir ihm Zeit geben, wird es sich uns selbst kundtun.«

Im Gegensatz zu Menschen, für die Zeit eine Hypothek ist, solle der Mönch »sich frei fühlen, nichts zu tun, ohne sich schuldig zu fühlen.« Dies erinnerte mich an einen buddhistischen Mönch, an Suzuki Roshi, den Abt von Tassajara. Ich hatte ihn sagen hören, dass ein Zen-Schüler lernen muss »Zeit zu verschwenden – aber gewissenhaft.« So war ich nicht überrascht, dass Thomas Merton in diesem Zusammenhang ausdrücklich auf Zen verwies:

> *»Das ist es, was Zen-Mönche tun. Sie geben allem, was sie tun müssen, viel Zeit. Das ist es, was wir lernen müssen, wenn es ums Beten geht: allem, was wir erleben, Zeit zu geben.«*

Diese Haltung wurzelt in einem Bewusstsein, dass das Beten nicht auf Gebetszeiten beschränkt bleiben darf und dass sein tiefstes Geheimnis sich durch unser geistiges Heranwachsen in der Zeit entfaltet. Thomas Merton war von Ehrfurcht für allmähliches Wachstum beseelt; das konnten wir fühlen. Wir saßen vor einem lodernden Feuer, als er nochmals auf den innigen Zusammenhang zwischen Gebet und innerem Wachstum zu sprechen kam.

> *»Das große Geschenk von Zeit ist, dass sie inneres Wachstum möglich macht. Das ist ein Thema, auf das wir alle im Gebet oft zurückkommen sollten. Da wirkt eine große Kraft in meinem Leben: Christus will, dass ich wachse. Erwägt das ganz tief beim Meditieren: Statt mich zu sorgen – wohin gehe ich? was ist mein Ziel? was soll ich mir vornehmen? – soll ich einfach dieses Wachsen in meinem Gebet sich entfalten lassen? Ich soll schauen, was mich davon abhält. Was ist es? Was für eine Art von Kompromissen habe ich gemacht? Ersetze ich Wachstum durch Geschäftigkeit? (Ich habe mich selbst oft gefragt, ob mir das Schreiben in die Quere kommt? Schreiben ist für mich als Tätigkeit so befriedigend, dass dies schwierig zu sagen ist.) Es ist leichter, diesen Prozess des Wachsens in Anderen zu beobachten, zu sehen, was Andere dabei behindert. Wenn es uns selbst betrifft, können wir nur versuchen, ehrlich zu uns selbst zu sein.«*

Als Novizenmeister hatte Merton tiefe Einsichten gewonnen. Er teilte sie mit uns:

»Eines der größten Hindernisse unseres Wachsens ist unsere Angst, uns lächerlich zu machen. Bei jedem echten Schritt vorwärts lassen wir uns auf das Risiko des Scheiterns ein; bei wirklich wichtigen Schritten sogar auf das Risiko des vollständigen Scheiterns. Und doch müssen wir sie machen im Vertrauen auf Christus. Wenn ich diesen Schritt mache, könnte alles, was ich bis jetzt tat, zugrunde gehen. In solchen Situationen brauchen wir einen Schuss buddhistischer Denkweise. Dann sehen wir: was geht da zugrunde? Na und? (Das gilt wohl auch für meine Asienreise!) Wir müssen den Mut haben, uns lächerlich zu machen und gleichzeitig müssen wir wohl darauf achten, keinen Narren aus uns zu machen. Die große Versuchung besteht darin, den Alleingang zu fürchten. Darum müssen wir den Mut aufbringen, diesen Alleingang irgendwie zu wagen, koste es was es wolle.«

Die Spannungen, die das Leben in Gemeinschaft mit sich bringt, waren ein Thema, das Thomas Merton immer wieder beschäftigte:

»Ihr wollt euch freilich nicht von der Gemeinschaft ausschließen, aber ihr müsst dann und wann den Alleingang wagen. Wenn die Gemeinschaft aus Menschen besteht, die nur immer versuchen einander zu unterstützen und keiner kommt je aus dem Behütetsein heraus, dann geschieht nichts und jedes Wachstum erstickt. Das ist vermutlich eine von den größten Gefahren, denen wir in Zukunft gegenüberstehen, denn wir werden immer mehr zu dieser Art von Gesellschaft. Wir brauchen Menschen, die den Mut haben, das Gegenteil von allen anderen zu tun. Wenn ihr diesen Mut habt, werdet ihr Veränderung bewirken. Natürlich wird man sagen ›dieser Kerl ist verrückt‹, aber ihr müsst es doch tun.«

»Wir sind zu sehr von der öffentlichen Meinung beherrscht. Wir fragen uns immer, was wird jemand anderer darüber denken? Da gibt es eine ganze ›kontemplative Mystik‹, eine Norm, welche andere Menschen für

euch aufgestellt haben. Sie nennen euch die ›Kontemplativen‹ oder die ›Eremiten‹ und dann verlangen sie, dass ihr das Bild bestätigt, das sie von euch haben. Aber die wahre kontemplative Norm ist – keine Norm zu haben, nur sich selbst treu zu sein. Das ist es, was Gott von uns verlangt, dass wir uns selber treu bleiben. Wenn wir bereit sind zu sagen ›ich ziehe mein eigenes Ding durch, es spielt keine Rolle, was für eine Presse ich bekomme‹, wenn ihr bereit seid, euch selbst treu zu sein, dann werdet ihr nie zur Mystik von jemand anderem passen.«

Merton selbst passte sicher nicht in den Rahmen von Erwartungen. Als ich ihm zum ersten Mal in der Abtei von Gethsemani begegnete, schleppte er riesige Milchkannen. Er trug nicht die Mönchskutte, sondern seinen Overall, und ich dachte, er sei der Milchmann. Er passte auch nicht zu meiner eigenen Mystik. Zwei andere Gesichter kamen mir in den Sinn, wann immer ich seine Gesichtszüge anschaute: Dorothy Day (die mutige Frau, die unter den Armen in den Slums von New York lebte und sich ihrer annahm) und Pablo Picasso. Wenn es in der Kapelle dunkel wurde und er sich niederbeugte, um Beichte zu hören, war mehr von Dorothy Day da. Wenn er Gedichte vorlas (seine eigenen ungern, die seiner Freunde mit Genuss), war mehr von Picasso da. Immer wieder war ich aufs Neue erstaunt, ihn völlig ungeniert und zugleich vollkommen diszipliniert zu finden.

Die falsche Art von Selbstverwirklichung sah er als eine der großen Versuchungen von heute an:

»Die falsche Vorstellung von der persönlichen Verwirklichung wird durch die Kommerzialisierung gefördert. Man versucht, uns Sachen zu verkaufen, die keiner von uns bei vollem Verstand kaufen würde; sie züchten also einen verkrüppelten Verstand. Da gibt es eine Art Selbstverwirklichung, die nichts anderes verwirklicht als unser illusorisches Selbst. Was wirklich zählt, ist nicht, wie man am meisten aus dem Leben herausholen kann, sondern wie man sich sammeln kann, um sich ganz dem Leben hinzugeben.«

Selbstannahme, nüchtern und realistisch, war grundlegend aus der Sicht von Thomas Merton.

»Die Wüste wird zum Paradies, wenn sie als Wüste akzeptiert wird. Wenn wir versuchen ihr zu entkommen, kann die Wüste nie etwas anderes sein als die Wüste. Aber wenn wir sie einmal in Vereinigung mit dem Leiden Christi voll akzeptiert haben, wird sie zum Paradies. Jeder Versuch, das kontemplative Leben zu erneuern, wird dieses Element der Opferbereitschaft – der kompromisslosen Opferbereitschaft – einschließen müssen. Es gibt keinen Weg darum herum, wenn wir eine wirksame Erneuerung wollen.«

Es ging uns bei diesen Gesprächen um die Erneuerung des Ordenslebens von innen her – durch das Gebet. Merton nahm da vieles voraus, was – nicht zuletzt durch den Einfluss seiner eigenen Schriften – später verwirklicht wurde, vieles, um das wir uns immer noch bemühen:

»Wir müssen unsere Institutionen und ihre Identität neu überdenken, so, dass alles auf die Menschen ausgerichtet wird. Die Institution muss der Entwicklung ihrer Mitglieder dienen. Wenn ihr erst einmal voll entwickelte, reife Menschen herangezogen habt, werden sie schon das Rechte tun. Was zählt, sind Leute und ihre Berufungen, nicht Strukturen und Ideologien. Lasst uns Raum schaffen für Eigenheiten. Die Gefahr ist, dass die Institution zum Selbstzweck wird. Was wir brauchen, sind auf Menschen zentrierte Gemeinschaften, nicht auf Institutionen zentrierte. Das ist die Richtung, in der Erneuerung sich bewegen muss.«

Immer wieder wurden wir auf die zentrale Stellung des Betens zurückgeführt:

»Vielleicht sind neue Strukturen nicht einmal so wichtig. Ich glaube, was wir eigentlich wollen, ist Raum zu schaffen zum Beten. Fragt euch doch, warum haben wir ein ›religiöses Leben‹ gewählt, wenn nicht um zu beten? Was wollen wir, wenn nicht beten? Okay, so betet also! Das ist

die Essenz der Lehre vom Gebet in der Regel des hl. Benedikt. Es gipfelt alles in dem einem Satz: ›Wenn einer beten will, lasst ihn gehen und beten.‹ Das ist alles, was der hl. Benedikt zu diesem Thema nötig findet zu sagen. Er sagt nicht ›lasst uns also mit einer kleinen Einführung ins Beten beginnen, etc. etc.‹ Nein: Wenn ihr beten wollt, betet!«

»Sind einmal alle Schranken weggenommen, die Hindernisse verschwunden, und wir stehen vor der Gelegenheit zu tun, was immer wir wollen, dann sehen wir erst das eigentliche Problem: es liegt in uns selbst. Was stimmt nicht bei uns? Was hält uns davon ab, ein Leben des Gebets zu leben? Vielleicht wollen wir gar nicht wirklich beten. Dieser Möglichkeit müssen wir ins Auge sehen. Vorher hielten wir es für selbstverständlich, dass wir uns vollkommen diesem Wunsch nach Gebet hingeben wollten. Aber etwas hielt uns davon ab. Wir klagten die Institution an, die Struktur. Nun finden wir, dass Struktur vielleicht helfen kann. Wenn etwas von den alten Strukturen hilft, behalten wir es bei. Wir sollten nicht dieser Manie verfallen, Strukturen wegzuwerfen, nur weil es Strukturen sind. Was wir tun müssen, ist zu entdecken, was für uns dienlich ist. Dann können wir Strukturen verwerfen, die nicht helfen und Strukturen beibehalten, die helfen. Und wenn es sich zeigt, dass irgendetwas Mittelalterliches hilft, haltet ruhig daran fest. Es spielt keine Rolle, ob es mittelalterlich ist oder nicht. Was zählt ist, dass es euch hilft, ihr selbst zu werden, dass es euch hilft, ein Leben des Betens zu leben.«

Merton war da ganz realistisch, ganz pragmatisch. Er war von den Möglichkeiten begeistert, fasste aber auch die Gefahren nüchtern ins Auge:

»Beten ist riskant. Es besteht die Gefahr, dass unsere eigenen Gebete zwischen Gott und uns geraten. Wenn wir am andächtigsten beten, gehen wir direkt zu Gott – ganz ohne Gebete. Wenn das Aufsagen eurer Gebete ein Hindernis zum Beten wird, lasst es weg! Der beste Weg zu beten ist: aufhören. Lasst das Gebet in euch beten, ob ihr es wisst oder nicht. Damit meine ich ein tiefes Bewusstsein unserer inneren Identität.

Das entspringt aus einem Leben des Glaubens, aber ebenso des Zweifels. Es gibt keinen Glauben ohne Zweifel. Hört auf, den Zweifel zu unterdrücken. Zweifel und Glaube sind zwei Seiten derselben Wirklichkeit. Glaube wächst aus Zweifel, aus echtem Zweifel. Wir beten nicht richtig, weil wir dem Zweifel ausweichen. Und wir weichen ihm durch Regelzwang und Arbeitszwang aus. Durch diese zwei Zwänge schaffen wir uns eine falsche Identität. Mit dem Festhalten am Hergebrachten und Festgehaltenwerden durch unsere Aufgaben rechtfertigen wir ja auch die Aufrechterhaltung unserer Institutionen.«

»Aber wir sollten doch endlich einsehen, dass wir uns gar nicht rechtfertigen müssen. Durch die Gnade stehen wir nicht mehr unter dem Gericht. Ich muss beides bedenken: dass ich nicht verurteilt bin, aber doch einer Verurteilung wert. Wie kann ich die Botschaft der christlichen Erneuerung in diesen letzten Tagen leben? Ich bin nicht berufen, Verdienste zu sammeln, sondern überall auf der Welt die Schuld der Menschen zu vergeben. (Dies ist kein Privileg der Priesterkaste.) Wir brauchen eine Theologie der Befreiung statt eines offiziellen Sündenapparates. Ich gehöre ganz Christus. Da gibt es kein Selbst zu rechtfertigen.«

Dies ist ganz in christlicher Terminologie ausgedrückt, und doch gab es so viele Kontaktpunkte zum Zen-Buddhismus, dass ich Thomas Merton einfach fragen musste, ob er auch zu diesen Einsichten hätte kommen können, wenn er von Zen nie erfahren hätte.

»Ich bin nicht sicher«, antwortete er nachdenklich, *»aber mir scheint, dass ich persönlich unseren christlichen Glauben im Licht von Zen verstehe. Ich sehe keinen Gegensatz zwischen Buddhismus und Christentum. Die Zukunft ist im Westen. Ich habe die Absicht, Buddhist zu werden so gut ich kann.«*

Dennoch, der christliche Glaube von Thomas Merton war keineswegs verwässert und in keiner Weise austauschbar mit einem anderen Glauben. Seine Gläubigkeit glühte von ansteckender Freude. Sie zeigte sich am klarsten in kleinen persönlichen Bemerkungen wie zum Beispiel, was er zu einem so traditionellen Thema wie dem Fürbittgebet sagte:

> *»Es ist mir einfach ein Bedürfnis, meine Liebe auszudrücken, indem ich für meine Freunde bete. Es ist, als wenn ich sie umarmte. Wenn wir jemanden lieben, so ist es doch Gottes Liebe, die durch uns fließt. Gottes Liebe erreicht meinen Freund durch mich, und mich durch meinen Freund.«*

»Aber steht hinter solchen Vorstellungen nicht immer noch ein nicht eingestandener Dualismus?« fragte ich. Seine Antwort war:

> *»Eigentlich nein und doch ja. Man muss den eigenen Willen und Gottes Willen lange Zeit dualistisch betrachten. Man muss Dualität lange Zeit erfahren, bis man sieht, sie ist nicht da. In dieser Hinsicht bin ich ein Hindu. Ramakrishna hat die Lösung: ›Schätzt dualistisches Gebet nicht als eine niedrigere Stufe des Gebetes ein; das Niedrigere ist höher.‹ Es gibt überhaupt keine Stufen. Jeden Augenblick können wir zur tiefsten Einheit durchbrechen. Das ist Gottes Geschenk in Christus. Am Ende wird uns klar: Der Lobpreis lobpreist; die Dankbarkeit dankt. Es ist Christus der in uns betet. Bereitschaft ist alles.«*

Von solcher Art war die Bereitschaft Thomas Mertons. Ja, er war reif und bereit für seine letzte Reise.

Bruder David Steindl-Rast OSB, 1926 in Wien geboren, wo er Kunst, Anthropologie und Psychologie studierte. Er ist weltweit inspirierend im Dialog zwischen westlicher und östlicher Spiritualität und geistlicher Mentor des weltweit bekannten Netzwerks www.gratefulness.org.

MARTIN TAMCKE

Mit Studierenden bei Merton in der Schule. Blitzlichter zur Präsenz Mertons in meinem Leben mit Studierenden

Manchmal sind es Zufälle, die uns einen wichtigen Aspekt im Leben eröffnen oder uns motivieren, einer Frage oder einer Neigung, einer Suche oder einem Gefühl nachzugehen. Ich weiß nicht mehr, wann ich das erste Mal auf Thomas Merton stieß. Es muss schon am Ende meiner Studienzeit gewesen sein, als ich längst die Mystik für mich entdeckt hatte und mir Fragen der Religiosität immer wichtiger geworden waren. Thomas Merton machte auf mich Eindruck, weil ich mich mit meinen Problemen und Anfragen bei ihm bergen konnte. In einer Zeit schwerer Zweifel daran, ob ich denn überhaupt weiter Theologie studieren solle, einer Zeit, die auch geprägt war vom Zweifel an der Sinnhaftigkeit christlichen Glaubens, da begegnete mir mit Merton jemand, der so wie ich suchte, jemand, der sich so wie ich nicht innerlich einfach in eine Dogmatik einfügen konnte. Gewiss, meine Geschichte mit Merton ist auch eine Geschichte der Verschiedenheit. Ich bin nie so radikal ins Politische geraten wie er, habe nie auf die gleiche Weise Experimente gewagt wie er (etwa wenn er in Cambridge ein Kind zeugte, ohne später seine Vaterschaft wahrzunehmen). Aber ich teilte die Frage, ob das Mönchtum nicht eine mir gemäße Lebensform sein könne. Das, so wusste ich, unterschied sich von anderen Fragen zu Religiosität und Spiritualität. Denn darauf kann es keine abstrakte Antwort geben, die sich lediglich dem Nachdenken darüber zu verdanken hätte, ob das wohl etwas für einen ist oder nicht. Ich habe seither in vielen Klöstern mitgelebt, habe gelernt, mit Geschwistern unterschiedlichster Konfession die konfessionellen Grenzen hinter mir zu lassen (nicht, weil ich sie leugnete, sondern weil ich das über sie hinausreichende Gemeinsame leben wollte und mich ihm verpflichtet fühlte). Und auch bei mir blieb es nicht bei Erfahrungen im christlichen Raum allein. Solche Sätze können natürlich nur andeuten, was mich da bewog, Merton als einen meiner inneren Gesprächspartner mit mir auf der inneren Reise zu haben.

Es ist aber etwas anderes, ob ich persönlich etwas bewegend finde oder ob ich anderen etwas vermittle. Vermittlung im Bereich der Religiosität scheint mir immer da Sinn zu machen, wo ich Erfahrungen, Fragen und Anliegen teile. Das schafft demjenigen, dem etwas vermittelt werden soll, einen Zugang zu dem, was ich ihm vermitteln will. Es ist dabei oft hilfreich, wenn derjenige, dem ich etwas eröffnen möchte, innerlich selbst bereits genau dort steht und fragt oder lebt oder etwas versucht. So kam es auch zu meinen ersten öffentlichen Äußerungen zu Thomas Merton. Ohne heute noch genau zu wissen, wer wirklich die erste Person war, die mich ermutigte, mit ihr mein Wissen um Thomas Merton zu teilen, so erinnere ich mich doch noch gut eines Vortrages im Kontext der Bewegung *via cordis* zu den ägyptischen Wüstenvätern im Kloster Wennigsen vor einem recht großen Auditorium. Überhaupt ist ein spiritueller Rahmen für mich stets hilfreich gewesen, um Merton mit seinen Erfahrungen für Menschen der Gegenwart fruchtbar werden zu lassen. Eine Frucht dieses Vortrages im Kloster Wennigsen bei Hannover war dann die Einladung in das Enomiya-Lassalle-Institut in der Schweiz zu einer Tagung, die auch berühmte Mystiker der Gegenwart thematisierte.[1] Auch da bot sich wieder ein spirituell geprägter Rahmen, in dem meine Ausführungen zu Merton großen Anklang bei den Zuhörern fanden. Längst war Mit- und Nachdenken mit Thomas Merton von Kollegen vorangetrieben worden, unter denen Father Sidney H. Griffith, der seinerseits Kurse zu Merton in den USA anbot, eine besondere Stellung einnahm.[2] Er besuchte mich fast jedes Jahr und wir tauschten uns unter anderem immer wieder zu Thomas Merton aus. Wir sprachen auch über unsere Erfahrungen mit den Einsichten Mertons und wie diese anderen Menschen auf deren religiöser Suche hilfreich sein konnten. Ihm verdanke ich auch, dass er mir die Kassetten besorgte, die mir erstmals ermöglichten, mich akustisch sozusagen den Novizen an die Seite zu setzen und mit ihnen Thomas Mertons Ansprachen zum geistlichen Leben zu folgen. Zuweilen habe ich auch einmal eine solche Kassette eingelegt, aber zumeist ist das schon zu viel reale Begegnung mit Historie, die es Fragenden und Suchenden eher schwer macht, dem zu folgen, was sich in ihnen bildet, wenn sie dem Vorbild des religiös Suchenden Thomas Merton in sich Raum geben. Es bedarf zunächst dieser Begegnung mit Sprache und Ausdrucksweise des historischen Merton nicht. Es ist in den meisten Menschen, denen ich bei meinen zahlreichen Veranstaltungen zum spirituellen Leben begegnete, bereits so viel vorhanden, dass es geradezu ein Akt der Verfremdung wäre, wenn da nun auch noch eine historische Person mit all ihren Grenzen und Schwächen akustisch in ihnen aufgenommen werden müsste. Das Bild aber, das Merton in ihnen erzeugt, ist hilfreich, weil es immer schon durch ihre eigenen Erfahrungen gesättigt ist. Mag sein, dass dies Vorstellungen zu Erfahrungen bei Merton sind, die der kritischen Überprüfung nicht standhalten – ich bin immer wieder Menschen begegnet, die eher ein stark von ihnen selbst geprägtes Bild von Merton pflegen als Merton selbst Raum zu geben –, aber das ist weniger entscheidend als man meinen möchte. Und ist nicht zuletzt jedes Bild, das wir von anderen Menschen haben, geprägt von den Grenzen und Möglichkeiten unserer eigenen Wahrnehmung? Gewiss ist es gut, wenn wir dann auch das Bild, das in uns erwächst, an dem überprüfen, was sich belegen lässt oder uns an realen Zeugnissen zur Wirklichkeit eines Menschen zugänglich ist (nie erschöpfen sich unsere menschlichen Erfahrungen in dem, was wir in einen Text zu bringen in der Lage sind und manchmal ist der Text mehr Ausdruck dessen, dass wir da unter dem Blick anderer Menschen uns fühlen als Ausdruck unserer realen inneren Erfahrungen). Aber entscheidend für einen spirituellen Weg ist doch immer der Ton, der in mir durch das erzeugt wird, was von außen auf mich trifft. Ob Mertons Lebensmelodie in mir auf meine eigene Lebensmelodie trifft, hängt sowohl von mir ab als auch davon, wie seine Texte sich vor mir und in mir einfinden. Und das dürfte dann auch einer der Gründe sein, warum Thomas Merton noch heute bei meinen Studierenden so starken Anklang findet. Da tritt nicht etwas vor sie hin, das den Eindruck vermittelt, als habe es sich aus allen Widersprüchlichkeiten des Lebens erhoben zu einer Art geistiger Abgeklärtheit. Georg Tepes Charakterisierung Mertons als eines Vielfältigen ist es, was bei meinen Studierenden hängenbleibt:

> *»da war der begabte Spross einer Künstlerehe, der schon als kleines Kind die Welt um sich herum mit wachen Augen betrachtete; da war der heimatlose Wanderer zwischen den Welten, der mit sechs Jahren seine Mutter, mit sechzehn seinen Vater verlor; da war der eigensinnige Internatszögling, der seine Lippen fest verschlossen hielt, während seine Mitschüler in der Internatskapelle religiöse Lieder sangen; da war der Student in Cambridge, dessen ausgelassenes Leben in der Zeugung eines unehelichen Kindes gipfelte; da war der suchende Intellektuelle an der Columbia-Universität in New York, der nach heftigen inneren Kämpfen konvertierte; da war nicht zuletzt der angehende Schriftsteller und Dichter, der von früh an seine Erlebnisse und Empfindungen in Tage- und Notizbüchern festzuhalten suchte.«*[3]

Grundsätzlich lässt sich festhalten, dass ein Blick auf Merton in seinen unterschiedlichen und oft zueinander in Spannung stehenden Lebensphasen in seiner Ganzheit hilfreicher ist, als wenn ich seine Sicht aus einer bestimmten Periode so nehme, als stehe sie für das Ganze. Gerade Studierenden, die sich längst von Theologie und Kirche abgewandt haben und für sich im Bereich der asiatischen Religionen eine Heimat suchen, wird Merton, der so bewusst Impulse etwa aus Hinduismus, Buddhismus und Islam übernahm, zu einer Brücke. Diese vermag er erstaunlicherweise sogar auch für jene zu bauen, die ihre spirituellen Bedürfnisse über die Methoden des Herzensgebets in der Tradition des ostkirchlichen Hesychasmus (hesychia = Ruhe, also die Frömmigkeit, bei der es um die Erlangung der Ruhe geht) zu leben gelernt haben, da auch Merton ein intensives Verhältnis zum Hesychasmus hatte. Daher nutze ich mit solchen Menschen oft mein Buch *Im Geist des Ostens leben*, in dem Merton das Schlusskapitel bildet, um mich so mit ihnen im gemeinsamen Besinnen auf das, was uns wesentlich ist, zu vergewissern, dass solch ein Aufnehmen an östlicher Spiritualität und solch ein Teilnehmen an deren praktischen Schritten nichts Künstliches ist, sondern dass sich schon andere Menschen vor uns und mit uns auf den Weg gemacht haben zu einer sie persönlich erfassenden Antwort.[4] Dazu kann, wie für Merton, der Schritt ins Kloster gehören. Es blieb ihm sein Rahmen für sein weiteres Leben, auch wenn dieser ihn zuweilen in große Nöte brachte. Gerade seine Nöte mit Ordnungen und Obrigkeit verstehen die Studierenden ebenso wie seine Sehnsucht nach Ordnung und Geborgenheit. Beide stehen bei Merton ebenso nebeneinander wie bei vielen meiner Studierenden. Und da sind die, die sich nicht selbst betrügen wollen und wie er die Erfahrung machen, dass mit einem radikalen Schritt in etwas anderes hinein noch nichts gewonnen ist, weil alles stets mit mir geht, was mich prägt und bestimmt, selbst wenn ich ins Kloster gehe. So war auch Mertons Erfahrung.

> *»Meine sämtlichen schlechten Gewohnheiten hatten sich, allerdings vom äußern Sündengewand gereinigt, mit mir ins Kloster hereingeschlichen und mit mir das Ordenskleid angezogen: die geistige Schwelgerei, die geistige Selbstgefälligkeit, der geistige Hochmut.«*[5]

Immer wieder leidenschaftlich suchend ist Merton im Suchen immer auch einer, der schon gefunden hat. Dieses Wechselspiel von Suchen und Finden, von Entbehren und Sein, kennzeichnet eben nicht nur Merton, sondern auch viele meiner Studierenden. Sie leben oft in einem Wir-Gefühl, das sie geradezu zelebrieren, um dieses Erlebnis des Aufgehens in einer Gemeinschaft zu intensivieren. »Wir haben Angst davor, allein zu sein und wir selbst zu sein, und so andere an die Wahrheit zu erinnern, die in ihnen ist«, diese späte und fundamentale Erkenntnis Mertons ist zentral.[6] Wo Merton darum ringt, die Schlichtheit immer wieder neu zu erringen, wo er aussteigen will aus einer Welt, die er auf eine Katastrophe zulaufen sieht, wo er dazu anhält, zu seinem eigensten inneren Ich aufzuwachen, da findet er heute Menschen, die sich um alternative Lebenswege und Lebensentwürfe bemühen, die mit ihm wach werden, wenn sie die Welt mit neuen Augen sehen lernen, mit der Idee der Nachhaltigkeit ihr Handeln verändern wollen für sich und andere.

»Weil unser innerstes ›ich‹ das vollkommene Bild von Gott ist, findet man, wenn das ›ich‹ wach wird, in sich selbst die Gegenwart von dem, dessen Bild es ist. Und [...] Gott und die Seele scheinen nur ein einziges ›ich‹ zu haben. Sie sind [...] eine einzige Person. Sie atmen und leben und handeln als ein einziger. Keiner der zwei ist dem anderen Objekt.«[7]

Studierende erleben an Merton, dass er eine zeitlang entschiedener Atheist sein konnte und doch einen Weg zu einem Glauben fand, bei dem er sich nicht verstellen musste und dem Zweifel nichts Befremdliches war. Sie erleben an ihm Unvollkommenheit, die schon wieder vollkommen zu sein scheint. Sie erleben einen, der immer wieder etwas gefunden zu haben scheint, das ihm dann doch wieder entgleitet. Und gerade darin fühlen sie sich aufgenommen. Mit der Einheit von Gott und Mensch, der Einheit mit mir, korrespondiert bei Merton die Einheit mit denen, die gleich ihm geistlich suchend, fragend, leidend, handelnd sind:

»die tiefste Ebene der Kommunikation ist nicht Kommunikation, sondern Kommunion. Sie ist wortlos. [...] Wir entdecken eine ältere Einheit. Meine lieben Brüder, wir sind bereits eins. Wir bilden uns nur ein, dass wir es nicht sind. Und was wir neu entdecken müssen, ist unsere ursprüngliche Einheit. Was wir sein müssen, ist, was wir sind.«[8]

Ich habe mit einzelnen Studierenden so erfahren können, dass sich da Momente der Kommunion jenseits der Kommunikation einstellten, weil Merton uns Mut machte, zu unseren Widersprüchen zu stehen und zu erleben, dass das uns nicht nur nicht schadete, sondern wachsamer machte in einer Welt, die heute nicht weniger als damals auf Katastrophen zuzulaufen scheint und in der es nach wie vor schwer ist, der zu sein, der wir zuinnerst sind und von woher allein unser Lebensvollzug aus allem Mechanistischen und Systemischen herausfindet in das warme Empfinden, mit sich und Gott und der Welt im Einklang zu sein. Wer Merton aufgrund einzelner Werke zu jemandem macht, der schlüssig ist, gerät in Widerspruch zu dem, was über dem Gesamten seines Lebens nur zu deutlich ist: Er bleibt widersprüchlich. Und gerade das erfahren Studierende an sich und ihren Absichten und Zielen. Was Merton sich von seinem Lieblingsdichter Blake sagen ließ, das lassen sich durch ihn heute auch meine Studierenden gesagt sein: »Ohne Gegensätze kein Weiterkommen.«[9]

Professor Dr. Dr. h.c. Martin Tamcke ist Professor für Ökumenische Theologie unter besonderer Berücksichtigung der orientalischen Kirchen- und Missionsgeschichte an der Theologischen Fakultät der Georg-August-Universität zu Göttingen. Im Fokus seiner Forschungen stehen die christlichen Kulturen des Vorderen Orients sowie des Mittleren Ostens unter der besonderen Berücksichtigung interreligiöser Koexistenz und orientalisch-okzidentalen Beziehungen. Zu diesen Themen liegen von ihm zahlreiche Monographien, Aufsätze und Artikel vor.

---

1 Martin Tamcke, Thomas Merton – Kontemplation in einer Welt der Aktion, in: Christian M. Rutishauser, Portraits großer Mystikerinnen und Mystiker, Bad Schönbrunn 2005, 240–263.

2 Sidney H. Griffith, Mystics, Muslims, and Merton, Catholic University of America, 6 Cassetten (https://www.nowyouknowmedia.com/new/mystics-muslims-and-merton.html, abgerufen 21.04.2014); Sidney H. Griffith, Mystics and Sufi Masters: Thomas Merton and Sufism; Merton and the Christian Dialogue with Islam, http://www.lectio-divina.org/index.cfm?fuseaction=feature.display&feature_id=10, abgerufen 21.04.2014.

3 Georg Tepe, Einleitung, in: Thomas Merton, Einklang, 7–26, hier: 7f. Die genaue Untersuchung der vielschichtigen Komponenten und Widersprüche in Mertons Lebensentwurf kommen in der Dissertation von Mandl-Schmidt zu kurz zugunsten allgemeiner Fragestellungen zur Biographieforschung, die nicht unmittelbar fruchtbar gemacht werden können für Mertons schwer zu greifende biographische Entwicklung. Vgl. Iris Mandl-Schmidt, Biographie – Identität – Glaubenskultur, Zur Entwicklung religiös-spiritueller Identität am Beispiel Thomas Mertons, Mainz 2003.

4 Martin Tamcke, Im Geist des Ostens leben. Orthodoxe Spiritualität und ihre Aufnahme im Westen. Eine Einführung, Frankfurt/Leipzig 2008.

5 Thomas Merton, Der Berg der sieben Stufen, Hamburg 2. Aufl. 1952 (weitere Auflagen: berechtigte Übertragung von Hans Grossrieder, The Seven Storey Mountain, New York 1948), 410.

6 Thomas Merton, Ein Tor zum Himmel ist überall. Zeiten der Stille. Ausgewählt, eingeleitet und erläutert von Bernardin Schellenberger. Mit einem Vorwort des Dalai Lama, Freiburg 2. Auflage 1999 (die erste Auflage von 1992 trug den Titel »Zeiten der Stille«), 22 (Rain and the Rhinoceros, in: Thomas Merton, Raids on the Unspeakable, New York 1966, 9–23. Die deutsche Übersetzung stammt von Bernardin Schellenberger).

7 Gerhard Ruhbach/Josef Sudbrack, Christliche Mystik. Texte aus zwei Jahrtausenden, München 1989, 508.

8 John H. Griffin, Geh mit der Ekstase. Thomas Mertons Einsiedlerjahre, Münsterschwarzach 1997 (Titel der Originalausgabe: John H. Griffin, Follow the Ecstasy, The Hermitage Years of Thomas Merton, edited by Robert Bonazzi, New York 1993), 224. Griffin wurde nach dem Tod Mertons 1968 zu dessen offiziellen Biographen bestimmt. Griffin, der 1980 starb, konnte aber nur die in diesem Buch vorliegenden Teile zu 1965 bis 1968 vorlegen und aufgrund seines schlechten Gesundheitszustandes das Werk nicht mehr vollenden (bekannt wurde Griffin besonders durch seinen Bestseller »Black Like Me«). Das (vergriffene) Buch »Geh mit der Ekstase« wurde inzwischen unter dem Titel »Die Revolution der Stille – Thomas Mertons Einsiedlerjahre« neu aufgelegt (Münsterschwarzach 2011).

9 Johann Hoffmann-Herreros, Thomas Merton. Ein Mystiker sucht Antworten für unsere Zeit, Mainz 1992, 115.

KOSMAS LARS THIELMANN

Mystik und Poesie. Monastische Aspekte im dichterischen Werk Thomas Mertons

Vorbemerkung

Jeder, der sich für monastisches Leben in zisterziensischer Tradition interessiert, stößt über kurz oder lang auf Thomas Mertons *Berg der sieben Stufen*. Nach der Lektüre dieses Buches und weiterer Schriften wie *Das Zeichen des Jona*, wollte ich mehr kennenlernen von diesem faszinierenden Autor und Mönch, mit dem ich eine Liebe zur Poesie, zum Zen und anderem teilte. Dabei fiel mir auf, dass vor allem seine Gedichte von zumeist ungewöhnlicher Qualität sind, die seine sonstigen Texte meines Erachtens übertrifft. Nun fragte ich mich (selbst Zisterzienser), ob sein Mönchsein Einfluss auf sein Dichten genommen hat, ob und welche Spuren seine monastischen Erfahrungen hinterlassen haben, um (geistliche) Anregungen für mein eigenes Mönchsleben zu bekommen. Die nachfolgenden Ausführungen geben ein wenig diese Spurensuche wieder.

Mystik und Poesie – Monastische Aspekte im dichterischen Werk Thomas Mertons

Gibt es einen Zusammenhang zwischen monastischer Erfahrung und dichterischem Schaffen? Schöpfte Thomas Merton, im Kloster Father M. Louis, aus seinem Leben in der Trappistenabtei Our Lady of Gethsemani in Kentucky Inspirationen für sein schriftstellerisches Werk?

Nachfolgend soll eine recht subjektive Antwort darauf versucht werden. Eine stark auswählende Skizze einer »Geographie des Geistes« stellt einige Themen des dichterischen Werkes vor, die ihre Wurzeln im

Mönchsein des Autors haben. Nicht zur Sprache kommen dabei Mertons Texte über Kontemplation sowie über Zen-Buddhismus.

Ein monastischer Blick?

Merton selbst betont in seiner 1966 erschienen Schrift *Conjectures of a Guilty Bystander*, wie wichtig angesichts einer sich dramatisch verändernden Welt und auch Kirche der Beitrag von kontemplativ und monastisch lebenden Theologen ist:

> »*If the Catholic Church is turning to the modern world and to the other Christian Churches, and if she is perhaps for the first time taking seriously note of the non-Christian religions in their own terms, then it becomes necessary for at least a few contemplative and monastic theologians to contribute something of their own to the discussion. This is one of the things this book attempts to do. It gives a monastic and personal view of these contemporary questions. The singular, existential, poetic approach is proper to this monastic view.*«[1]

Warum wählt Merton diesen Titel eines »schuldigen Unbeteiligten«? Weil er selbst das Gefühl hat, sich zu lange abgesondert zu haben von den alltäglichen Fragen und Problemen, die Menschen beschäftigen und plagen. Erst Ende der 1950er Jahre vermag er einen positiveren Zugang zur Welt zu gewinnen.[2]

Der Weg in die Freiheit

Das ganze schriftstellerische Werk Thomas Mertons ließe sich als ein Weg in die Freiheit beschreiben. Ob thematisch oder formal, ob in seiner Prosa oder in der Poesie, er löst sich Schritt für Schritt von Althergebrachtem, um sich Neuem zuzuwenden.

Vor allem die anfänglichen Prosawerke, darunter Auftragswerke seines Abtes über Heilige des Zisterzienserordens, atmen den Geist traditioneller Katholizität. Der meisterliche Umgang mit der englischen Sprache, der Merton auszeichnet, ist schon kenntlich, allerdings formal und inhaltlich oft gebunden durch etwas, das Merton wohl dem Katholisch-Sein zu schulden meinte. (Ähnliches ließe sich über seinen Welterfolg *Der Berg der sieben Stufen* sagen.) Später wird er sich Stück für Stück von diesen Fesseln befreien. Er wird vor allem in der Auseinandersetzung mit fernöstlicher Spiritualität und zeitgenössischer Lyrik seinen Blick weiten und seine dichterischen Ausdrucksmöglichkeiten entfalten.

Dabei geht es meines Erachtens nicht allein um die zu erwartende Entwicklung eines Dichters, sondern vor allem um einen geistlichen Prozess, der Merton immer mehr in die »Freiheit der Kinder Gottes« führt. Bis zum Ende seines Lebens bleibt er katholischer Mönch und Priester, mehr und mehr aber bereit, den mystischen und poetischen Reichtum der Welt in sich aufzunehmen. Ein einschneidendes Erlebnis im Jahr 1958 ist ein markantes Zeichen auf diesem Weg in die Freiheit. Merton beschreibt es in einem bemerkenswerten Text:[3]

> »*In Louisville, at the corner of Fourth and Walnut, in the center of the shopping district, I was suddenly overwhelmed with the realization that I loved all those people, that they were mine and I theirs, that we could not be alien to one another even though we were total strangers. It was like waking from a dream of separateness.* [...] *And if only everybody could realize this! But it cannot be explained. There is no way of telling people that they are all walking around shining like the sun.*«

Dieses Erlebnis in Louisville am 18. März 1958 verändert Mertons Sicht auf die Welt entscheidend. Nun vermag er die Welt und die Menschen außerhalb des Klosters viel positiver zu sehen, nicht mehr als etwas Verlorenes, um dessen Rettung er beten muss. Für ihn ist das eine große Befreiung:

> »*Thank God, thank God that I am like other men.*«

Die Einsamkeit des Mönchs öffnet sich zur Welt:

»When I am alone they are not ›they‹ but my own self.
There are no strangers.«

Diese 1958 neu gewonnene Perspektive nicht nur auf die Welt, sondern vor allem auf sein eigenes Leben, wird Merton nicht mehr ablegen. Man fühlt sich erinnert an den Schluss des Prologs der Benediktsregel, nach der Merton lebte, wo es heißt:

»Sobald man aber im klösterlichen Leben und im Glauben Fortschritte macht, weitet sich das Herz, und man geht den Weg der Gebote Gottes in unsagbarer Freude der Liebe.«[4]

Eine Geographie des Geistes

Erfahrungen des Heiligen sind Quellen der Inspiration für viele Dichter. Merton ist intim vertraut mit der Bibel und den Mönchs- und Kirchenvätern, der Weltliteratur, der antiken Mythologie. Die klösterliche Liturgie, bestimmt von kirchlichen Festen wie Weihnachten oder Ostern, heiligen Zeiten wie Advent oder Fastenzeit, heiligen Gestalten und Glaubensgeheimnissen wie der Eucharistie, schafft einen Rhythmus und einen Raum, der Merton immer mehr prägt. Aber auch die Begegnung mit der Natur und die zunehmende Auseinandersetzung mit gesellschaftspolitischen Themen wie Krieg und Frieden bestimmen sein dichterisches Wirken. Immer wieder finden sich auch entsprechende Passagen in Mertons Tagebüchern. Dabei schlägt schon das erste, etwas surreale Gedicht *Lent in a Year of War* im 1944 publizierten Band *Thirty Poems* einen für Merton typischen Ton an, wenn es darin heißt:

»What if it was our thumbs put out the sun
When the Lance and Cross made their mistake?
You'll never rob us our Eden of drumskin shelters,
You, with the bite of John the Baptist's halter,
Getting away in the basket of Paul,
Loving the answer of death, the mother of Lent!«[5]

Eine umfängliche Vertrautheit mit der Heiligen Schrift, zahlreiche Anspielungen auf literarische Traditionen und ein feiner Humor kennzeichnen nicht nur dieses Gedicht. Gerade in seinem lyrischen Werk zeigt sich der hohe Anspruch, den Merton an sich selbst hat. Während er in seiner Prosa länger braucht, sich aus hergebrachten religiösen Sprachmustern zu lösen, verfügt er in seinen Poemen souverän über den Stoff, ohne sonderlich auf Konventionen Rücksicht zu nehmen.

Einflüsse von Federico García Lorca oder Gerard Manley Hopkins sind spürbar, und doch ist ein Merton-spezifischer Ton da. Themen, die ihn ein Leben lang begleiten werden, finden sich schon im ersten Gedichtband, den er als Mönch unter seinem bürgerlichen Namen publizierte: eine Geographie des Geistes, religiöse Aspekte des Politischen und Sozialen, das Kind als Urbild der Unschuld, die Natur als Quelle der Offenbarung, das Evangelium Jesu Christi, die Geschichte der (Mönchs-)väter.

Auch wenn die meisten Gedichte von *Thirty Poems* in der Zeit vor dem Klostereintritt entstanden sind, sind sie gleichsam »monastisch« durchformt, im Sinne einer Lebenshaltung, die den ganzen Menschen, seine Leiblichkeit wie seine Geistigkeit im Blick hat.

In seinem zweiten, 1946 veröffentlichten Gedichtband *A Man in the Divided Sea* sind vor allem im zweiten Teil die religiösen Themen dominanter. Entstanden zwischen Ende 1941 und Anfang 1946, spiegeln sie Erfahrungen und Empfindungen wieder, die Merton in der Zeit seines Klostereintritts und in den ersten Jahren in Gethsemani machte.

Besonders deutlich drückt dies sich in *How Long We Wait* aus:

»How long we wait, with minds as quiet as time,
Like sentries in a tower.
How long we watch, by night, like the astronomers.

Heaven, when will we hear you sing,
Arising from our grassy hills,
And say: ›The dark is done, and Day
Laughs like a Bridegroom in His tent, the lovely sun,
His tent the sun, His tent the smiling sky!‹

How long will we wait with minds as dim as ponds
While stars swim slowly homeward in the water of our west!
Heaven, when will we hear you sing?

How long we listened to the silence of our vineyards
And heard no bird stir in the rising barley.
The stars go home behind the shaggy trees.
Our minds are grey as rivers.

O earth, when will you wake in the green wheat,
And all our Trappist cedars sing:
›Bright land, lift up your leafy gates!
You abbey steeple, sing with bells!
For look, our Sun rejoices like a dancer
On the rim of our hills.‹

In the blue west the moon is uttered like the word:
›Farewell.‹«[6]

Das Schweigen eines Trappistenklosters, die Natur, die es umgibt, nächtliche Gebetsstunden, biblische Texte wie Psalmen und das Hohelied: all das klingt in diesem Gedicht an. Doch wäre es falsch anzunehmen, Merton hätte sich in eine doch wohl trügerische Idylle klösterlicher Abgeschiedenheit zurückgezogen, während die Welt in den Schrecken des Zweiten Weltkriegs steht. Zwar dominieren in diesem zweiten Gedichtband religiöse Themen, aber in *The Bombarded City* geht Merton auf die Schrecken des Krieges ein und formuliert nicht nur seine eigene Not angesichts dieser Tragödie:

»Oh, no man can remain,
Hearing those souls weep in the hollow ruin.«[7]

Die Themen von der Bedrohung der Menschlichkeit durch Krieg und das Ringen um Frieden werden ihn sein Leben lang begleiten und zunehmend auch sein schriftstellerisches Wirken bestimmen.

Theologisch von größter Bedeutung ist für Merton die Passion Jesu Christi. Einige Gedichte befassen sich mit der Leidensgeschichte, aber auch mit der Auferstehung des Herrn. Berufen zu einem Leben der besonderen Christusnachfolge, verwundert es nicht, dass Merton gerade in der Lebenshingabe Jesu aus Liebe eine entscheidende Quelle für sein Schreiben findet. Schon in der ersten Sammlung *Thirty Poems* findet sich ein langes Gedicht über die Passion *An Argument: Of the Passion of Christ* (das einzige Gedicht mit Reim und Versmaß), in dem der Sprecher sich selber als Urheber des Leidens Jesu bezeichnet:

> *»Here was the work my hands had made.«*[8]

In *The Sponge Full of Vinegar* hingegen bietet der Sprecher seine Gebete dem Herrn am Kreuz an:

> *»I drink new fear from the four clean prayers I ever gave Thee!«*

Sie sind sauer wie der Essig, den Jesus gereicht bekommt,

> *»Reeks of the death-thirst manlife found in the forbidden apple.«*[9]

Während einige religiöse Themen in den späteren Gedichten nicht mehr vorkommen, bleibt die Beschäftigung Mertons mit Heiligen, Dichtern und Denkern. Im 1963 erschienenen Band *Emblems of a Season of Fury* finden sich Texte zum ägyptischen Mönchsvater Makarios ebenso wie ein langer Text über den arabischen Philosophen Averroes.

Übersetzungen spielen für Merton, der in vielen Sprachen zuhause war, bis zum Ende seines Lebens eine bedeutende Rolle. Nicht nur Werke von Dichtern werden von ihm ins Englische übertragen, sondern ebenso auffallend viele Texte der Bibel und Liturgie. Besonders erwähnenswert sind die *Eight Freedom Songs*, die 1964 entstanden, aus der Zusammenarbeit mit der christlichen Bürgerrechtsbewegung. Hier greift Merton auf Texte der Propheten und der Psalmen zurück, um auf diese Weise massiv Kritik an den politischen Realitäten seiner Gegenwart zu üben, aber auch auf die tröstende Heilszusage Gottes zu verweisen.

Im Refrain aus dem Gedicht *Earthquake* beispielsweise, nimmt Merton ein Wort des Propheten Jesaja auf:

> *»Wie lieblich sind auf den Bergen die Füße des Freudenboten, der den Frieden verkündet, der frohe Kunde bringt, das Heil ansagt und zu Zion spricht: Dein Gott ist König!«* (Jes 52,7)

Merton macht daraus:

> *»So tell the earth to shake*
> *With marching feet*
> *Of messengers of peace*
> *Proclaim my law of love*
> *To every nation*
> *Every race.*
> *Und am Schluss des Gedichts fordert er deutlich:*
> *There shall be no more hate*
> *And no more oppression*
> *The old wrongs are done*
> *My people shall be one.«*[10]

Mögen diese acht Gedichte auch nicht zu den bedeutendsten Mertons zählen, so zeigen sie doch deutlich seinen Willen, sich als Dichter einzubringen in die politischen Auseinandersetzungen seiner Zeit.

Seine persönlichen Erfahrungen eremitischer Einsamkeit, seine Beschäftigung mit fernöstlicher Spiritualität, sein Leben als Trappistenmönch und Priester lassen ihn nicht blind werden für die Nöte der Welt. Ob Rassendiskriminierung oder atomare Aufrüstung, ob Vietnamkrieg oder die ökonomische Gewalt des Big Business, sie finden in Merton einen wachen Beobachter und engagierten Kritiker. So wird er in den zumeist heftig geführten Debatten zu einer prophetischen Stimme, die ihre Kraft aus einem lebendigen Glauben bezieht.

Deutlich wird hier ein Phänomen, das bei vielen streng klausuriert lebenden Nonnen und Mönchen zu beobachten ist. Viele Außenstehende vermuten eher fehlende Kenntnisse der Vorgänge in der Welt. Das Gegenteil aber trifft zumeist zu: Weil die klausuriert lebenden Gemeinschaften sich als stellvertretend Betende für die Nöte der Welt verstehen, bemühen sie sich darum, informiert zu sein, um ganz konkret fürbitten zu können. Merton hat das mit der Sensibilität eines großen Dichters sehr ernst genommen.

Ein Durchbruch

(Der folgende Abschnitt verdankt sich dem Artikel »Cables to the Ace« von Patrick F. O'Connell in The Thomas Merton Encyclopedia 36–38.)

In *Cables to the Ace*, veröffentlicht im Jahr seines Todes 1968, bedient sich Merton stark des Konzepts einer »Anti-Poesie«, das er vom chilenischen Dichter Nicanor Parra übernahm, den er auch ins Englische übersetzte. Anti-Poesie meint kurz gefasst, sich des bedeutungslosen Jargons zu bedienen, der in der modernen Welt vorherrscht. Sprache wird so inhaltsleer und jeden Sinns beraubt. In diesem in durchnummerierten Abschnitten verfassten Werk allerdings zeichnet sich dichterisch ein Kampf ab, der Sprache einen Sinn abzugewinnen und so zu einer Identität zu finden, die stets narrativ konstituiert ist. Das ist für einen Priester und Mönch wahrlich kein nebensächliches Problem, wirft es doch die Frage auf, ob liturgisches Sprechen überhaupt (noch) sinnvoll sein kann.

Im Abschnitt 38, an ein Zen-Kōan anklingend, deutet sich ein Ringen um personale Identität an, das jegliche Konformität zurückweist:

»Follow the ways of no man, not even your own.
The way that is most yours is no way.«[11]

Was kann den Missbrauch der Sprache aufhalten? Die Dichtkunst? Merton schreibt in Nr. 53:

»I think poetry must
I think it must
Stay open all night
In beautiful cellars.«[12]

Aber die eigene Kraft der Poesie reicht nicht zum Widerstand gegen ihre Kommerzialisierung. In Nr. 58 heißt es fast resignierend:

»They won't stay long in this temple of spenders, this house of grammar and of wine. Will the deceiver wait longer? In the crowd of beautiful callers one more wild hope dies of affliction.«[13]

Vermag wenigstens die Liebe, die große Inspiratorin der Literatur, herauszuhelfen aus dieser Misere? Was bei Dante u.a. noch funktionierte, kann für Merton heutzutage nicht mehr funktionieren (Nr. 74):

»O God do I have to be Wordsworth
Striding on the Blue Fells
With a lake for sale and Lucy
Locked in the hole of my camera?
[...]
Better to study the germinating waters of my wood
And know this fever: or die in a distant country
Having become a pure cone
Or turn to my eastern abstinence
With that old inscrutable love cry
And describe a perfect circle.«[14]

Die nachfolgenden Abschnitte 75–79, in denen Merton weiter über die Liebe nachdenkt, lassen offen, ob die Liebe wirklich allein zur Führerin durch eine gefallene Welt taugt. Der überraschende Durchbruch erfolgt in Nr. 80:

»Slowly slowly
Comes Christ through the garden
Speaking to the sacred trees
Their branches bear his light
Without harm«

Der verlorene Garten des Paradieses taucht wieder auf, erweckt durch das Sprechen Christi.

»Slowly slowly
Comes Christ through the ruins
Seeking the lost disciple
A timid one
Too literate
To believe words
So he hides«

Durch die Trümmer der Sprache sucht Christus den abhanden gekommenen Jünger, doch der wähnt sich zu gebildet, um noch Worten zu glauben.

»Slowly slowly
Christ rises on the cornfields
It is only the harvest moon
The disciple
Turns over in his sleep
And murmurs:
›My regret!‹«

Selbst in einer Epiphanie der Natur mag der Jünger nicht die Spuren Christi erkennen. Er wird erst erwachen in der Konfrontation mit der sich ereignenden Geschichte, aber dann ist es zu spät:

»The disciple will awaken
When he knows history
But slowly slowly
The Lord of History
Weeps into the fire.«[15]

»Anti-Poesie« wird so zu einer via negativa, zur Erkenntnis der Wirklichkeit: indem sie den bedeutungslosen Missklang freilegt und so zu Schweigen und Kontemplation führt. Direkt im nächsten Stück, Nr. 81, formuliert Merton das so:

»Not to be without words in a season of effort. Not to be without a vow in the summer of harvest. What have the signs promised on the lonely hill? Word and work have their measure, and so does pain. Look in your own life and see if you find it.«[16]

Die »Zeichen des einsamen Hügels« sind das Leiden und Sterben Jesu Christi auf Kalvaria, die Hingabe in den Tod aus Liebe, die der Welt die Erlösung schenkt. Das Leiden in der Welt kommt zu einem Gleichgewicht mit Worten und Werken. Aktion und Kontemplation bedingen einander. Und es ist an uns, so Merton, diesen Schatz der Erkenntnis in unserem eigenen Leben zu heben.

Dazwischen

Immer wieder wird eine Spannung spürbar, in die Merton gestellt ist. Als Dichter will er die Grenzen der Sprache, und das bedeutet auch, die Grenzen der Welt ausloten. Als Mönch weiß er, dass das Wesentliche »auf der anderen Seite des Berges« liegt, die man beim Betrachten des Berges nicht sieht. Dass die Wahrheit sich letztlich im Schweigen enthüllt. So kann ein Satz aus *Night-Flowering Cactus*, auch von ihm gelten:

»I belong neither to night nor day.«[17]

Das erklärt vielleicht auch Mertons große Sympathie für den bedeutenden frühen Theologen Origenes, dem er in dem erst posthum veröffentlichten Gedicht Origen ein beeindruckendes Denkmal setzt:

»His sin was to speak first
Among mutes.«[18]

Das könnte Merton mit Fug und Recht auch von sich behaupten. Und er schließt:

»In the end, the medieval West
Would not renounce him. All antagonists,
Bernards and Abelards together, met in this
One madness for the sweet poison
Of compassion in this man
Who thought he heard all beings
From stars to stones, angels to elements, alive
Crying for the Redeemer with a live grief.«[19]

Fast scheint es, als drücke sich hier Mertons eigene Hoffnung aus, einst akzeptiert zu sein als ein Dichter und Mönch, der erfüllt ist von Liebe zu Gott und zu seiner Kirche. In oft beeindruckender Weise bringt Merton die »Freude und Hoffnung, Trauer und Angst der Menschen von heute«[20] in seinen Gedichten zur Sprache. Ein Schatz, der auf seine Entdeckung wartet.

Nach einem Wort des sel. John Henry Newman »spricht das Herz zum Herzen«. So fordert Merton lakonisch seine Leser auf:

»Keep me in your pocket if you have one.
Keep me in your heart if you have no pocket.«[21]

Literatur

Th. Merton: The Collected Poems. New York: New Directions Paperbook, 1980.

Th. Merton: Conjectures of a Guilty Bystander. New York: Image Books, 1968.

Th. Merton: Figures for an Apocalypse. Norfolk, Conn.: New Directions, 1947.

Th. Merton: The Literary Essays. New York: New Directions Paperbook, 1985.

William H. Shannon, Christine M. Bochen, Patrick F. O'Connell: The Thomas Merton Encyclopedia. Maryknoll, NY: Orbis Books, 2002.

Pater Dr. Kosmas Lars Thielmann OCist ist Professor für Moraltheologie sowie Pfarrer einer kleinen Landpfarrei und gehört der Zisterzienserabtei Stift Heiligenkreuz in Österreich an.

---

1 Conjectures of a Guilty Bystander 7.

2 Einen Niederschlag findet diese neue Sicht Mertons in einer neuen Fassung seiner zuerst 1947 in der Zeitschrift Commonweal veröffentlichten theoretischen Schrift Poetry and the Contemplative Life (abgedruckt in Figures for an Apocalypse), die ebenfalls in Commonweal elf Jahre später 1958 unter dem Titel Poetry and Contemplation: A Reappraisal erschien (zu finden zum Beispiel in The Literary Essays of Thomas Merton).

3 Conjectures of a Guilty Bystander 140ff.

4 Regula Benedicti Prolog 49.

5 Collected Poems 27.

6 Ebd., 89f.

7 Ebd., 77.

8 Ebd., 53.

9 Ebd., 57.

10 Ebd., 701f.

11 Ebd., 421.

12 Ebd., 431.

13 Ebd., 433.

14 Ebd., 444f.

15 Ebd., 449.

16 Ebd., 449f.

17 Ebd., 351.

18 Ebd., 640.

19 Ebd., 641.

20 II. Vatikanum: Pastorale Konstitution Gaudium et Spes über die Kirche in der Welt von heute, Nr. 1.

21 Collected Poems 333.

THOMAS WAGNER

Offene Weite inmitten imperialer Lebensweise. Mystik und Politik bei Thomas Merton

Recht planlos startete ich mein Theologiestudium 1979 bei den Jesuiten in Frankfurt. Ein Verkehrsunfall mit 17 Jahren hatte mein normales Leben in einem Westerwälder Dorf zerstört und mich zu einem zerrissenen Sinn- und Wahrheitssucher werden lassen. Ich ging nach Sankt Georgen zur Jesuitenhochschule, um Antworten zu finden, spürte keine Berufung zu irgendeinem Amt in der Kirche, sondern wollte den Riss in meinem Leben kitten oder heilen. Trotz eines recht autoritären, familiären und dörflichen Hineinwachsens in den katholischen Glauben, lebte in mir die Ahnung, dass Religion mir helfen könne. Doch die Jesuitenschule war hart, das grundständige Philosophiestudium in den ersten vier Semestern formte meinen Intellekt, gab meinem Herzen aber nicht den gewünschten Halt. Meine Fragen und Zweifel an mich, meinem Leben, meinem Glauben wuchsen eher, als dass ich Orientierung fand. Ein Jesuit, der mich Anfang der achtziger Jahre persönlich begleitete, gab mir ein Buch *Der Berg der sieben Stufen* von einem amerikanischen Mönch namens Thomas Merton. Er bemerkte dazu: »Vielleicht gibt Dir ja Merton Antworten auf Deine vielen Fragen!« Hier begann meine Entdeckungsreise. Ich verschlang seine Autobiografie und durchstöberte die Bibliothek nach weiteren Schriften Mertons. Mich fesselte die Ehrlichkeit, mit der Merton seine Kämpfe schildert, seine selbstkritische, unermüdliche Wirklichkeitssuche, aber auch seine Leidenschaft, mit der er um den Glauben ringt. Wirklichkeit wird bei Merton nüchtern, ehrlich und wahrhaftig angeschaut und die dunklen, schmerzvollen Seiten nicht unterdrückt. Ein gutes Stück Aufklärung über unser vitales Innenleben leistet er, und das in großer schriftstellerischer Vielfalt: Poesie, meditative Prosa, wissenschaftliche Artikel, Gedichtzyklen, Autobiografie und insbesondere seine Briefe und Tagebücher faszinierten und fesselten mich. Seine einladende, offene Weite begeisterte mich.

So möchte ich im Folgenden zunächst meine Erstbegegnung mit dem Schriftsteller und Mönch Thomas Merton vor rund 30 Jahren reflektieren und meine zentralen Lesefrüchte sammeln. Anschließend frage ich nach seinen bleibenden Impulsen in den gesellschaftlichen und kirchlichen Verwerfungen unserer Zeit und suche Weiterentwicklungen zu skizzieren. Ich lese dabei Thomas Merton als Pionier eines gesellschaftskritischen, politischen Christseins, der in seiner reifen Schaffensphase eine multireligiöse Kirche vorwegnahm: Eine globale, solidarische und mystisch-politische Kirche inmitten einer imperialen Lebensweise.

Rückblick

1. Verletzung und Charisma

Thomas Merton war ein zerrissener Mensch, der seine geniale Kompetenz entfaltete, sein Ringen um Leben und Glauben in Sprache und Texte zu bringen. Seine Autobiografie *Der Berg der sieben Stufen* war ein Bestseller, gerade weil er schonungslos seine existenzielle Suche nach Glück und Gott in einer neuen, unorthodoxen, modernen Sprache formulierte:

> *»Ich muss Mensch sein und bleiben, damit das Kreuz Jesu Christi nicht leer wird. Jesus ist nicht für die Engel, sondern für die Menschen gestorben. Und das ist das Geheimnis unserer Berufung: nicht dass wir aufhören, Menschen zu sein, um Engel oder Götter zu werden, sondern dass die Liebe meines Menschenherzens Liebe zu Gott und zu den Menschen werden kann und meine menschlichen Tränen aus den Augen fließen können.«* (Der Berg der sieben Stufen)

Thomas Merton begann ein Leben im Kloster, fand dort klare äußere Formen die ihn bargen, doch auch schnell eng wurden. Er blieb auch als Mönch ein lebenslang Suchender nach der tiefsten Wirklichkeit, die einen zerreißt und gleichzeitig trägt:

»Wenn ich ihn mit großer Leichtigkeit finde, ist Er vielleicht nicht mein Gott. Wenn ich nicht hoffen darf, ihn überhaupt zu finden, ist Er dann mein Gott? Wenn ich ihn überall finden kann, wo ich es wünsche, habe ich ihn dann gefunden? Wenn Er mich überall findet, wo er es wünscht, und mir sagt, wer Er ist und wer ich bin, und wenn ich dann erkenne, dass Er, den ich nicht finden konnte, mich gefunden hat, dann weiß ich, es ist der Herr, mein Gott. Er hat mich mit dem Finger berührt, der mich aus Nichts erschaffen hat.«

Merton erkennt, dass er in seiner inneren Suche durch das Scheitern hindurch, durch das Dunkel hindurch wächst. Christentum, so schreibt er in einer Anleitung zum betrachtenden Gebet, sei ein Weg für Menschen, die einen tiefen Riss in ihrem Leben erfahren haben (*Wahrhaftig Beten*, 126). Genau dieses Bearbeiten seiner persönlichen Kernverletzungen macht Merton so sympathisch und ließ eine tiefe Resonanz in mir entstehen. Thomas Merton formuliert seine bleibenden inneren Zwiespälte so, dass sie ihn immer wieder neu in die Gegenwart Gottes unter den Menschen führt:

»Wir sollen uns nackt und wehrlos in die Mitte jener Angst führen lassen, wo wir allein in unserer Nichtigkeit vor Gott stehen.« (*Wahrhaftig Beten*, 77)

Thomas Merton versteht so sein Leben, seine Entscheidung Mönch zu werden als einen Versuch, seine wahre Identität, sein wahres, von Gott gewolltes Ich zu entdecken und einen entschlossenen Willen, es so vollkommen wie möglich zu verwirklichen. Dieser asketische Weg hatte seine Brüche und Reifungsschübe: Als Merton bereits siebzehn Jahre als Mönch der Welt entsagt hatte und auf der Grundlage des Gelübdes (*conversio morum* – die Bekehrung der Sitten) bemüht war, die Vollkommenheit zu erreichen, passierte ihm Folgendes: Bei einem Stadtbesuch (am 18.3.1958), mitten im Einkaufsviertel, »an der Ecke Cuarta- und Walnutstraße« überkommt ihn schlagartig die Erfahrung, sich selbst als ein Glied unter anderen innerhalb der Menschheit zu entdecken:

»Plötzlich ergriff mich ein Schwindelgefühl, als mir bewusst wurde, dass ich all diese Menschen liebte; dass sie alle mir angehörten und ich ihnen; dass wir einander nicht fremd sein könnten, auch wenn wir uns überhaupt nicht kennen. Es war, als ob ich aus einem Traum der Trennung, der falschen Isolation in einer besonderen Welt, der Welt der Entsagung und der angeblichen Heiligkeit, erwachte. Diese ganze Illusion eines abgesonderten heiligen Daseins ist ein Traum.« (*Conjectures of a Guilty Bystander*, New York, 1996, 190).

Universelle Solidarität, die einer spontanen, neuen Wahrnehmung der Mitmenschen entspringt: der Ent-hüllung der eigentlichen Schönheit, die jeder Person zugrundeliegt:

»Es ist, als hätte ich plötzlich die geheime Schönheit und Tiefe ihrer Herzen erkannt, zu denen weder Sünde noch Begehren oder Selbstbewusstsein je gelangen können: das Herz selbst in seiner Wirklichkeit, die Person, die ein jeder in den Augen Gottes ist [...] Im Zentrum unseres Seins liegt ein Punkt des Nichts, der weder von der Sünde noch vom Betrug je berührt wurde, ein Punkt reiner Wahrheit, ein Punkt oder Funke, der ganz Gott gehört, der sich niemals in unserer Verfügungsgewalt befindet, von dem aus Gott über unser Leben verfügt und der den Fantasien unseres Verstandes und den Brutalitäten unseres Willens nicht zugänglich ist. Dieses Pünktchen des Nichts und der absoluten Armut ist die reine Herrlichkeit Gottes in uns. Er ist sozusagen Sein Name, der in uns eingeschrieben ist, als unsere Armut, unsere Bedürftigkeit, unsere Abhängigkeit, unsere Kindschaft. Er ist wie ein reiner Diamant, dem das unsichtbare Licht des Himmels sein Funkeln entlockt. Er ist in allen, und wenn wir ihn sehen könnten, dann nähmen wir wahr, wie sich diese Milliarden von Lichtpunkten im Gesicht und im Blitzstrahl einer Sonne vereinen, der in der Lage ist, die Dunkelheit und Grausamkeit des Lebens völlig verschwinden zu lassen.« (Ebd., 192f)

»Es war, als ob ich aus einem Traum erwachte«, sagt Merton in seinen Reflexionen zu dieser Erfahrung. Er entdeckt sich neu als Glied der einen Menschheitsfamilie und spricht gleichzeitig von seiner »angeblichen Abgesondertheit von der Welt«. Er erfährt nun die wahre Größe und das Wunderbare aller Menschen und eines jeden einzelnen von ihnen und zugleich die eigene Größe in solidarischer Verbindung mit der aller übrigen. Seine weiterhin wirkende, recht jugendlich-ungestüme, allzu hochmütige Weltentsagung weicht nun einer tiefenökologischen Haltung, die jenseits des »Entweder-oder« im sinnlich positiv Erfahrenen »Sowohl-als-auch« einen neuen tragenden Resonanzraum konstituiert. Er sieht, dass ihn die klare Entsagung in die Lage versetzt hat, diese neue Weltsicht, diesen letzten »gnädigen«, unversehrten, reinen Kern eines jeden Menschen zu entdecken.

Nach dieser Gotteserfahrung hat Merton der Eindruck, eine Veränderung durchzumachen, die ihm einen neuen Einstieg in seine Potenziale ermöglicht. Er schreibt: »Endlich schlüpfe ich aus diesem Kokon aus.« Seine Wahrnehmung dessen, was die Welt ist und was seine eigene Sendung als Mönch ausmacht, verändert sich. Es ist, als würde sich bestätigen, dass außerhalb der Welt und der Geschichte der Menschen kein Heil besteht. Oder anders gesagt: Alles, was existiert, ist heilig! Es gibt keine Trennlinie zwischen den Menschen, denn alle gehören gleichermaßen Gott an. Nur einige sind sich dieser Wirklichkeit nicht bewusst. Für Merton war mit dieser Erfahrung klar, dass jedes Gefühl der Überlegenheit fehl am Platz ist, wenn man einmal diese grundlegende Gleichheit in Verbundenheit erfahren und erkannt hat. Er entwickelt in Folge dieser Erfahrung eine wache Sensibilität einerseits für die Heiligkeit allen Lebens und seiner ganzheitlichen Fülle andererseits auch für die Unvollkommenheiten, Abbrüche und Brüche im selben. Er denkt und formuliert in seinen Aufzeichnungen, was er selbst durchlitten hat. Er kämpft lebenslang mit seinen Gebrochenheiten, in der Spannung von gewünschter Einsamkeit, schriftstellerischem Ausdruck und Wunsch nach Anerkennung und Liebe. Als unentwegte Selbstfindung im Experiment kann man das dokumentierte Leben von Thomas Merton lesen, etwa in einem Brief von 1967:

»Kann ich Dir sagen, dass ich auf die Fragen, die den Menschen unserer Zeit peinigen, Antworten gefunden habe? Ich weiß nicht, ob ich Antworten gefunden habe. Am Anfang, als ich Mönch wurde, ja, da war ich mir sicherer, über Antworten zu verfügen. Aber je älter ich im Mönchsleben werde und je tiefer ich in die Einsamkeit eindringe, desto deutlicher werde ich mir bewusst, dass ich erst damit angefangen habe, die Fragen zu suchen. Und wie heißen die Fragen? Kann der Mensch sein Dasein mit Sinn erfüllen? Kann der Mensch in aller Ehrlichkeit seinem Leben allein dadurch Sinn geben, dass er eine bestimmte Reihe von Erklärungen übernimmt, die vorgeben, ihm plausibel zu machen, warum die Welt angefangen hat und wo sie enden wird, warum es darin Böses gibt und was man für ein gutes Leben unbedingt braucht? [...] Ich spüre die Berufung, eine Wüstenzone des menschlichen Herzens zu erforschen, in der die Erklärungen nicht mehr ausreichen und in der man lernt, dass einzig die Erfahrung zählt. Das ist ein dürrer, felsiger, finsterer Bereich der Seele, der zuweilen von fremdartigen Feuern erhellt wird, vor denen sich die Menschen fürchten [...]. Und in dieser Zone habe ich gelernt, dass man die wirkliche Hoffnung unmöglich kennenlernen kann, ehe man nicht erfasst hat, wie sehr die Hoffnung der Verzweiflung gleicht.« (Zeiten der Stille, 119f)

2. Der kontemplative Weg ist die Mitte

Siebenundzwanzig Jahre lebt Thomas Merton als Mönch in der Abtei von Gethsemani. Er entscheidet sich aus Protest gegen sein falsches bürgerliches Leben für diesen Weg. Er schwört sich selbst, den inneren Kampf gegen den in der Psyche eingebetteten egozentrischen Individualismus aufzunehmen:

»Ich war ein Produkt der Selbstsucht und Verantwortungslosigkeit des materialistischen Jahrhunderts, in dem ich lebte. [...] Wir leben in einer Gesellschaft, deren ganzes Ziel darin besteht, jeden Nerv im menschlichen Körper zu erregen und zur höchsten künstlichen Spannung zu treiben [...]. Wie seltsam! Ich füllte mich selbst und wurde leer. Ich griff nach

allem und verlor alles. Ich stürzte mich in Vergnügungen und Freuden und fand Qual, Furcht und Angst.« (Der Berg der sieben Stufen, 145)

Für Merton zielt dieses Mönchsleben darauf,

»einem Menschen die Kraft zu verleihen, der Wirklichkeit in ihrer nackten, beunruhigenden, möglicherweise düsteren und enttäuschenden Tatsächlichkeit zu begegnen, ohne Ausflüchte, nutzlose Erklärungen und Vorwände. Man mag einwenden, dass in Wirklichkeit das genaue Gegenteil ist, was in den Klöstern vorherrscht: Das Mönchsleben kann sehr wohl eine Flucht in Künstlichkeit, Mythos und Illusion sein. Das bestreite ich nicht. [...] Alles gesellschaftliche Leben neigt dazu, in sich selbst ein gewisses Maß an organisierter Unechtheit und Falschheit zu entwickeln [...]. Nur sollte sich der Mönch dessen mehr bewusst sein als andere, weil sein Leben ›in der Wüste‹ ein Leben ist, in dem zumindest idealerweise alle Masken und Tarnkappen abgelegt werden.«

Diese Lust, das Wirkliche zu entdecken, steht im Zentrum von Mertons Suche:

»Nicht alle Menschen sind dazu berufen, Einsiedler zu sein, aber alle Menschen brauchen ein genügendes Maß an Schweigen und Einsamkeit in ihrem Leben, um der tief inneren Stimme ihres eigenen wahren Selbst die Möglichkeit zu geben, sich zumindest von Zeit zu Zeit bemerkbar zu machen. Wer diese innere Stimme gar nicht hört, wer den geistlichen Frieden nicht finden kann, der daher stammt, dass man vollkommen mit seinem eigenen wahren Selbst eins ist, dessen Leben ist immer elend und anstrengend. Denn man kann nicht glücklich leben, ehe man nicht die Quellen des geistlichen Lebens erschlossen hat, die in den Tiefen der eigenen Seele verborgen liegen.« (Zeiten der Stille, 24)

Merton arbeitet auf dieser Suche nach Stille und Einsamkeit die monastische Tradition durch, entdeckt für sich die Mystiker und Mystikerinnen als grundlegende KraftspenderInnen, relativiert die überkommenen religiösen Formen und Liturgien und entdeckt für sich den kontemplativen Weg als grundlegend:

»Kontemplatives Gebet ist in gewisser Hinsicht einfach die Vorliebe für Wüste, Leere, Armut. Man beginnt, den Sinn der Kontemplation zu erkennen, wenn man intuitiv und spontan den dunklen und ungewissen Weg der Trockenheit jedem anderen vorzieht. Der Kontemplative will lieber nicht wissen als wissen, eher nicht besitzen als besitzen, lieber nicht den Beweis dafür haben, dass Gott ihn liebt. Er nimmt die Liebe Gottes im Glauben an, ohne alle greifbaren Beweise. Dies ist die notwendige Voraussetzung – und zwar eine sehr paradoxe Voraussetzung – für die mystische Erfahrung, dass die Gegenwart Gottes und seiner Liebe zu uns Wirklichkeit ist. Nur wenn wir in der Lage sind, alles in uns ›fahrenzulassen‹ und jeden Wunsch aufgeben, die Gegenwart Gottes sinnlich wahrzunehmen, zu erkennen und zu erfahren, werden wir wahrhaft imstande sein, diese Gegenwart mit der überwältigenden Überzeugung und Wirklichkeit zu erleben, die unser ganzes inneres Leben umwälzt.« (*Wahrhaftig Beten*, 103)

Merton schreibt: »Ein Baum preist Gott vor allem durch sein Baum-Sein, […] indem er das ist, wozu Gott ihn bestimmt hat«, und stimmt so gleichsam auf die schöpferische Liebe an. Alle Wirklichkeiten erweisen Gott ihrem eigenen Sein gemäß die Ehre, sagt er.

»Für mich besteht die Heiligkeit darin, dass ich ich selbst bin, und für dich, dass du du selbst bist, und im letzten Grunde wird deine Heiligkeit nie die meine sein und meine nie die deine […] Für mich bedeutet heilig sein: ich selbst sein. Deshalb ist das Problem der Heiligkeit tatsächlich die Aufgabe, mein wahres Ich zu entdecken.« (*Verheißungen der Stille*, Luzern, 1957, 24)

Die Aufgabe des Menschen besteht darin, das in Fülle zu werden, was keimhaft angelegt ist, im konkreten Leben diesen Ruf zu verwirklichen:

»Da Gott allein das Geheimnis meiner Eigenwesentlichkeit kennt, kann er allein mich wirklich zu dem machen, der ich bin, oder richtiger: Er allein kann mich zu dem machen, der ich sein werde, wenn ich endlich beginne voll und ganz zu sein.« (Ebd. 25)

Merton weist so den Weg in die je eigene Identitätsgestaltung, getragen von der Zuversicht, dass sie »in der Liebe und Barmherzigkeit Gottes geborgen« ist. (Ebd. 27) Dies führt in eine Präsenz, eine ständige Aufmerksamkeit der Wirklichkeit gegenüber und eine große Treue zu Gott, wenn er sich in den konfliktvollen Alltagsverwicklungen einer jeden neuen Situation offenbart.

Mertons spiritueller Erfahrungsweg zielt auf eine Erneuerung des monastischen Lebens, indem er mystische Weisheitstraditionen aufgreift und neu durchdekliniert. In innovativen Sprachschöpfungen lässt Merton überkommene abstrakte Gebetsformeln hinter sich und artikuliert existenziell seine eigenen Ängste als Pforten hin zu einer tieferen Bewusstheit und Gottesgegenwart:

»Es ist Aufgabe der Angst, dieses Glashaus der falschen Innerlichkeit zu zerbrechen und den Menschen davon zu befreien. Es ist die Angst und die Angst allein, die den Menschen aus seinem privaten Heiligtum vertreibt, wo die Einsamkeit ohne Gott furchtbar für ihn wird. Aber ohne Angst, ohne die beunruhigende Fähigkeit, die Vergötzung frommer Ideen und Vorstellungen zu erkennen und zu verabscheuen, würde sich der Mensch mit sich selbst und mit seinem ›Innenleben‹ in der Meditation, in der Liturgie oder in beidem zufrieden geben. Ohne Angst kann der Christ nicht von der eingebildeten Selbstsicherheit der Frommen befreit werden, die alle Antworten im Voraus kennen, die über alle Klischees des inneren Lebens verfügen und sich mit unfehlbaren rituellen Formeln zu verteidigen wissen gegen jedes Risiko und jede Herausforderung zum Dialog mit menschlicher Not und menschlicher Verzweiflung.« (*Wahrhaftig Beten*, 128)

Die Stärke und Attraktivität von Mertons schriftstellerischer Arbeit ist, dass es ihm in neuer Sprache gelingt, die »Glut der Kontemplation« neu inmitten unseres modernen Lebens zu formulieren:

»Es ist das kontemplative, schweigende, ›leere‹ und scheinbar nutzlose Element im Gebetsleben, das es zu einem wirklichen Leben macht. Ohne Kontemplation besteht Gefahr, dass die Liturgie zu einem frommen Schauspiel entartet; denn falsches liturgisches Gebet ist bloßes Geplapper. Ohne Kontemplation ist das innere Gebet nichts als eine sterile geistige Übung.« (Wahrhaftig Beten, 135)

Merton, der über viele Jahre als Novizenmeister verantwortlich für die Ausbildung der Nachwuchses in der Abtei von Gethsemani war, entwickelte sich zu einem Mystagogen der täglichen Praxis und des attraktiven Wortes.

3. Im Einklang mit sich und der Welt

So lautet die deutsche Übersetzung der erstmals 1965 erschienenen Aufsatzsammlung Contemplation in a World of Action. Merton lebt und fordert als Mönch den Rückzug aus der Welt, sucht die Einsamkeit und Stille, steht aber stets im Kontakt zu vielen Menschen und Wegbegleitern. Er fühlt sich als ein Staatsbürger, der die Verantwortung hat, sich mit ganzer Kraft für Frieden und Gerechtigkeit einzusetzen:

»Der Mensch hat eine Verantwortung gegenüber seiner Zeit; es ist ihm nicht gestattet, scheinbar außerhalb von ihr zu stehen, um ihr aus einer Position mitfühlender Distanz diverse spirituelle und materielle Gaben zu spenden. Der Mensch hat die Verantwortung, sich dort vorzufinden, wo er ist, in seiner eigenen Zeit und an seinem eigenen Ort, in der Geschichte, zu der er gehört und zu der er unausweichlich etwas beizutragen hat – entweder Wahrheit und Engagement oder bloße Worthülsen und Gesten.« (Sich für die Welt entscheiden, 13)

Die überkommenen Unterscheidungen von Weltdienst einerseits und Heilsdienst andererseits schiebt er gerade auch als Trappistenmönch beiseite und setzt sich selbstbewusst als mystischpolitischen und öffentlichen Akteur in Szene, sofern sein Abt ihn agieren lässt. Er treibt Theologie in globalem Kontext. Entschieden wendet er sich zum Beispiel gegen das militärische Engagement der USA in Vietnam. Er prangert den Rüstungswettlauf zwischen der Sowjetunion und den USA an. Er entlarvt die verlogene Militärpolitik seines Landes, die bereit ist, die Bedürfnisse von Millionen von Menschen den Interessen des westlichen Systems zu opfern. Merton, der Prophet, kritisiert die christlichen »Kernwaffen-Realisten«, wie er viele Bischöfe und Mitchristen nennt, wirbt für gewaltfreie Konfliktbearbeitungen. Seine Position ist eindeutig: Die Selbstvernichtung der zivilisierten Welt ist nur eine Frage der Zeit, wenn die Vergötzung der Rüstung und militärischen Gewalt weitergeht, wenn die Waffen nicht abgeschafft und das militärische, gewaltorientierte Denken nicht geändert wird; eine andere, eine Friedenspolitik ist möglich, wenn sich genug Menschen in allen Teilen der Welt dem Kriegsführen verweigern und andere, gewaltfreie Methoden der Verteidigung einüben:

> *»Wie kommt es, dass wir heute fast jede Gräueltat, jeden Exzess bereitwillig mit der Begründung zulassen, es sei ein geringeres Übel und notwendig, um unsere Nation zu retten? [...] Es gibt nur einen Sieger im Krieg. Der Sieger ist der Krieg selbst. [...] Er ist die gewaltige Kraft, das böse Geheimnis, die dämonische Triebkraft unseres Jahrhunderts, mit seinem Feuerball und seiner Wolkensäule. Betet ihn an!«* (*Gewaltlosigkeit. Eine Alternative*)

Merton entwickelt in Auseinandersetzung mit der kirchlichen Lehre des Gerechten Krieges eine atomkritische Friedensethik (vgl. *Gewaltlosigkeit. Eine Alternative*, 1971). Mertons gewaltfreie und aktiv politische Lebenseinstellung beziehungsweise sein Geist des Nichtverletzens nährt sich aus der Einsicht der Verbundenheit allen Seins und führt in die Empfindung des Einsseins (Martin Luther King, Albert Schweitzer, D. T. Suzuki). In diesem mystischen Erfahrungsprozess, der die Subjekt-Objekt-Spaltung aufhebt, enthüllt sich die Vielfalt des Lebens. Für Merton ist eine kontemplativ-mystische Tiefenerfahrung der Grund seines Einheitsethos: Einheit aus dem Schöpfungsimpuls, Einheit aus der Einheit des Göttlichen und Einheit mit der Einheit des Göttlichen. Der Geist des Nichtverletzens ist göttlicher Geist. Für Merton entwickeln sich seine ethisch-politischen Vorschläge aus seinen mystisch-spirituellen Tiefenerfahrungen, seine Kritik am nationalen Denken der US-Amerikaner gründet im einenden Geist der einen Menschheitsfamilie, ohne Ansehen von Hautfarbe, Geschlecht und Herkunft. Die kontemplative Einheitserfahrung bewirkt auf der Handlungsebene die Einheit von Handlungsmittel und -zwecken, die der gewaltfreien Lebenseinstellung zugrunde liegt. Mit diesem zeit- und gesellschaftssensiblen theologischen Denkansatz zeigt sich Merton als Pionier kontextuellen Theologietreibens in öffentlicher Verantwortung.

4. Interreligiöser Dialog

Je tiefer Merton im Zuge seines Lebens als Mönch seine inneren Abgründe und Zerrissenheiten und darin auch seinen mystischen Grund klärte, desto mehr weitete er seine religiöse Offenheit für die Vielfältigkeit der unterschiedlichen spirituellen Traditionen.

Konkret: In einer Unterhaltung in seinem letzten Lebensjahr greift Merton ein Wort Martin Bubers auf, um sich in vertraulicher Offenheit selbst als einen Menschen von »widersprüchlichem, komplexem Temperament« zu bezeichnen: »[...] ein Thema, zu dem ich euch viel sagen könnte, denn diese Worte beschreiben mich perfekt.« (*Dos semanas en Alaska. Diario, cartas, conferencias*, Barcelona, 2000, 221). Diese Selbsterkenntnis ist deftig, doch sieht Merton sich in einem Entwicklungsprozess. Im Tiefsten unserer Seele, sagt er, ist eine göttliche Kraft anwesend, der es, wenn wir sie nur wirken lassen, »gelingt, unsere Einheit herzustellen, indem sie widerstreitende Ströme zusammenführt und die unterschiedlichen Elemente miteinander verbindet.« (Ebd. 224)

Die integrierte Person »transzendiert alle beschränkten Lebensweisen, während sie das Beste und Allgemeingültige, das in ihnen enthalten ist, behält.« (*Acción y contemplación*, Barcelona, 1982, 130–131) Für Merton ist diese Person ein gutes Beispiel für das Ideal der Katholizität im besten Sinne des Wortes: Sie nimmt die verschiedenen Erscheinungsformen der einen Wahrheit – wobei die einen klarer und gewisser sind als andere – in sich auf, und ohne in Konfrontation zu diesen partiellen Sichtweisen zu gehen »vereint sie sie in einer Dialektik oder in einer inneren Schau der Komplementarität« (Ebd. 131).

Dieser Positionierung zur ganzheitlichen Fülle in allen Unvollkommenheiten in seinem Inneren korrespondiert mit dem tiefen Impuls und der großen Neugier bei Merton, die unterschiedlichen religiösen und spirituellen Traditionen zu vereinen: die russisch-orthodoxe und spanische Mystik, die Spiritualitäten der Ost- und Westkirchen, die des Islams, den Hinduismus und den Buddhismus: »Wir müssen alle getrennten Welten in uns zusammennehmen und sie in Christus überschreiten«, schrieb er in seinem Buch *Conjectures of a Guilty Bystander*. Hier hat seine vielfältige Praxis des interkulturellen und interreligiösen Dialogs ihren Ursprung, den er mit einer wachsenden Sensibilität für andere christliche Konfessionen, andere Religionen und Weltanschauungen, die auf der Suche nach dem Sinn des Lebens sind, führte. In seiner umfangreichen Autorentätigkeit – durch vielfältige, intensive Brieffreundschaften, Verfassen von Artikeln, Gebeten, Büchern – spiegelt sich so auch ein innerer Reifungs- und Weitungsprozess bei Thomas Merton (vgl. Iris Mandl-Schmidt: Biographie – Identität – Glaubenskultur, 2003). Ist der junge Merton ganz davon gefesselt sich mit seiner gebrochenen Biografie in der monastischen Tradition lebendig zu verorten (1940er Jahre, *Christliche Kontemplation*), öffnet sich der mittlere Merton als Kontemplativer seiner Verantwortung in der Welt (1950er Jahre, *Im Einklang mit sich und der Welt*, *Verheißungen der Stille*). Der späte Merton intensiviert den Dialog mit anderen Weltanschauungen und Religionen, zuvorderst mit dem Zen-Buddhismus (1960er Jahre, *Weisheit der Stille*). Der Paradigmenwechsel im Zweiten Vatikanischen Konzil von einer exklusivistischen zu einer inklusivistischen Position der katholischen Kirche und den entsprechenden Dekreten bestärkten Merton, diesen Dialog zu intensivieren. Merton zeigt sich hier als Praktiker, der seine selbsterlebten Zweifel und Fragen an die christlichen Weisheitstraditionen anerkennt, und sich in seiner Suche nach lebendiger Tiefe und innerem Frieden an den Zen-Buddhismus wendet. Dies tut er mit großer Offenheit und Neugier, Eigenschaften die lebenslang seinen Wirklichkeitsdrang auszeichnen. Seine frühen direkten Begegnungen mit D. T. Suzuki sind dabei prägend:

> *»Man kann den Buddhismus nicht verstehen, wenn man ihn nicht auf diese existenzielle Weise erfährt, in einem Menschen, in dem er lebendig ist. Dann ist das Verstehen der Lehrmeinungen, die für einen Westler gar nicht anders als ein wenig exotisch sein können, kein Problem mehr, sondern nur noch eine Frage der Würdigung eines Wertes, der auf der Hand liegt.«* (*Weisheit der Stille*, 94)

Seine Asienreise1968 bildet sicherlich den Höhepunkt der Entdeckung des Buddhismus und ist durch seinen plötzlichen Tod auch das abrupte, vorzeitige Ende dieser Wachstumsschleife Mertons. Er traf eine Reihe Lamas, hinduistischer und buddhistischer Gelehrte und besuchte viele Heiligtümer. Insbesondere der Besuch eines Tempelgeländes in Sri Lanka beeindruckt ihn zutiefst:

> *»Als ich diese Figuren betrachtete, wurde ich plötzlich fast mit Gewalt aus der üblichen, halbgebundenen Sicht der Dinge gerissen, und eine innige Klarheit, Helligkeit, die aus den Felsen zu strömen schien, wurde spürbar und sichtbar. Die verrückte Offensichtlichkeit der liegenden Figur, das Lächeln, das traurige Lächeln Anandas, der mit verschränkten Armen dasteht* [...]. *Das ist es: da ist kein Rätsel, kein Problem und wirklich kein Mysterium. Alle Probleme sind gelöst, und alles ist klar, einfach deshalb, weil das, was wichtig ist, klar ist. Der Felsen, alle Dinge, alles Leben ist voller Dharmakaya* [...] *alles ist Leere, und alles ist Mitleiden. Ich weiß nicht, wann ich in meinem Leben je so ein Gefühl von Schönheit und spiritueller Stärke in einer ästhetischen Illumination habe zusammenlaufen sehen. Mit Mahabalipuram und Polonnaruwa ist meine asiatische Pilgerreise ganz sicher klar geworden und hat*

sich selbst gereinigt. Ich meine, ich kenne und habe gesehen, wonach ich dunkel gesucht habe. Ich weiß nicht, was noch auf mich zukommt, aber jetzt habe ich unter die Oberfläche geschaut, habe mich hindurchgebohrt und bin durch die Dunkelheit und Verborgenheit hindurchgelangt. Dies ist Asien in aller Reinheit, nicht mit Abfall bedeckt, weder mit asiatischem noch europäischem, noch amerikanischem Abfall. Und es ist klar, rein, vollständig. Es sagt alles; nichts fehlt mehr. Und weil nichts fehlt, kann es sich leisten, stille zu sein, unbemerkt, unentdeckt. Es braucht nicht entdeckt zu werden. Wir sind es, auch die Asiaten, die es entdecken müssen.« (*Asiatisches Tagebuch*, 174/175)

Diese geschilderte Erfahrung, die ich als Gotteserfahrung qualifizieren möchte, bildet einen Beleg für die öffentliche Intimität von Thomas Merton, die er lebte und die seine Besonderheit ausmacht.

Für Merton war der Zen-Weg eine Art Meta-Religion, worin ihm besonders die Einfachheit, Direktheit und Unmittelbarkeit faszinierte. Nicht das Besondere, die Erleuchtung, die Satori-Erfahrung steht im Vordergrund, sondern die Präsenz im Alltag:

»Man könnte sagen, dass Zen die ontologische Bewusstheit des reinen Seins jenseits von Subjekt und Objekt ist, ein unmittelbares Begreifen des Seins in seinem ›So-Sein‹ und ›Auf-diese-Weise-sein‹.« (*Weisheit der Stille*, 132)

Zen-Erkenntnis ist für Merton die Einsicht ins lebendige Sein in der ganzen widersprüchlichen und existenziellen Realität. Dieses einfache Sein oder das einfache Sehen des Zen bezieht Merton auf die »Freiheit der Kinder Gottes« und vergleicht den Geist Christi mit dem Geist Buddhas. Der späte Merton übt sich in seiner Auseinandersetzung mit Zen ein, christlich-mystische Bilder mit buddhistischen Aussagen zu vergleichen. »Zen ist unser alltäglicher Geist« (*Weisheit der Stille*, 169) wird für Merton eine Art Schlüsselsatz. Zum einen war es genau die religiös-mystische Wahrheit, die Mystiker und Mystikerinnen aller Religionen nennen. Zum anderen war es für ihn total transformierend, dass das

Alltägliche das Wertvolle sei. Der Schlüsselsatz wurde so zur Medizin. Merton, der Suchende, Rastlose, der Getriebene, erhielt im Zen die Botschaft: »Zen ist unser alltäglicher Geist«, also Sein allein genügt. Das Anerkanntsein, das vertrauensvolle Angenommensein und Eingebundensein in ein geistiges Zuhause, die Merton in seiner Konversion zum katholischen Glauben erfahren hatte, präsentierte sich hier noch einmal in einer erneuten Erfahrung, in einer neuen Sprache und Philosophie: Wahre Religiosität ist das Geschenk des Lebens in der alltäglichen Realität, in dem einfachen schlichten Leben der eigenen Existenz. Die Formel »Gott allein genügt« (Teresa von Ávila) radikalisierte sich für Merton in ein »Sein allein genügt« im Sinne einer Gottesgegenwart in der eigenen Geschöpflichkeit. Der westliche Begriff der Gnade findet hier eine neue Gestalt:

> *»Ich bin überzeugt, dass tiefgreifende Kommunikation über die Grenzen hinweg, die bisher Religionen und mönchische Traditionen getrennt haben, nicht nur möglich und wünschenswert, sondern auch höchst bedeutsam für das Schicksal des Menschen des Zwanzigsten Jahrhunderts ist. Ich meine damit nicht, dass wir nun sichtbare Erfolge von erdbewegender Bedeutung erwarten sollten oder dass irgendeine Öffentlichkeit überhaupt wünschenswert ist. Im Gegenteil, ich bin überzeugt, dass dieser Austausch unter den echten mönchischen Bedingungen der Stille, der Ruhe, der Nüchternheit, der Muße, der Ehrfurcht, der Meditation und im Frieden des Klosters stattfinden sollte. Ich bin überzeugt, die sogenannten typischen asiatischen Eigenschaften, nicht zu hasten und geduldig zu warten, sollten sich an die Stelle westlichen Strebens nach unmittelbaren, sichtbaren Ergebnissen stellen. Deshalb halte ich es für außerordentlich wichtig, dass Westler wie ich zuerst einmal von Asien und in Asien lernen, wie wenig wir wissen«* (Asiatisches Tagebuch, 193)

– so notiert Thomas Merton im Oktober 1968 in Kalkutta. Dieser intendierte kontemplativ-mystische Dialog zielt für Merton darauf, aus einer Kommunikation eine Kommunion werden zu lassen.

5. Reform und Erneuerung

Der Mönch Thomas Merton rang zeitlebens nicht nur um eine individuelle, persönliche Vervollkommnung, sondern auch um eine monastische Erneuerung, um eine Erneuerung der Kirche insgesamt. Beeindruckt vom Aufbruch des Zweiten Vatikanischen Konzils war Merton der Aufruf »Rückkehr zu den Quellen« zentral, gepaart jedoch mit einem strikten Bezug zur modernen Gesellschaft in ökumenischer und interreligiöser Offenheit. Der Mönch

> *»muss weit offen sein für das Leben und neue Erfahrungen, weil er seine eigenen Traditionen voll ausgeschöpft hat und darüber hinausgegangen ist. Dadurch wird es ihm möglich, die Disziplin anderer, anscheinend entlegener und fremdartiger Traditionen und eine gemeinsame Basis für verbales Verständnis in der Stille zu finden. Die postverbale Ebene wird dann, wenigstens im Idealfall, zu dem Ort werden, wo beide einander jenseits ihres eigenen Verständnisses in der Stille einer letztgültigen Erfahrung treffen, was aller Wahrscheinlichkeit nach nicht eintreffen würde, wenn beide einander nicht begegnet wären und miteinander gesprochen hätten* [...] *Das würde ich dann Kommunion nennen. Es ist etwas, meine ich, wonach die tiefste Tiefe unseres Seins schreit und wofür lebenslanges Bemühen nicht genug sein mag.«* (Asiatisches Tagebuch, 196)

Mertons Begründung für seine Aufforderung zur Erneuerung ist kritisch-nüchtern und visionär zugleich:

> *»Denn wir befinden uns selbst in einer Krise, an einem Punkt der Entscheidung. Wir sind in Gefahr, ein geistliches Erbe zu verlieren, das in tausend Generationen von Heiligen und Kontemplativen sorgfältig angesammelt worden ist. Es gehört zu den besonderen Aufgaben eines Mönches in der modernen Welt, die kontemplativen Erfahrungen lebendig zu erhalten und dem Menschen des technischen Zeitalters einen Weg offenzuhalten, die Unberührtheit seiner inneren Tiefe wiederherzustellen. Vor allem ist wichtig, dieses Element der Tiefe und Unberührtheit – die-*

ses Element innerer transzendenter Freiheit – unbeschadet zu erhalten, solange wir zur vollen Reife des universellen Menschen heranwachsen. Wir sind Zeugen des Wachstums eines wahrhaft universellen Bewusstseins in der modernen Welt. Dies kann ein Bewusstsein von transzendenter Freiheit und Einsicht sein, es kann aber auch einfach ein undurchdringlicher Nebel mechanischer Trivialität und ethischer Plattheit werden. Mir scheint, dass sich alle Religionen und auch humanitäre Philosophien darum kümmern sollten.« (Asiatisches Tagebuch, 198).

B. Ausblick

In den 30 Jahren seit meiner Erstbegegnung mit Thomas Merton hat sich das religiöse Feld grundlegend verändert. Die Dynamik moderner kapitalistischer Marktgesellschaften führt weltweit zu Vielfachkrisen im finanzdominierten Kapitalismus, lässt neue Segmentierungen, Spaltungen und Verwerfungen entstehen und verschiebt die politischen wie religiös-weltanschaulichen Felder. Mehr denn je leben wir bewusst in einer interdependenten Weltgesellschaft, wo bei allen geschichtlichkulturellen Traditionen und nationalen Grenzen ein westlich dominiertes globales Bewusstsein wächst, wo Menschenrechte, Demokratie, Rechts- und Sozialstaat und geregelte Märkte auf der Habenseite stehen und menschenfeindlicher Kapitalismus, Kriege, Armut, Ausbeutung und Entfremdung die Sollseite ausmachen. In thesenartigen Ausführungen entlang meiner fünf Zentralimpulse Thomas Mertons möchte ich Gegenwartsbezüge der »offenen Weite« Mertons in aktuellen gesellschaftlichen, theologisch-spirituellen und kirchlichen Entwicklungen und Debatten skizzieren:

1. Verletzung und Charisma heute

Thomas Merton demonstriert mit seinem Leben und Schreiben einen offenen Suchprozess, Nachfolge stets entlang der Abbruchkante zu entwerfen, sozusagen von Tag zu Tag neu »Ja« zu sagen; fragil und fluide jenseits metaphysischer Sicherheiten. Er bekennt: »Jeder ist mehr oder weniger ein Ungläubiger« und entdeckt die Gegenwart Gottes gleichermaßen in der kontemplativen Einfalt als auch in der sozialen Vielfalt, mitten unter den Menschen. Vielleicht kann von dieser Warte aus auch seine Beziehung zu einer Krankenschwester zwei Jahre vor seinem Tod verstanden werden. Die unerwartete Liebe einer Frau – er ist stark verliebt, was von ihr erwidert wird – tritt überraschend in sein Leben und er ist fünf Monate lang hin- und hergerissen zwischen dem, was er für seine ganze Verwirklichung als Mann in sich spürt und seine Berufung als Mönch ansieht. Schließlich, um den Preis einer nachhaltigen inneren Zerrissenheit, bricht er die Beziehung ab. Zu sehr ist er formatiert in sein individuelles Mönchskonzept, dass er die frisch erspürten und auch im Tagebuch festgehaltenen gnadenvollen Potenziale einer Zweierbeziehung tiefer entdecken könnte, schön jedoch, dass seine tiefe Wirklichkeits- und Lebenssehnsucht ihm auch im Alter diese erotische Erfahrung – auch im Sinne einer mystischen Resonanzerfahrung – ermöglicht.

Ihn treibt die Leidenschaft die erste Wirklichkeit unseres individuellen wie gesellschaftlichen Lebens in Worte zu fassen:

> *»Wir sollen uns nackt und wehrlos in die Mitte jener Angst führen lassen, wo wir allein in unserer Nichtigkeit vor Gott stehen.«*

Dabei ist der Unglaube immer wieder neu die Herausforderung; die Gefährdung und Bedrohung des Glaubens kommt nicht nur von außen, von der materialistisch-konsumistischen Gesellschaft, sondern wächst aus dem Glauben selbst heraus. Diese Radikalität und Kompromisslosigkeit, den Glauben sowohl in seiner Relativität als auch in seiner absoluten Wirkmächtigkeit durchzudeklinieren, ist auch heute ein nachhaltiges Erbe Mertons:

> *»Theologie ist zuweilen Krankheit – Ein gebrochenes Genick von Fragen – Ein hilfloser Zweifel – in einem beheizten Bett* [...] *– Der Vogel findet diesen Zweifel – Gebrochen im Fieber – Und weiß: Du bist mein Ruhm – Und ich deine Antwort – falls du eine Frage hast.«* (Zeiten der Stille, 149)

Merton übernimmt Verantwortung für seinen Glauben. Heute, in unserer postsäkularen und gleichzeitig durchsäkularisierten Zeit, ist dieser Impuls dringlicher denn je: Persönlich seinen Glauben, seine Spiritualität, seine Theologie zu gestalten als biografischen Prozess. In dieser Haltung drückt sich ein Primat aus, die Wirklichkeit als spirituelle und theologische Herausforderung voll und ganz anzunehmen. Zum Beispiel macht Merton mehrfach auf die Gefahr aufmerksam, dass das Bewusstsein von der eigenen Vollkommenheit zu geistlichem Hochmut führen kann. Dieser sei – so ruft er in Erinnerung – der Lehre der Wüstenväter und -mütter, aber auch der Zen-Meister zufolge die subtilste Versuchung: die Liebe zur eigenen spirituellen Vorzüglichkeit, der Narzissmus der »Vollkommenen«.(*Zen and the Birds of Appetite*, New York, 1968). In dieser Hinsicht ist es signifikant, dass Merton in die Begeisterung des Zen-Meisters Suzuki für folgenden Vers Fernando Pessoas einstimmt: »Gelobt dafür, dass ich nicht gut bin.« Merton entwickelt zu seinem Lebensende genau die »offene Weite«, die in einer vertrauensvollen Hingabe wurzelt – die durch das eigene Empfinden von Schwäche hindurch und bei allen Unklarheiten, die einen umstellen, tragen und halten, wie er sie schön im folgenden Bittgebet zum Ausdruck bringt:

> *»Mein Herr und mein Gott! Ich weiß nicht, wohin ich gehe. Ich sehe den Weg nicht, der vor mir liegt. Ich weiß nicht sicher, wohin er führt. Auch kenne ich mich im Grunde selbst nicht recht. Und obwohl ich glaube, Deinem Willen zu entsprechen, bedeutet das noch nicht, dass ich ihn tatsächlich erfülle. Ich glaube, dass das Verlangen, Dir zu gefallen, Dir im Grunde wohlgefällig ist. Ich hoffe, dass ich in allem, was ich tue, diesem Verlangen treu bleibe. Ich hoffe, dass ich niemals etwas tun werde, das außerhalb dieses Verlangens liegt. Wenn ich so handle, weiß ich, dass du mich auf dem rechten Weg führen wirst, auch wenn ich ihn gar nicht kenne. Deshalb will ich mein Vertrauen jederzeit auf Dich setzen, obwohl es mich zuweilen dünkt, verloren zu sein und im Schatten des Todes zu weilen. Ich will mich nicht fürchten, denn Du bist ja bei mir, und inmitten der Gefahren, die auf mich andrängen, verlässt du mich nicht.«* (*Wahrhaftig Beten*)

Merton sieht sich in seiner Biografie in eine intime Geschichte mit Gott verwickelt, worin ihm alle seine inneren Erlebnisse, sein inneres Ringen, seine inneren Anfechtungen letztendliche Impulse zum eigenen Wachstum mit Gott sind:

> »*Dieses bedingungslose Ja, diesen Funken der Heiligkeit zu entdecken, der sich noch unter größten Abstürzen verbirgt, ist die Bestimmung des menschlichen Lebens* […]. *In der Tiefe unseres Herzens stößt man auf den tiefsten Sinn unserer Persönlichkeit, auf das, was wir das ›Ja‹ zu Gott nennen, und dieser Funke ist stets da. Das, was ein jeder von uns zu tun hat, ist es, sich diesem Funken zuzuwenden und zuzulassen, dass er zu einer Flamme wird.*« (*Dos semanas en Alaska*, 227)

Merton lebt ganz nachmetaphysisch sein Leben mit allen Sinnen und entdeckt in seinen Erfahrungen Gottes nachhaltiges Wirken. Theologisch lässt sich sein Weg als inkarnatorische Suchbewegung lesen, die nur eine Geschichte, nur ein Leben, nur diesen einen Augenblick kennt. Sein theologisch-spirtuelles Verarbeiten seiner Erfahrungen kann so auch als Prozess einer fortwährenden Immanentwerdung der Transzendenz verstanden werden. In der zeitgenössischen Theologie findet dieses Anliegen nach metaphysisch-inkarnatorischer, in den konkreten gesellschaftlichen Widersprüchlichkeiten des Lebens verstrickter vertrauensvoller Hingabe und Glauben vorrangig in kontextuellen politischen und befreiungstheologischen Ansätzen seinen reflektierten Ausdruck. Treue zur wirklichen Geschichte, zur individuellen wie kollektiven; Treue zum immer neuen Jetzt bedeutet, die eigenen Gebrochenheiten sowie die Geschichte der Leiden in der Gesellschaft bewusst lebendig zu halten: Transzendenz durch die menschlichen Erfahrungen hindurch, sozusagen von *innen* und *außen* und damit ins *Diesseits*. Angesichts der wirklichen Wirklichkeit, ist es nicht bloß eine Möglichkeit, die Theodizeefrage zu stellen, sondern eine Notwendigkeit. Mit Merton stellt sich die Frage: »Warum, o Gott, das Leid?« Das Leiden und – daran geknüpft – als ursprüngliche Reaktion die Compassion, stellt in den Suchbewegungen Mertons und für uns heute eine klare Handlungsdirektive dar. Vor allem, wenn der andere ein

Opfer ist. Das Leid der anderen ist auch die Wirklichkeit, die der Frage nach der Hoffnung ihren letzten Ernst verleiht und diese Frage nicht banal werden lässt. Johann Baptist Metz, Nestor der Neuen Politischen Theologie, hat dies so formuliert: »Jesu erster Blick galt nicht der Sünde der anderen, sondern dem Leid der anderen.« Doch

> *»das Christentum hatte schon sehr früh große Schwierigkeiten mit der hier angesprochenen elementaren Leidempfindlichkeit seiner Botschaft. Die die biblischen Traditionen zutiefst beunruhigende Frage nach der Gerechtigkeit für die unschuldig Leidenden wurde nämlich bei der Theologiewerdung des Christentums allzu schnell verwandelt und umgesprochen in die Frage nach der Erlösung der Schuldigen.«* (Metz: Memoria passionis, 163/164) – Die Compassion ist so vor allen Dingen grundlegend.

Nun ein Blick zur Theologie der Befreiung, die auch dem Primat der Wirklichkeit in ihrer Arbeit folgt. Don Luciano Mendes Almeida, brasilianischer Bischof und Jesuit, sagt lapidar: »Die Theologie der Befreiung hat den Finger in die Wunde gelegt.« Und die Bischofskonferenz von Medellín hat 1968 begonnen, »die Wunde« zu beschreiben. Das »Sehen« der Wirklichkeit ist hier der erste Schritt. Dies zielt ohne Nebenabsichten auf das Letzte des Wirklichen: auf das Elend der Vielen und auf die Ungerechtigkeit. Und sie erlösen zum Allerletzten des Wirklichen, zu Gott, zu dem der Schrei aufsteigt, wie im Exodus. Und wie im Exodus macht Medellín schon in den ersten Sätzen deutlich: »die Sehnsucht nach der Befreiung aller aus der Sklaverei«; aus den inneren und äußeren Versklavungen, von den inneren und äußeren Bemächtigungen. So steht die Theologie der Befreiung unter dem Primat des Wirklichen. Ihre Wurzel ist der Einbruch der Wirklichkeit; konkret: der Einbruch der Armut, der Gebrochenheit, des Bedürftigen und damit der Einbruch Gottes in ihnen. Einfach gesagt, die Theologie der Befreiung entspringt inmitten des Schreis der Bedürftigen, der Ausgegrenzten, der Armen, der zum Himmel aufsteigt.

Die Empörung angesichts des Leids, die Sensibilität für die Brüche des Lebens, durchzieht das Denken Mertons, wie es aktuell in kontextuellen, befreiungstheologischen Ansätzen weiterlebt. Aber auch das Vertrauen in die rettende Kraft Gottes ist hier gut im Blick. Denn es bleibt auch zu sprechen

> *»von der gerechtigkeitsschaffenden Macht Gottes, davon, dass unsere Sehnsucht nach Gerechtigkeit gerade nicht am Tode strandet, davon, dass nicht nur die Liebe, sondern auch die Gerechtigkeit stärker ist als der Tod. [...] Und dies sollte kein Wort unserer Hoffnung sein? Kein Wort, das uns freimacht, für diese Gerechtigkeit einzustehen, gelegen oder ungelegen? Kein Ansporn, der uns den Verhältnissen himmelschreiender Ungerechtigkeit widerstehen lässt?« (Unsere Hoffnung, Würzburger Synode, 1975, 92f).*

2. Der kontemplative Weg heute

Thomas Merton wirkte als Neuentdecker des kontemplativen Weges. Er machte das asketische Üben attraktiv, auch weil er sich mit seinen Ausführungen in neuen innovativen Sprachbildern an den selbstbewussten Zeitgenossen der Moderne wandte. In seinen Aufsätzen, Vorträgen und Büchern entwickelte Merton eine alltagstaugliche Neuübersetzung des kontemplativen Erbes und bietet Formen an, im Alltag eine intensive Beziehung zu Gott zu pflegen. Und zwar individuell und damit passend für viele spirituelle Suchende, deren Leben in hohem Maß individualisiert ist. Es gelingt ihm, säkulares Welterleben in eine lebendige Gottesbeziehung zu integrieren und auszuformulieren, gerade weil er Gott »in den Dingen« sucht und in den konkreten Erfahrungen seine oder ihre Spuren entdeckt. Das »säkulare Zeitalter« (Charles Taylor, 2009) bewirkt einerseits als langfristiger Trend eine wachsende Erosion der Religionen und damit auch des Christentums. Die zunehmende Orientierungslosigkeit hat zur Folge, dass die grassierenden Individualisierungs- und Atomisierungsprozesse neue Fundamentalismen entstehen lassen, die sich fanatisch und oft gewalttätig zeigen. Andererseits sind Kontemplation, Meditation, Zen heute in christlichen Bildungshäusern und Klöstern in Deutschland durchaus präsent – im Sinne eines Angebotes zur Orientierung zur individuellen Einkehrmöglichkeit. Gleichzeitig ist eine Vergreisung und spirituelle Ermüdung in den Kirchen erfahrbar und es findet ein leiser Auszug des Kontemplativen und Spirituellen aus den verfassten Kirchen statt. In Reaktion auf unsere rastlose Leistungs- und Konkurrenzgesellschaft entwickeln sich mehr und mehr »postsäkulare Stille-Orte«, jenseits der verfassten Religionen, zum Orientieren und Auftanken der erschöpften Selbste. Einhergehend mit dem rasanten Bedeutungsverlust der Kirchen entwickelt sich in Reflex auf den gesellschaftlichen Materialismus und der herrschenden Hegemonie des positivistisch-naturwissenschaftlichen Denkens ein Feld postreligiöser Spiritualität in unterschiedlichen gesellschaftlichen Segmenten: Im medizinisch-klinischen Bereich wird neuerdings »spiritual care« entdeckt, im Bildungsbereich »spirituelle Achtsamkeitsschulungen« oder in den Management- und Personalführungsfeldern wird »spirituelles Selbstmanagement« gelehrt. Im ganzen Feld der Gesundheitsarbeit, zum Beispiel auch in der Psychiatrie, werden Meditation und andere spirituelle Techniken neu entdeckt und teils von den Krankenkassen auch bezuschusst. Im Feld des nachhaltigen Konsums (vgl. www.karmakonsum.de) ist Spiritualität basic und hip.

Spiritualität wird zunehmend als Möglichkeit gesehen, das eigene Selbst ins Lot zu bringen und kulturelle Versöhnungsarbeit zu leisten. Spiritualität hat hier in den zerklüfteten Feldern unserer postsäkularen Gesellschaft gleichsam die (kirchliche) Theologie abgelöst, da durch das Primat der persönlichen Erfahrung vor dogmatischen Lehrinhalten ein offenes Aufeinanderzugehen möglich scheint. Besonders in der westlichen Spiritualitäts-Szene lässt sich der Trend zur Etablierung einer Religionsgrenzen überschreitenden Spiritualität erkennen (vgl. Harald Walch: *Spiritualität*, 2011; Katharina Ceming: *Spiritualität im 21. Jahrhundert*, 2012). Viele Zeitgenossen – nicht nur LOHAS (»Lifestyles of Health and Sustainability«) oder LOVOS (»Lifestyle of voluntary simplicity«) – gehen davon aus, dass die Ebene der tiefsten spirituellen Erfahrung etwas ist, das Menschen unterschiedlichster religiöser Prägungen so verbindet, dass ihre religiösen Herkunftssysteme verblassen, weil das Ziel eine reine Einheitserfahrung ist, die jede Form und jeden Inhalt transzendiert. Sicherlich steht diese Entwicklung nicht im direkten Zusammenhang zu Thomas Merton, jedoch lese ich seine theologisch-spirituellen und biografischen Wachstumsringe in meiner Leitmetapher der »offenen Weite« so, dass er diese vermeintlich postreligiösen Phänomene nicht apologetisch bekämpft, sondern neugierig und optimistisch aufgegriffen hätte und ihnen konstruktiv begegnet wäre. Zur näheren Illustration dieser neuen spirituellen Sensibilität möchte ich gerne den evangelischen Theologen und Aktivisten basisorientierter Alternativbewegungen, Gerhard Breidenstein, zu Wort kommen lassen. Er hat seine Basisüberzeugungen dieser postreligiösen Spiritualität in der späten Moderne in folgenden Kernaussagen beschrieben:

»Die Überzeugung, dass alle belebten und unbelebten Seinsformen auf unserem Planeten Erde, also Menschen, Tiere, Pflanzen, Wasser, Luft und Mineralien, untereinander und mit dem ganzen Kosmos verbunden sind. Diese Einsicht wird mehr und mehr von den neuen, systemischen Naturwissenschaften unterstützt.
Die Ahnung davon, dass dieses umfassende Lebensnetz von einer universellen, göttlichen Energie hervorgebracht wurde, durchdrungen ist und zusammengehalten wird und dass alles Sein sich trotz immer neuer Krisen zu größerer Komplexibilität und Schönheit entfaltet; dass es nur eine, und zwar eine materiell-geistige Wirklichkeit gibt – um uns und in uns.
Die Erfahrung, dass diese Wirklichkeit für uns nicht nur Licht und Klarheit, sondern auch Dunkelheit und Rätsel enthält und dass es oft darum geht, das Nichtverstehen auszuhalten.
Der Glaube, dass wir Menschen dazu befähigt sind, mit der göttlichen Energie in Verbindung zu treten, bewusst oder unbewusst, um von ihr inspiriert und transformiert und so auch zu ihrem Instrument zu werden. Das wird uns davon abbringen, über andere Menschen und alle Natur herrschen zu wollen, und motiviert uns, dem Netz des Lebens zu dienen wie Nervenzellen einem Organismus.
Die Gewissheit, dass Werte wie Ehrfurcht vor allem Leben, Dankbarkeit für das Leben, Gerechtigkeit, Gewaltfreiheit, Wahrhaftigkeit, Ver-

söhnungsbereitschaft, Mitgefühl, Toleranz und Achtsamkeit in allen Situationen unserem Handeln Motivation und Richtung geben können, um solcher Spiritualität zu entsprechen.
Die Empfindung, dass Glück und Sinn gerade im Nicht-Materiellen wie Liebe, Freude, Zufriedenheit, Schönheit zu finden sind.«
(aus Publik-Forum, 28.6.2013)

3. Im Einklang mit sich und der Welt heute

Thomas Merton engagierte sich als Kontemplativer öffentlich in Bürgerrechts- und Friedensfragen. Er erlebte sich und seine Gesellschaft in einer tiefen Krise; er kritisierte die Verantwortlichen in Politik und Kirche. 30, 50 Jahre später haben sich die Krisenmomente des westlich kapitalistischen Zivilisationsprojektes verschärft. Der neuzeitliche Kapitalismus institutionalisiert die persönliche und strukturell-rationale Gier sowie das männlich-imperiale Denken und Handeln in Philosophie, Anthropologie, Wissenschaften, Technik, Recht, Politik und Ökonomie. Ziel der Wirtschaft ist Profitmaximierung des zum *homo oeconomicus* umdefinierten Individuums. Der bisherige Höhepunkt dieser Entwicklung ist die globale Herrschaft der Finanzmärkte über alle Lebensbereiche mit der Folge der Bedrohung des Lebens von Menschheit und Erde. Wir leben in apokalyptischen Zeiten! Die fundamentalen Vielfachkrisen der westlichen Zivilisation signalisieren finale Züge der kapitalistischen Moderne: Wachstumszwang durch Kapitalakkumulation und Konsumismus, Zerstörung der Biosphäre, soziale Spaltungen, Entfremdung der Arbeit, seelische Krankheiten und so weiter.

Teil dieser Vielfachkrisen ist es, dass auch Religionen und damit auch das Christentum eine Neuformatierung erfahren und Kirchen als öffentliche Akteure, aber auch als Tradierungs- und Erinnerungsgemeinschaft, einen tiefgreifenden Funktionswandel erfahren. »Shoppen als Weltreligion«, wie es die Zeitschrift der Spiegel nannte. Konsumismus wird zur globalen Religion, »Ich konsumiere, also bin ich«. Pier Paolo Pasolini hat ihn schon in den siebziger Jahren des 20. Jahrhunderts »sanften Faschismus« genannt. Harald Welzer spricht heute von einem neuen »Totalitarismus«, worin der Konsumismus das Herzstück dieser säkularen Wachstumsreligion darstellt. Aufs Gesellschaftliche bezogen, bedeutet diese Entwicklung: Religion wandert zunehmend aus den Kirchen aus und ihre Bedeutung als vorrangig sinnstiftende Institutionen schwindet. Kapitalismus wird zur neuen Religion (Walter Benjamin) und echten Transzendenz, indem er Identität stiftet! Kapitalismus als Religion legitimiert Macht, bietet Handlungsorientierung und Kontingenzbewältigung und hält auch ein umfassendes Weltbild bereit: »Kultmarketing«. Wir machen Produkte und Programme zum Erlebnis mit Wiedererkennungswert, schaffen Communities und sorgen für andauernde, trendsetzende Begeisterung. Die großen Themen überkommener Religionen, wie Leben und Tod, sinnentleerte oder produktive Arbeit, Lust und Schmerz und – nicht zuletzt – die Frage nach Leid werden zunehmend im postsäkularen Dienstleistungsmarkt aufgegriffen und segmentiert abgearbeitet. Die dominante imperiale Lebensweise (U. Brand/ Markus Wissen, in: Alex Demorivić et al.: *VielfachKrise im finanzdominierten Kapitalismus*, 2011) bewegt sich in der Spannung, dass einerseits die reale und gesellschaftlich anerkannte Zunahme der ökologischen Krisenphänomene wahrgenommen wird, andererseits die gesellschaftspolitischen Maßnahmen zur Bekämpfung dieser Krisenphänomene aber unzureichend sind. Denn obwohl die ökologische Krise in jüngerer Zeit durchaus politisiert worden ist und auch im herrschenden Diskurs als Problem wahrgenommen wird, scheinen sich die ihr zugrunde liegenden Produktions- und Konsummuster – mit staatlich-politischer Unterstützung – zu verfestigen und global zu verallgemeinern. Diese Verallgemeinerung bedeutet nicht, dass alle Menschen gleich leben, sondern dass es eine Art breit akzeptierter Entwicklungslogik gibt, sodass bestimmte Vorstellungen von »gutem Leben« und gesellschaftlicher Entwicklung existieren, die tief verankert sind. Die imperiale Lebensweise war bereits Teil der Kolonialisierung ab dem 16. Jahrhundert und des liberalkapitalistischen Weltsystems des 19. Jahrhunderts, beschränkte sich in diesen Perioden jedoch auf die oberen Klassen, das heißt sie war nicht in dem Sinne hegemonial, dass sie die Reproduktion der Bevölkerungsmehrheit und damit deren Alltagspraktiken prägte. Die kapitalistischen Naturverhältnisse verankern sich erst in der Nachkriegszeit über die imperiale Lebensweise gleichsam in den Alltagspraktiken einer Bevölkerungsmehrheit im globalen Norden: Automobilität, Fleischkonsum, industriell gefertigte Produkte oder das Wohnen im Einfamilienhaus. »Imperial« ist die Lebensweise des globalen Nordens insofern, als sie einen prinzipiell unbegrenzten – politisch, rechtlich und/oder gewaltförmig abgesicherten – Zugriff auf Ressourcen voraussetzt. Die Produktivitäts- und Wohlstandentwicklung in den Metropolen basierte auf einer für diese sehr vorteilhaften Welt-Ressourcenordnung. Das immense Wachstum setzte den starken Verbrauch fossiler Rohstoffvorkommen (Kohle und zunehmend Erdöl) voraus. Wichtig war ein ständiger relativer Überfluss an preisgünstigen natürlichen Ressourcen auf den Weltrohstoff- und Weltagrarmärkten. Die militärische und politische Dominanz der USA bewirkte eine relative Stabilisierung der weltpolitischen Verhältnisse, die sich auch in dem geregelten Zugriff auf billige Ressourcen wie Erdöl niederschlug. Im Globalisierungsprozess kam es zu einer Vertiefung der imperialen Lebensweise in zweifacher Richtung: Zum einen wurde der Zugriff auf die globalen Ressourcen und Arbeitskräfte über den Weltmarkt restrukturiert und intensiviert. Das hängt zum einen damit zusammen, dass die vormals im Norden existierenden fossilistischen Konsum-Muster die Wirtschaftskrise der 1970er Jahre nicht nur unbeschadet überstanden, sondern sogar noch intensiviert wurden. Der in den 1990er Jahren verbreiteten Rede von der »Virtualisierung« der Ökonomie zum Trotz sind etwa die modernen Kommunikationstechnologien außerordentlich ressourcenintensiv – nicht nur im Hinblick auf den Stromverbrauch, sondern auch im Hinblick auf die Materialien, die für ihre Herstellung verwendet werden und zum großen Teil aus dem globalen Süden stammen. Zum anderen kommt es in einigen Ländern wie China oder Indien selbst zur Herausbildung von großen Ober- und Mittelklassen, die sich an der »westlichen« Lebensweise orientieren. Wenn ich die fordistische und postfordistische Lebensweise als »imperial« bezeichne, dann will ich nicht die machtvollen, auf offener oder struktureller Gewalt beruhenden Strategien leugnen oder geringschätzen, die spätestens im Anschluss an den 11. September 2001 wieder an Bedeutung gewonnen haben. Ich will auch nicht abstrakt und mit moralischer Geste den Lohnabhängigen in den kapitalistischen Metropolen und den Mittel- und Oberklassen in den so genannten (semi-)peripheren Ländern ihre Konsumgewohnheiten beziehungsweise ihren Lebensstil vorhalten. Die Spaltungslinien – zwischen Nord und Süd, zwischen oben und unten, zwischen den Geschlechtern – bleiben erhalten und werden gerade auch über den Ressourcenverbrauch reproduziert. Die Normalität der imperialen Lebensweise wirkt als Filter der Krisenwahrnehmung und Korridor der Krisenbearbeitung. Zumindest im globalen Norden wird die ökologische Krise primär als Umweltproblem und nicht als umfassende gesellschaftliche Krise wahrgenommen. Der im globalen Norden vorherrschende Krisendiskurs erkennt also die Existenz einer ökologischen Krise an, politisiert und bearbeitet sie aber auf eine Weise, dass die ihr zugrunde liegenden Produktions- und Konsummuster erhalten bleiben.

Schon Merton sah primär in den sozialen Bewegungen seiner Zeit, in der Bürgerrechts- und Friedensbewegung denen er eine überraschende Nähe zu den Idealen des Klosterlebens bescheinigte, die nötige transformative Kraft, um der globalen Zivilisationskrise zu begegnen:

> *»Sie haben ihre Art von Askese, ihre Disziplin, die aus den verschiedenen Arten von Opfern besteht, die sie bringen, um mit ihrer eigenen Vergangenheit, mit ihrem gewohnten Milieu, mit der Gesellschaft ihrer Eltern oder mit einer bestimmten gesellschaftlichen Ordnung, die sie leidenschaftlich ablehnen, zu brechen.* […] *Ob man mit denen einer Meinung ist, die ihre Einberufungsbefehle verbrennen, oder nicht, sie vollziehen sicherlich in diesem besonderen Bereich einen radikaleren Bruch mit der Welt als der Postulant, der ins Kloster spaziert, automatisch von allen Sorgen bezüglich seines Verdienstes befreit ist und dazu noch die volle Anerkennung der Gesellschaft findet.«* *(Im Einklang mit sich und der Welt)*

Dorothee Sölle bekräftigt rund 30 Jahre nach Merton seinen bewegungsoptimistischen Ansatz:

»Die Hoffnungsträger im gegenwärtigen Szenario der **global players** *auf der einen und der isoliert-amüsierten Individuen auf der anderen Seite sind Gruppen, die auf Freiwilligkeit, Kritikfähigkeit und eigene Initiative setzen. Diese Nichtregierungsorganisationen, zu denen ich auch die lebendigen Teile der christlichen Kirche rechne, sind politisch gesprochen die Trägerinnen von Widerstand. Spirituell gesprochen verkörpern sie ein anderes Subjekt als das im Gefängnis des Konsumismus eingeschlafene. Was trägt sie? Was hält sie wach? Warum geben sie nicht auf? Ich denke, es sind Elemente von Mystik, die sich nicht auslöschen lassen. Gott ist das Nichts, das alles werden will, sagt Jakob Böhme. Meine Angst sagt mir, dass sich dieses Nichts in der globalisierten Welt immer weniger wahrnehmen lässt, sein Glanz ist immer versteckter, das stille Geschrei wird immer mehr übertönt. Aber das Nichts, das alles werden will, produziert seine eigene Unbeirrbarkeit, ja seinen eigenen mystischen Trotz.« (Dorothee Sölle, Mystik und Widerstand, 1997)*

Mit Merton geht es auch heute um eine neue Kultur des Lebens als Alternative zur zerstörerischen, ja, selbstzerstörerischen Zivilisation des Westens. »Nicht viel haben, sondern wenig brauchen«, steht als Handlungsorientierung in zivilisationskritischen Büchern. Das könnte auch von Jesus stammen! Der brasilianische Bischof Cappio sagt: *Viver mais com menos*. Mehr leben mit weniger – ganz im Geist und in der Nachfolge des Zimmermannsohnes und Wanderpredigers aus Nazareth. Einem weiteren Impuls von Merton, »Zurück zu den biblisch-christlichen Quellen«, folgend, kann dies bedeuten: kritische Prophetie, Recht, Widerstand, Alternativen in kleinen Gemeinschaften und grundsätzliche Kritik an den Herrschenden. Gerechtigkeit ist der Rote Faden, der sich dem Propheten Amos durch die Bibel und späterhin durch die Christentumsgeschichte zieht. Wenn nach biblischem Verständnis die Liebe, das heißt die Solidarität auf der Basis der Beziehung zum Ursprung aller Kreaturen, entscheidendes Kriterium allen Denkens und Handelns in der Perspektive des Reiches Gottes ist (vgl. Mt 25,32ff), dann sind die vielfältigen sozialen Bewegungen in allen Glaubensgemeinschaften und humanistischen Traditionen, die auf die Lebensgefährdung der Menschen und der Erde antworten, das Kriterium messianischer Religion. Erst in der »Kommunion«, in der Gemeinschaft mit allen Kreaturen ist Gottes Geist gegenwärtig, nicht im isolierten Ego. Die »Multitude« (Hardt/Negri) ist dabei, sich weltweit zu konstituieren. Niemand kann sagen, ob sie sich schnell genug verbreiten wird, um die sich immer mehr zuspitzenden sozialen und ökologischen Katastrophen zu stoppen. Ist sie nicht berufen »Salz der Erde« und »Licht der Welt« zu sein? Es gilt mit allen Menschen, deren seelische Bewässerungssysteme noch Wasser führen, in Bündnisse zu kommen, sodass ein sich gegenseitig wohlwollend und – wo nötig – auch kritisch begegnender Impuls vieler sozialer Bewegungen in Wertschätzung, Differenz und größerer Sichtbarkeit für die gesamte Gesellschaft möglich wird. Erst Begegnung auf Augenhöhe bis hin zum interreligiösen Dialog in der »Makro-Ökumene« der Religionen kann wohl neue Kräfte freisetzen und den Abgleich der je weiterführendsten Lösung hervorbringen.

4. Interreligiöser Dialog heute

Religion nimmt in der späten, globalisierten Moderne vielfältige neue Formen an und zeigt weiter ihren ambivalenten Charakter: Gewaltaffine Fundamentalismen, zum Beispiel im Christentum und Islam bewegen sich neben friedensfördernden und menschenrechtsorientierten religiösen Bewegungen. Religion ist wachsende Weltmacht, wie ein Spiegelbuch verkündet (Karen Andresen/Stephan Burghoff: Weltmacht Religion, 2007), auch wenn in Europa quasi in einem Sonderweg die traditionell verfassten Religionen einen stetigen Bedeutungsverlust erfahren. Die mehr und mehr globalen wirtschaftlichen und politischen Dynamiken (vgl. 3.) mit ihren religionsproduktiven Schüben (Entwicklung von neuen Spiritualitätsformen, vorrangig in Nordamerika und Europa) (vgl. 2.) gehen einher mit neuen theologischen Ansätzen (vgl. 1.) und einer produktiven Begegnungsarbeit zwischen den Weltreligionen. Seit den sechziger Jahren des 20. Jahrhunderts hat sich die interreligiöse Begegnung rasant weiterentwickelt. Aus christlich-katholischer Perspektive bedeutet dies: Stand Thomas Merton in den sechziger Jahren an der Schwelle weg von einer exklusivistischen, hin zu einer inklusivistischen Positionierung des Katholizismus zu den anderen Weltreligionen, so wurden in den jüngsten Dekaden in vielen persönlichen Begegnungen und in der Theologie der Religionen weitere Schritte zu einem mehr und mehr dialogischen Miteinander unter den Weltreligionen ausgelotet: Die Theologen John Hick, Raimon Pannikkar, Aloysius Pieris SJ, Paul Knitter oder Bede Griffiths und viele andere haben Wege interreligiöser Weisen des Christseins vorgedacht und vorgelebt. Thomas Mertons Auseinandersetzung mit asiatischen Religionen, vorrangig mit dem Zen-Buddhismus, bewirkte eine erneute Weitung seines theologischen und spirituellen Selbstverständnisses hin zu einer weiten, mystisch-interreligiösen Spiritualität (vgl. oben). Seine anfänglichen Grenzziehungen zwischen Zen-Buddhismus und Christentum, insbesondere im Dialog mit D. T. Suzuki, bezogen sich auf das Personverständnis und die unterschiedliche geschichtliche Verortung der beiden Wege. Während seiner Asienreise 1968 zeigt sich Thomas Merton ganz offen für eine interspirituelle Mystik, ohne seine christliche Identität aufzugeben. Er kann als Pionier in einem interspirituellen Zeitalter interpretiert werden. Ein Meilenstein auf diesem fortwährenden Prozess der lebendigen Begegnungsarbeit in dieses interspirituelle Zeitalter wurde das Treffen im italienischen Assisi am 27. Oktober 1986, bei dem erstmals in der Geschichte der Menschheit einhundertfünfzig Vertreter aus allen Religionen der Welt zu einem gemeinsamen Friedensgebet zusammengekommen waren. Angefangen von Papst Johannes Paul II. und dem Dalai Lama, waren weitere Vertreter der christlichen Bekenntnisse und der buddhistischen Schulen, Juden, Muslime, Hindus, Taoisten, Konfuzianer, selbst afrikanische und indianische Schamanen anwesend. Die geistliche Autorität dieser Versammlung bewirkte, dass auf Wunsch aller ihrer Teilnehmer an diesem Tag auf der ganzen Welt eine Waffenruhe eingehalten wurde. Sinn des Gebetes war es nach den Worten Johannes Paul II.

> *»in der Verschiedenheit der Religionen die Beziehung zur höchsten Macht auszudrücken, die alle unsere menschlichen Kräfte überschreitet,* [...] *und allen die wesentliche Verbindung zwischen der wahren religiösen Haltung und dem großen Wert des Friedens zu zeigen.«*

Diese Begegnungen der Religionen gehen weiter, in Assisi und anderswo. Der wahre interreligiöse Dialog geht von der nicht reduzierbaren Pluralität möglicher religiöser Erfahrungen aus. Er verfällt auch nicht der synkretistischen Versuchung, eine künstliche Harmonie oder eine gewollte Einheit zu konstruieren. Die praktische Realität einer verstehenden Gegenseitigkeit, die Annäherung in den sozialen Beziehungen und der vertiefte theologisch-philosophisch-weisheitliche Dialog ist intendiert und nötig. Das Gegenüber ist Kapitalismus als Religion mit seinen vielfachen menschenverachtenden Gesichtern! Die Pluralität der interreligiösen Spiritualitäten bildet, bei allen Mühen und Schwierigkeiten im Alltagsgeschäft, eine Stärke, ein Stück Gnade! Sie ist – neben globalem Denken, dialogischer Offenheit, integraler Spiritualität, ganzheitlicher Bildung und Gewaltfreiheit, Kennzeichen für die nötige »offener Weite«, hin zu einer Einfachheit in Solidarität (vgl. Thomas Wagner: *Mystik der Tat*, 2006).

Aus Perspektive des engagierten Buddhismus bringt der folgende Text, das »Gelöbnis für den Menschen« diesen neuen Geist der offenen Weite schön in Sprache:

Lasst uns in Ruhe und Gelassenheit
zu unserem wahren Selbst erwachen,
zu wahrhaft mitfühlenden Menschen werden,
unsere Fähigkeiten ergründen und gebrauchen,
entsprechend unserer jeweiligen Berufung.
Das Leid erkennen im Einzelnen
und in der Gemeinschaft
und seine Ursache.
Und die Richtung kennenlernen,
die die Geschichte nehmen sollte.
Einander als Geschwister die Hand reichen
hinaus über Grenzen und Rasse,
Nation, Klasse und Geschlecht.
Lasst uns voll Mitgefühl geloben,
die tiefe Sehnsucht des Menschen
nach der Befreiung

wahr werden zu lassen
und eine Welt zu schaffen,
in der jeder leben kann
in Wahrheit und Fülle.«
(Hoseki Shinichi Hisamatsu, www.buddhanetz.org/ineb.htm)

5. Erneuerung der Kirche heute: »Ecclesia semper reformanda«

Religionen sind im Umbruch; die christlichen Kirchen sind anders als zu Lebzeiten Mertons in fundamentalen Krisen; die katholische Weltkirche vornweg! Von der katholischen Kirche als »Institution gesellschaftskritischer Freiheit« (Metz) ist wenig sichtbar, dennoch steht sie am Ende des konstantinischen Zeitalters. Mehr oder weniger offen prallen derzeit zwei Denkrichtungen im Katholizismus aufeinander: auf der einen Seite die Verfechter des konstantinischen Zeitalters, die zu retten versuchen, was noch zu retten ist, auf der anderen Seite die Befürworter und Verfechter eines Weges, der die Kirche konsequent in ein nachkonstantinisches Zeitalter führt.

War es Mertons Anliegen, gegen die spirituelle Ermüdung in den Klöstern und der Kirche neue Wege zu entwickeln und ein stärkeres gesellschaftspolitisches Engagement der Kirche in den USA zu erreichen, so möchte ich den derzeitigen Reformdruck und Krisendiskurs in der katholischen Kirche mit Hilfe eines aktuellen Dokumentes veranschaulichen.

Am 12. Oktober 2012 jährte sich zum fünfzigsten Mal der Jahrestag der Eröffnung des Zweiten Vatikanischen Konzils (1962–1965). Dieses Ereignis nahmen reformorientierte christliche Gruppen und Initiativen zum Anlass, in einer eigenen Konziliaren Versammlung vom 18. bis 21. Oktober 2012 in Frankfurt nicht nur an das Reformkonzil zu erinnern, sondern auch zu fragen, wie das gesellschaftspolitische und kirchenpolitische Vermächtnis dieses Konzils heute (»Zeichen der Zeit«) eingelöst werden kann. Tausend Christen und Christinnen kamen und diskutierten. Die Konziliare Versammlung war ein lebendiger Ausdruck einer »Kirche von unten«. Alberto Moreira da Silva aus Brasilien, kritischer Beobachter der vier Tage, drückte es so aus:

»Wir bemächtigen uns der subversiven Kraft des Zweiten Vatikanischen Konzils, um neue Schritte zu wagen und den Widerstand zu wecken. Der Reich-Gottes-Gedanke wie wir ihn im Geiste Jesu verstehen, bleibt unsere treibende Motivation und der Grund unserer Hoffnung.«

Die Versammlung verabschiedete am Ende die folgende Erklärung:

Hoffen und Widerstehen!
Botschaft der Konziliaren Versammlung 18.–21. Oktober 2012 in Frankfurt

Das Zweite Vatikanische Konzil war der Anfang eines Anfangs: Die katholische Kirche bricht auf in die moderne, plurale Welt – eine Welt, in der sich die Kluft zwischen Reichen und Armen immer mehr vergrößert. Sie entdeckt das Antlitz Jesu neu – in den Ängsten und Hoffnungen der Menschen, besonders der Armen und Bedrängten.

Das Konzil war auch die Zeit des Aufbruchs einer Kirche, die den Klerikalismus überwinden wollte. Die überkommenen kirchlichen Strukturen stehen jedoch nach wie vor einer glaubhaften Verkündigung im Wege.

Fünfzig Jahre danach setzen wir, Christinnen und Christen in Kirchengemeinden und Verbänden, kirchlichen Werken, Basis- und Reformgruppen, diesen Weg fort: die Glut des konziliaren Aufbruchsfeuers neu freizulegen und zu entfachen. Als pilgerndes Volk Gottes in den Wirren und Konflikten unserer Tage eint uns der Wille, das Vermächtnis des Konzils und des konziliaren Prozesses für Gerechtigkeit, Frieden und Bewahrung der Schöpfung heute zu leben, die »Zeichen der Zeit« zu erkennen und Alternativen zur neoliberalen Herrschaft von Kapital- und Gewinnsucht zu praktizieren.

Die Konziliare Versammlung zeigte, dass es viele christliche Gruppen und Initiativen gibt, die konkrete Schritte tun, um in unserer Welt ein menschenwürdiges und naturverträgliches Leben für alle zu ermöglichen. Sie widersetzen sich einem Denken und Handeln in Politik und Wirtschaft, das uns weismachen will, es gebe keine Alternative zur kapitalistischen Weltordnung. Die Gewissheit, dass eine andere Welt möglich ist, steht unserer Überzeugung nach in engster Verbindung mit der Reich-Gottes-Botschaft Jesu, die vom Konzil neu zu Bewusstsein gebracht wurde. Diese andere Welt Got-

tes scheint dort zeichenhaft auf, wo Menschen das, was zu einem würdigen Leben notwendig ist, miteinander teilen. Uns trägt die Verheißung Jesu eines »Lebens in Fülle« (Johannes 10,10) für alle. Eine andere, eine prophetische und diakonische Kirche ist nötig und möglich; eine andere Kirche, die Gleichstellung aller Geschlechter und Lebensformen, Partizipation und Dialog, radikale Demokratie und tiefe Schöpfungsverbundenheit verwirklicht!

Wir sind Volk Gottes *im Geist des Konzils, wenn wir für ein Leben aller Menschen in Würde kämpfen und die Einheit des Lebens im gerechten Tun und im Beten proklamieren.*

Wir sind Volk Gottes, *wenn wir mit vielen suchenden Menschen weltweit, mit feministischen, sozialen und politischen Menschenrechts- und Demokratiebewegungen verbunden sind. Darin sind die Lesben-, Schwulen-, Transgender- und Intergender-Bewegungen eingeschlossen.*

Wir sind Volk Gottes, *wenn wir die Heiligkeit der Erde als Gottes Schöpfung achten, sie bebauen und bewahren.*

Wir sind Volk Gottes, *wenn wir die konfessionelle, religiöse und kulturelle Vielfalt respektieren.*

Die biblische Botschaft vom Gott des Lebens ist für uns Zuspruch und Anspruch: Anders Mensch sein in einer anderen Kirche für eine andere Welt. Von diesen Überlegungen her bestimmen wir unser zukünftiges Handeln, insbesondere während der Jahre des Konzilsgedenkens 2012–2015 und im Blick auf das 500-Jahr-Gedenken der Reformation 2017. (siehe: www.prokonzil.de)

Dr. phil. Thomas Wagner, geboren 1958, verheiratet, zwei Kinder, wohnhaft in Idstein/Taunus, Diplomtheologe und Diplompädagoge, Studienleiter in der katholischen Akademie Rabanus Maurus in Frankfurt, Lehrbeauftragter an der Jesuitenhochschule Sankt Georgen und der Goethe-Universität Frankfurt, Trainer, Berater, Meditationsbegleiter (siehe www.meditation-mediation.de) und engagiert in der katholischen Friedensbewegung Pax Christi.

LILIN WU

Mit Thomas Merton wachsen

Wenn ich heutzutage gefragt werde, was ich studiere, dann antworte ich immer: Theologie. Mein eigentliches Hauptfach ist allerdings die Religionswissenschaft, die zum Bereich der Philosophie gehört.

Als ich noch klein war, träumte ich davon, Journalistin zu werden, zu reisen und zu schreiben. Meiner Meinung nach ist das Sammeln von Erfahrungen das Wichtigste im Leben eines Menschen. Wenn man Tagebuch schreibt, dann wird das eigene Leben zu einem Buch, so wie es bei Thomas Merton der Fall war, der sein Leben lang Tagebuch geführt hat. Schreiben, Malen und Fotografieren waren die wichtigsten Bestandteile seines Lebens. Aus diesem Grund hatte ich bei meiner Beschäftigung mit Merton den Eindruck, ich träfe meinen Seelenverwandten. Wir haben die gleiche Weltanschauung und für uns beide ist es sehr wichtig, immer wieder neue Erfahrungen zu machen und diese festzuhalten.

Aus dieser Einstellung heraus wählte ich nach dem Schulabschluss die Journalistik zu meinem Hauptfach und während des Grundstudiums lebte ich eigentlich nur, um zu schreiben. Für mich war jeder Tag ein besonderer Tag und jeder Moment schien mir wert, gewürdigt zu werden, wie eine Melodie oder ein Gedicht zu erklingen, sozusagen ein Kunstwerk zu sein. Doch von Tag zu Tag wurde mir immer mehr bewusst, dass es nicht genügt, nur nach außen hin neue Erfahrungen zu machen. Ich vertraute mich einem Dozenten an, der mir eine vorzügliche Einführung in die Geschichte der Philosophie gab. Dank ihm war es mir möglich, viele philosophische Bücher zu lesen und selbst ein Buch zu schreiben, in dem ich das Gelesene reflektierte. Ich erinnere mich noch genau an den Titel des Buches, das mich besonders stark beeindruckt hat. Der Titel entstammt dem Motto der Columbia University in den USA: *In lumine tuo videbimus lumen*. Zu diesem Zeitpunkt wusste ich noch nicht, dass auch für Merton die Columbia University ein Wendepunkt in seinem Leben gewesen war. Als Studentin der Journalistik hatte ich keine Lateinkenntnisse, außerdem war mir nicht bekannt, dass dieser Satz den Kern des Christentums symbolisiert. Doch als ich den Satz das erste Mal las, lernte ich ihn sogleich auswendig und dachte viel darüber nach. Während meiner Beschäftigung mit der Geschichte der westlichen Philosophie begann ich zu verstehen, warum die westliche Kultur auch die Kultur des Lichts genannt wird.

Nachdem ich diesen Philosophiekurs beendet hatte, vernahm ich eine Stimme in mir, die mir mitteilte, dass ich mich weiterhin in meinem Studium mit der Philosophie befassen müsse, um zu einem tieferen Verständnis der Welt zu gelangen. Also entschloss ich mich dazu, für mein Masterstudium das Fach Philosophie zu wählen. Mein Dozent legte mir nahe, Karl Rahners »Anonymous Christian« als mein Forschungsthema zu wählen. Zu diesem Zeitpunkt hatte ich nur ein geringes theologisches Wissen, geschweige denn Wissen über Karl Rahner. Dann jedoch trat er im Zuge meines Theologiestudiums in mein Leben. Meiner Meinung nach hat die Spiritualität Rahners über sein Werk hinaus weiter gewirkt. Rahner sagte einmal, dass er immer Enttäuschung empfinde, wenn er sich mit der Realität konfrontiert sehe. Setze er sich jedoch mit der Lebensgeschichte eines Menschen auseinander, so schöpfe er wieder Hoffnung. Rahner ist für mich der typische Deutsche: offen, korrekt und ein Mann weniger Worte. Seine jesuitisch geprägte Spiritualität beeindruckte mich und bereitete mir den Weg in die Studien der christlichen Mystik.

Als Thomas Merton in mein Leben trat, erlangte ich ein tieferes Verständnis Rahners. Beim Lesen der Schriften Mertons bemerkte ich viele Parallelen zu Rahner. Laut Merton ist kontemplatives Leben nicht nur Menschen vorbehalten, die im Kloster leben, sondern auch Laien möglich. Rahner ist der Ansicht, das Seelenheil sei nicht nur Christen vorbehalten, sondern auch für diejenigen erreichbar, die anderen Glaubens sind. Laut ihm sind diese Menschen sozusagen anonyme Christen. Sowohl Merton als auch Rahner sind in ihren theologischen Ansichten zwar unvoreingenommen anderen gegenüber, es lassen sich allerdings dennoch

Widersprüche erkennen. Laut Merton ist die Fähigkeit zur Kontemplation der gesamten Menschheit zu Eigen, seinem Verständnis des Augustinus nach sind also alle Menschen kontemplative Wesen. Es sei der Niedergang der Menschheit gewesen, der sie diese Fähigkeit habe verlieren lassen. Wir sollten also beichten und geläutert werden, um sie wiederzuerlangen. Nichtsdestotrotz sei das Kloster der beste Ort für diese spirituelle Praktik. Merton ist es darüber hinaus sehr wichtig, dass dieser Prozess spirituell angeleitet wird. Aus diesem Grund sei es für Menschen, die außerhalb des Klosters leben kaum möglich, kontemplativ zu leben. Und laut Rahner sind Andersgläubige zwar nicht per se vom Seelenheil ausgeschlossen, der einzige Weg ins Paradies führe aber dennoch über Christus. Wir sehen also, dass sowohl Merton als auch Rahner durchaus auch konservative Ansichten hatten.

Während meiner Zeit als Doktorandin erfuhr ich zum ersten Mal über einen befreundeten Christen von Thomas Merton. Dieser Freund erzählte mir, ein Theologiestudent aus Tübingen habe ihm geschrieben und ihm die Lektüre Mertons empfohlen. Zur gleichen Zeit hielt einer meiner Geschichtsdozenten, ein Absolvent der Catholic University of America, eine Vorlesung, die im Zuge der Beschäftigung mit Kirchengeschichte auch Thomas Merton behandelte. Über meinen Freund und meinen Dozenten lernte ich Merton als einen Menschen kennen, der uns dabei helfen kann, ein besseres Leben zu führen. Er hat einmal eine Krankenschwester geliebt und diese Liebe war so rein und voller Romantik. Trotz seines Mönchseins war er dennoch ein ganz normaler Mann aus Fleisch und Blut mit ganz normalen Gefühlen und Bedürfnissen. Genau das ist mein prägendster Eindruck von Merton.

Zu diesem Zeitpunkt hatte ich mich noch nicht dazu entschlossen, Merton zum Hauptgegenstand meiner Forschung zu machen.

Im ersten Jahr meiner Doktorandenzeit erlebte ich meine eigene erste Liebesgeschichte. Es war keine oberflächliche Erfahrung. Doch es gab so viele Streitigkeiten, dass die Beziehung zerbrach. Während dieser Zeit ging es mir genauso wie Merton in Cambridge. Ich konnte mich der Arbeit nicht intensiv genug widmen und verlor mich sogar ein Stück weit selbst.

Merton sagte einmal, dass man am Ende mit leeren Händen dastehe, wenn man immer nur nach den äußeren Dingen in der Welt suche. Auch ich hatte gedacht, eine farbenfrohe Welt sei die Quelle des Glücks.

Völlig unerwartet erkrankte ich schwer. Aufgrund dessen musste ich der Universität fernbleiben und hielt mich ausschließlich zuhause auf. Ich konnte weder regelmäßig essen noch schlafen. Meine Eltern pflegten mich und halfen mir dabei, mich zu erholen. In eben dieser Zeit entdeckte ich Merton wieder für mich. Ich nahm wieder einmal *The Seven Storey Mountain* zur Hand. Anders als zwei Jahre zuvor sprach es mich dieses Mal stark an. Merton sprach aus eigener Erfahrung und machte mir auf diese Weise klar, dass wir immer wieder ein neuer Mensch werden können, auch dann, wenn wir Fehler begangen haben! Ich wusste nicht, wo ich Gott finden sollte, da ich ihn nicht sehen konnte. Doch meine Mutter versicherte mich immer wieder der Liebe Gottes. Ich war tief bewegt und den Tränen nahe. Meine Mutter wusste nichts über Religion und das Christentum, doch ich war mir dessen bewusst, dass sie aus Liebe zu mir immer versuchen würde, sich in mich und meinen Glauben einzufühlen, um mir bei der Genesung zu helfen. Von da an begann sie, sich mit der Bibel auseinanderzusetzen, sie zu lesen, zu beten und zu meditieren. Jetzt ist sie sehr glücklich darüber, die philosophischen Inhalte der Bibel mit mir und anderen teilen zu können. Nachdem ich wieder gesund und an die Universität zurückgekehrt war, unterstützten wir uns gegenseitig dabei, spirituell zu wachsen.

Von nun an schlug ich in Bezug auf meine Doktorarbeit einen neuen Weg ein: Thomas Merton war zum Hauptgegenstand meiner Forschung geworden. Seitdem habe ich so viele Möglichkeiten und so viel Zeit, seine Werke zu lesen und seine Gedanken zu reflektieren. Ich weiß nicht, warum es gerade Merton ist, der mein Herz beruhigt und mir Frieden und Stille schenkt.

Im Frühjahr 2012 las ich *No Man is an Island* und versuchte, es ins Chinesische zu übersetzen. Es gab mir Freiheit, wohltuende Einsamkeit und Liebe. Ich dachte viel über mich selbst nach und endlich wurde mir klar, warum meine Liebesbeziehung gescheitert war. Wenn man mit jemandem seine Zeit teilt, dann sollte sie auf diese Weise sinnvoller verbracht sein, als wenn man alleine wäre. Ist das nicht der Fall, so sollte man die Einsamkeit besser der Freundschaft vorziehen. Bevor man sich nicht darauf versteht, allein zu leben, mit sich selbst zu leben, solange sollte man sich nicht in eine Gemeinschaft integrieren, nur um die eigene Einsamkeit zu vermeiden. Die Einsamkeit abzulehnen ist genauso, als würde man sein wahres Selbst ablehnen. Es ist nicht schwer, sich vorzustellen, was das Resultat aus einem solchen Verhalten wäre. Wenn man sich selbst nicht lieben kann, dann wird man sich immer schwer tun, einen anderen Menschen zu lieben.

Merton begleitete mich Tag und Nacht und dank ihm war es mir möglich, mein Gefühl der Reue abzulegen und langsam mein neues Leben zu beginnen. Jahre zuvor, als ein kleines Mädchen, konnte ich mir ein zurückgezogenes, nach innen gerichtetes Leben gar nicht vorstellen. Ich wollte immer draußen sein, Dinge sehen und erleben. Doch durch Merton lernte ich dieses ruhige Leben kennen und lieben. Ich saß in meinem Zimmer oder betrachtete am Nachmittag einfach nur die Sonne. Ich lernte eine zeitlang Tai Chi und praktizierte es morgens und abends. Der erstrebenswerteste Zustand im Leben ist der Moment, an dem der Geist die Kontrolle über den Körper übernimmt und die beiden eine Einheit bilden. Diesen Zustand erreichte ich durch die Tai Chi-Übungen. Langsam veränderten sich mein Körper und mein Geist. Seitdem war ich mir dessen bewusst, dass allein die Tatsache, dass wir regelmäßig essen und schlafen können, ein Geschenk Gottes ist.

Ich erinnere mich noch immer an einen Satz von Rahner, den ich vor Jahren gelesen habe: »Jeder Tag ist ein Geheimnis«. Für uns Menschen ist jeder Tag ein Geheimnis. Es ist darum notwendig, jeden dieser Tage in Frieden zu verleben, um zu lobpreisen und Ermutigung zu erfahren.

Nachdem ich mich in Bezug auf meine Forschung für Merton entschieden hatte, sah ich mich mit unerwarteten Problemen konfrontiert. Da waren zunächst einmal die entmutigenden Worte meines Professors. Seiner Meinung nach stellte Merton ein schwieriges Forschungsprojekt dar. Christliche Mystik ist eng mit tatsächlichen religiösen Erfahrungen verknüpft, dem Bereich der Religionswissenschaften, der einem die meiste Arbeit abverlangt. Die drängende Frage war also, ob jemand, dem es an religiöser Erfahrung mangelt, überhaupt in der Lage sein würde, Merton zu erforschen.

Zu leben bedeutete für mich immer, etwas zu *er*leben. Allerdings muss ich zugeben, dass ich bis heute die Frage nicht beantworten kann, ob ich religiöse Erfahrungen gemacht habe. Was ist eine religiöse Erfahrung? Ich habe die Erfahrung gemacht, wie es ist, nach schwerer Krankheit ein neues Leben zu beginnen und dadurch das, was uns geschenkt wurde, viel mehr zu würdigen. Ist das eine religiöse Erfahrung oder nicht?

Vor einigen Jahren nahm ich per E-Mail Kontakt zu einem jungen Mönch auf, der am Hebei Catholic Seminary studierte. Er hatte einen Aufsatz zu Karl Rahner verfasst und ich hatte ihn gebeten, mich bei meiner Masterarbeit zu unterstützen. Völlig unerwartet schickte er mir sogleich einen Expressbrief zu, der viele hilfreiche Materialien enthielt. Daraufhin wurden wir gute Freunde, auch wenn wir uns nicht persönlich trafen. Damals wusste ich noch nichts über das Christentum und darum auch nicht, was ein Mönch ist. Er bat mich, ihn so zu nennen und auf diese Weise kam ich das erste Mal in Kontakt mit dem Wort »Mönch«.

In der Osterzeit 2013 hörte ich in mir eine Stimme, die mir mitteilte, ich solle das Hebei Catholic Seminary aufsuchen, um dort wichtige Erfahrungen machen zu können. Also kontaktierte ich den Mönch, mit dem ich mittlerweile seit fünf Jahren befreundet war. Am 28. März, dem Geburtstag Teresas von Ávila, kam ich in das Hebei Catholic Seminary, ein ehemaliges Trappistenkloster. Überraschenderweise hatte man für mich eine Schlafgelegenheit im Lebensbereich der Schwestern arrangiert. Zum ersten Mal trafen der Mönch und ich uns persönlich. Mittlerweile war er dort kein Student mehr, sondern der Dekan, dessen Aufgabe es ist, die täglichen Abläufe im Seminar zu organisieren. Der Tag, an dem ich diesen heiligen Ort erreicht hatte, war der Gründonnerstag. Zum ersten Mal in meinem Leben erlebte ich die Fußwaschung und kniete vor dem Corpus Christi. In diesem Moment wurde mir klar, dass Jesus nicht nur Göttliches an sich hat, sondern auch ein Mensch ist, der Schmerzen erlitten hat und dass wir nach seinem Beispiel leben sollen. Es war ein sehr ernster Gottesdienst und ich war tief bewegt. Die Schwestern trugen zwar die schwarze Ordenstracht, doch ihre Gesichter waren so rein und unschuldig wie die von Engeln. Sie waren auch sehr fromm und knieten lange, um das Leid Jesu mitzutragen. Sie waren so freundlich zu mir, dass es mir leicht fiel, Freundschaft mir ihnen zu schließen.

Das Leben im Seminar war einfach, aber sehr lebensnah. Wir standen um fünf Uhr morgens auf und begannen um 5.20 Uhr zu meditieren und uns in Kontemplation zu üben. Um 6.10 Uhr begann die Messfeier. Als ich an die Universität zurückkehrte, behielt ich diesen Tagesablauf bei. Ich weiß nicht warum, aber während meines Aufenthalts im Seminar hörte im immer wieder die Stimme Thomas Mertons. Der Mönch sagte mir, dass zu leben bedeutet, Kontemplation zu praktizieren und dass es wichtig ist, die Kontemplation in sein Leben mit einzuschließen, was ja auch exakt der Ansicht Mertons entspricht. In Bezug auf seine Erfahrungen sagte er, das Gebet sei ein unendlicher Quell der Freude. Wir müssen der Kirche beitreten, was auch bedeutet, loszulassen.

Als ich zur Universität zurückkehrte, merkte ich, wie weitreichend sich mein Leben verändert hatte. Eine Zeit lang versuchte ich, mein vorheriges Leben zu verneinen. Ich ersetzte alle Bilder in meinem Zimmer durch die Blätter eines katholischen Kalenders. Von da an stand ich jeden Tag früh auf, um in der Bibel zu lesen und Gott zu preisen, genauso wie man es mir im Seminar vorgelebt hatte.

Den ganzen April lang schrieb ich von morgens bis abends an meiner Dissertation über die Kontemplation Thomas Mertons. Es war, als wären mir die Augen durch meinen Aufenthalt im Seminar geöffnet worden und als könne ich Merton erst jetzt richtig verstehen. Also begann ich, zu schreiben. Zu dieser Zeit waren *Inner experience*, *Seeds of contemplation* und *New Seeds of contemplation* meine wichtigsten Handbücher. Ich folgte Merton nach, indem ich Glaube, Berufung, Identität, Freiheit, Demut, Rückbesinnung, Einsamkeit und viele weitere Begriffe lernte und darüber reflektierte, um die wahre Bedeutung von Kontemplation zu verstehen. Bis zu einem gewissen Grad ist auch die Fertigstellung meiner

Dissertation Kontemplation. Es bedeutet, eine sinnvolle Arbeit auf kontemplative Weise zu verrichten. Ein Priester sagte mir einmal, Kontemplation sei wie ein kleiner Punkt in unserem Leben. Was wir tun müssen ist, diesen Punkt zu vergrößern und auf unser gesamtes Leben auszuweiten. Das ist es, was ein kontemplatives Leben ausmacht.

Lilin Wu, Jahrgang 1987, ist Studentin der Philosophie an der Universität Peking. Zur Vorbereitung ihrer Dissertation, die Thomas Merton zum Thema hat, hielt sie sich mehrere Semester lang an der Universität Göttingen auf.

Die Übertragung des Beitrages aus dem Englischen wurde angefertigt von Dorothea Müller.